中央大学社会科学研究所研究叢書……24

体制転換と地域社会の変容

スロヴァキア地方小都市定点追跡調査

石川晃弘
リュボミール・ファルチャン　編著
川崎嘉元

中央大学出版部

はしがき

　この刊行物は中央大学社会科学研究所とスロヴァキア科学アカデミー付属社会学研究所のスタッフが協力して，スロヴァキアの地方小都市を対象として，社会主義崩壊直後の1990年に開始し，その後約20年間にわたって3時点で実施した調査研究をまとめたものである。

　この調査研究は旧東欧における脱社会主義の過程を，マクロレベルの全般的な体制転換からではなく，より可視的なミクロレベルの具体的な地域社会の変動から実証的に把握することを狙っている。観察対象として選んだのは，大都市に従属せず，大都市圏から離れた地域でそれ自体一定のまとまりを持った生活圏をなし，複数の村落を後背地として成り立っているローカル・センターとしての小都市である。対象事例として選んだのは，スロヴァキア中部の山間にあるブレズノ（Brezno）とバンスカー・シチアヴニッツァ（Banská Štiavnica）である。われわれはこの二つの小都市に定点を置き，3度にわたる現地観察によって追跡調査を行った。第1回は社会主義体制崩壊後間もない1990-92年，第2回は体制移行がほぼ終わり新体制が成長軌道に乗りだした1996-98年，そして第3回はグローバル化が顕著になった2005-07年である。

　これまでの成果として，われわれは第1回調査から『脱社会主義と社会変動(1)—スロバキア地域社会の事例研究—』（中央大学社会科学研究所調査研究資料集第1号，1992年），Ĺ. Falťan (ed.), *Brezno: Problémy riadenia a samoriadenia sídelného spoločenstva* (Bratislava: Sociologický ústav SAV, 1993), Ĺ. Falťan (ed.), *Banská Štiavnica: Problémy riadenia a samoriadenia sídelného spoločenstva* (Bratislava: Sociologický ústav SAV, 1993), A. Ishikawa et. al., "Small Towns under the De-Socialist Transformation: The Slovak Case", *International Revue of Sociology*, 2-3, 1994 を，第2回調査から『脱社会主義と社会変動(2)—移行期におけるスロヴァキア地域社会の動態—』（中央大学社会科学研究所調査研究資料集第2号，2001年），Ĺ. Falťan (ed.), *Podoby lokalnej demokracie v Banskej Štiavnici* (Bratislava: Sociologický ústav SAV, 2001) を刊行し，そして第3回調査を踏まえた3時点の時系列的観察結果の一部を石川「脱社会主義と地域社会の変容―スロヴァキア地方小都市定点追跡調査中間報告―」(『中央大学社会科学研究所年報』第11号, 2006年) で報告している。

　全3回にわたって調査作業の中心を担ったのは，日本側では石川晃弘と川崎嘉元，スロヴァキア側ではリュボミール・ファルチャン (Ľubomír Falťan) とズデニェク・シチャストニー (Zdenek Šťastný) であるが，ほかに第1回調査では日本側に鶴田満彦，園田茂人，間淵領吾，渥美剛，スロヴァキア側にマーリア・マリコヴァー (Mária Malíková)，ドウシャン・プロヴァズニーク (Dušan Provazník)，アロイス・リトムスキー (Alojz Ritomský)，ヤーン・ソポーチ (Ján Sopóci)，マーリア・ストルソヴァー (Mária Strussová)，第2回調査では日本側に園田茂人，山村理人，天野マキ，細井洋子，小宮山智志，近重亜郎，スロヴァキア側にマーリア・マリコヴァー，マグダレーナ・ピスツォヴァー (Magdaléna Piscová)，マーリア・ストルソヴァー (Mária Strussová)，第3回調査では日本側に佐藤雪野，神原ゆうこ，近重亜郎，スロヴァキア側にマルチン・シムチーク (Martin Šimčík) が加わった。

　本書の巻末に付属資料として第1回調査と第2回調査での面接聴取記録を収めてある。この記録は前掲調査報告書『脱社会主義と社会変動(1)』および『脱社会主義と社会変動(2)』に収録したものをそのまま転載した。そのため原語の片仮名表記はこの報告書で使われた表記法に沿っているため，本文中のそれとは若干異なったままになっている（たとえば本文では「スロヴァキア」，「バンスカー・シチアヴニッツァ」，付属資料では「スロバキア」，「バンスカー・シチャヴニッツァ」など）。また，抜粋のため図表番号が必ずしも通し番号になっていないところもあることを，ご了承いただきたい。

　調査の実施にあたって日本側は第1回調査で中央大学国際交流センター「国際共同研究」費 (1991年度)，第2回調査で文部省科学研究費補助金 (1996年度・97年度・98年度)，スロヴァキア側は第1回調査と第2回調査で同国科学アカデミー付属社会学研究所の調査研究費の助成を受けた。そして第3回調査の実施

と全調査にわたる総括研究は中央大学共同研究の助成金によるものである。

　これまで調査に関わってくれた同僚諸氏，現地で調査に協力くださった二つの町の関係者各位と住民の皆様，そしてこの長年の調査にご理解を持って支援してくださった中央大学社会科学研究所の歴代所長と事務方のスタッフ，とくに本プロジェクトの担当者だった鈴木真子さん，および本書の煩瑣な編集作業を担ってくださった中央大学出版部遠藤三葉さんの，これまでのご厚意にお礼を申し上げたい。

　2010 年 9 月

編者代表　石　川　晃　弘

目　次

　　はしがき

序　論　本書の課題と方法
　　　　　　　　　　　　　　　　　　　　　　　石川　晃弘
　　1．問題の所在……………………………………………………… 1
　　2．研究対象の空間的・時間的限定……………………………… 3
　　3．調査の方法……………………………………………………… 5
　　4．本書の構成……………………………………………………… 6

I　調査対象地の概要
　　　　　　　　　　　　リュボミール・ファルチャン（川崎嘉元 訳）
　　1．予備的考察……………………………………………………… 9
　　2．調査対象地の歴史的概観：その類似と差異…………………14
　　3．体制転換と調査対象地の変動…………………………………24
　　4．調査対象地の発展モデル………………………………………27

II　体制転換と企業の動態
　　　　　　　　　　　　　　ズデニェク・シチャストニー、石川晃弘
　　1．地域の概況………………………………………………………33
　　2．企業の変化と就業状況：ブレズノの場合……………………35
　　3．企業の変化と就業状況：バンスカー・シチアヴニッツァの場合……47
　　4．二つの町の共通点………………………………………………52

Ⅲ 住民生活の変容と地域社会の再形成
石川 晃弘
1. 住民生活の環境変動……………………………………………55
2. 住民の生活と意識：住民アンケート調査から…………………56
3. 市民活動の生成と社会形成：事例観察から……………………67

Ⅳ 地域観光産業と市民活動
神原ゆうこ
1. 観光産業の新展開………………………………………………73
2. スロヴァキアにおける観光産業…………………………………75
3. 観光と地域振興…………………………………………………78
4. 地域コミュニティの連携と市民による活動……………………87
5. 総括：市民活動と地域振興……………………………………90

Ⅴ 変動下の文化と地域社会
マルチン・シムチーク（石川晃弘 訳）
1. 問題状況…………………………………………………………95
2. 調査の視点………………………………………………………96
3. コミュニティのパースペクティヴ………………………………98
4. マネジメントの問題……………………………………………102
5. 結論に代えて……………………………………………………107

付　録
1. 英文レジュメ……………………………………………………113
   SYSTEM TRANSFORMATION AND THE SOCIAL CHANGE OF LOCAL COMMUNITY:
   A Time-Series Study of Small Towns in Slovakia
2. 面接聴取記録［1］1991－92年調査……………………………125
3. 面接聴取記録［2］1997－98年調査……………………………285

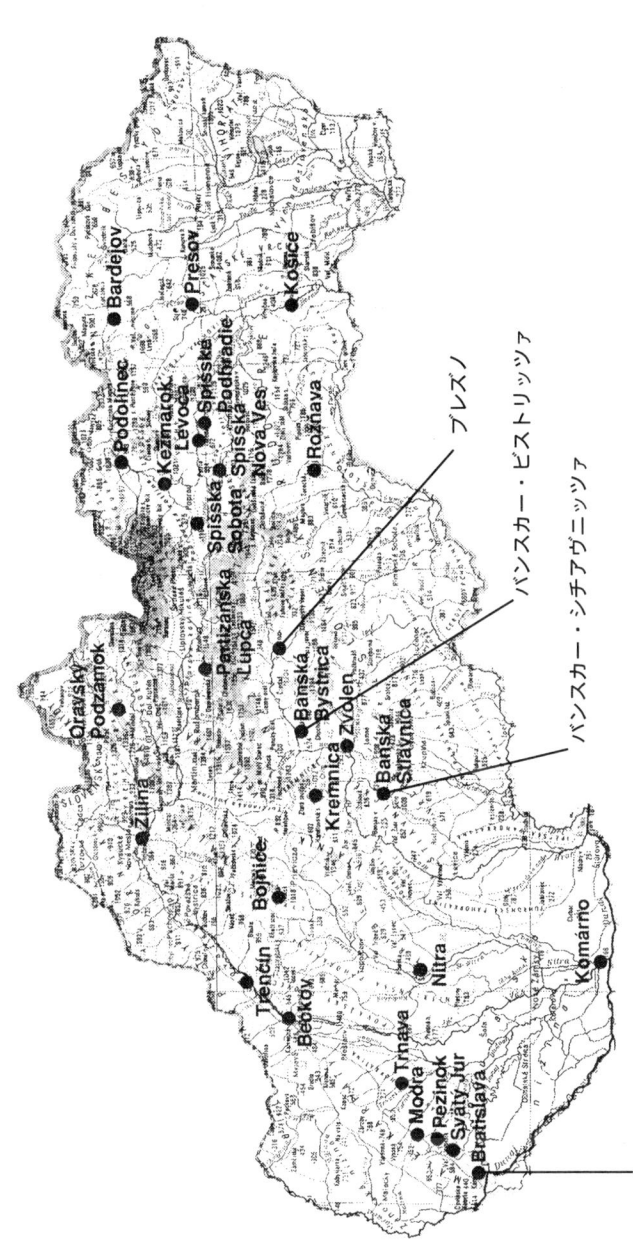

(Slovakia, Príroda a. s., 2000 より)

序論 本書の課題と方法

石川 晃弘

1. 問題の所在

　旧ソ連圏で社会主義体制が崩壊してから20年余が過ぎた。その圏内にあった国々ではこの間に急激な体制転換が経過した。それらの国々は計画経済から市場経済へ，一党支配政治から複数政党による議会政治へ，一元的文化統制から表現の自由への移行を遂げ，そしてさらにグローバリゼーションの波に呑みこまれている。

　この地域における体制転換とその社会的影響については，これまでに数多くの研究が行われ，その成果が刊行されている。しかしその大多数は国レベルのマクロな構造変動を追うか，あるいは個人ないし家族レベルのミクロ生活を描くことに関心を置き，両者を媒介する中間レベルの社会の動態に関しては研究が手薄であった。われわれの研究はこの中間社会に焦点を据えてテーマを設定した。具体的には居住の場に成り立つ地域社会が対象となる[1]。

　社会主義時代においては，マクロな体制とミクロな生活とを媒介する基本的な機能を担っていたのは，地域社会よりもむしろ職場社会であった。企業は完全雇用制度のもとで従業員の雇用を保障していただけではなく，社宅や従業員寮，保育園，保健・医療施設，売店，食堂，文化施設やスポーツ施設，リゾート地のリクリエーション施設などの福利厚生施設を備え，文化・スポーツ活動

の補助や社員旅行や子供のキャンプ生活やさまざまなパーティーなどを組織し，従業員とその家族の生活を包摂し保障していた。また教育訓練施設も企業に付置されていた。その意味で企業はたんなる経済・産業活動の機関にとどまらず，社会・文化活動の機能を果たしていた。

これに対して地域社会は中央政府と企業に従属していた。地方行政は中央行政の下請機関の位置づけにあり，地域の諸活動は国と共産党の統制下にあって，地方自治は事実上無視されていた。地域の住民生活も文化・スポーツ活動も，当該地域の巨大国有企業に支えられていた。

ところが体制が転換し，企業が民有化されるに及んで，企業の社会的機能は縮小を余儀なくされた。市場経済の導入のもとで企業は生き残りを賭けて合理化とリストラを推し進め，雇用保障が崩れて失業が増加し，福利厚生施設の多くは企業から切り離され，従業員とその家族は企業の外で生活の再建を図らなければならなくなった。しかし地域社会にはその受け皿は用意されていなかった。体制転換に並行して行政の分権化が始められたが，地方行政と地方政治は経験の欠如と財政および人材の不足から，この事態に有効に対応するだけの力量を欠いていた。また，体制転換直後の地域社会には，住民の暮らしに関わる生活ネットワークは育っていなかった。企業という殻を取り払われた従業員とその家族は，それぞれ個別に地域社会のなかで生き残りを図らねばならなくなった。人びとはばらばらな状況に投げ込まれ，家族とごく少数の仲間集団の殻にこもって身を寄せあって生き残りを図った。

しかしその後数年たち，民有化がほぼ終わって市場経済が浸透してくると，人びとの生活条件もしだいに改善されてきた。そこに現れた地域社会はどのような特徴を備えたものであったか。また，経済と情報のグローバリゼーションが進むなかで，地域社会はどんな新しい特徴を呈しているか。

スロヴァキアを事例として取り上げ，地域社会という，社会の中間レベルに焦点を据えて，体制転換とその後の脱社会主義社会の変動過程を追究すること，これが本稿の課題である。

2．研究対象の空間的・時間的限定

　上記の課題に対応して，われわれは二つの地方小都市を事例研究の対象として選んだ。一つはブレズノ（Brezno），もう一つはバンスカー・シチアヴニッツァ（Banská Štiavnica：以下 B・S と略記）である。この二つの町はスロヴァキア中部の山間に立地し，周辺にいくつかの村落を擁するローカルセンターとしての位置づけを持ち，大都市からはかけ離れていて比較的自己完結性を備えている。

　人口規模をみると，ブレズノでは体制転換直後の 1991 年には 22,475 人，それから 12 年経った 2003 年には 22,573 人，B・S では 1991 年に 10,486 人，2004 年には 10,814 人と，微増しているものの大きな変動はなかった。

　しかしその内部の構造には大きな変化があった。ブレズノとその郊外には二つの大規模機械製造企業と一つの大規模製鉄企業のほかに，中規模の国有製造工場や紙器工場が立地し，地域の雇用を支えていた。B・S には多数の男性雇用者を擁する鉱業企業，女性雇用者を抱える衣服製造企業，タバコ製造企業という三つの大規模国有企業が立地し，鉱業従事の男性と衣服製造従事の女性のカップルがこの地域の典型的な家族の核をなしていた。体制転換と市場経済化はこれらの企業を大きく変容させ，規模の縮小，あるいは廃業を余儀なくさせた。その結果，地域内の就業構造は大きく変わった。

　一方，市場経済の浸透のなかで，おびただしい数の自営業や小企業が立ち現れた。その多くは短命で市場から姿を消したが，一部の企業は事業のグローバル化に成功し，中堅企業として成長した。これはスロヴァキア全土に共通する現象である。ちなみにスロヴァキアでは社会主義時代には従業員 100 人未満の企業は存在していなかったが，2000 年時点ではそれが全企業の 90％ を占めるに至っている。それを 100 としたときの内訳は，10 人未満が 76％，10 人以上 20 人未満が 9％，20 人以上 50 人未満が 6％，50 人以上が 6％，従業員数不明の企業が 3％ となっている（Sedlák 2001）。

われわれは上記の二つの町を3時点で観察調査した。第1回は1990-92年，第2回は1996-98年，第3回は2005-07年である。第1回調査は旧体制崩壊直後の時期，第2回調査は体制転換過程がほぼ終焉した時期，そして第3回調査はスロヴァキアがEUに加盟し，グローバリゼーションが顕著に進んだ時期である。

この各時期はまた，スロヴァキア国民経済の発展の時期区分にほぼ対応している。オウトラタらのデータに基づいてその点を描いてみる（Outrata a kol. 2002；2006, Okáli a kol. 2006）。

第1期は経済の顕著な衰退と生活条件の悪化の時代である。社会主義崩壊直前の1989年にくらべて1993年のGDPは75％に低下し，実質賃金は74％に低落した。失業率は社会主義崩壊まではほぼゼロだったが，1993年には14.5％にのぼった。社会主義諸国の経済協力機構だったコメコンの市場が瓦解したことが，スロヴァキア経済に大きな影を投げかけていた。

第2期は復興と成長の開始の時代である。スロヴァキア経済はその後西欧市場との結びつきを広げ，1994年ごろから成長軌道に乗りだし，1998年には1989年水準にまで回復した。1991-93年に29.7％を記録していたインフレ率は，94-99年には8.7％に落ち着いた。しかし雇用情勢の改善は進まず，実質賃金は1989年水準をまだ下回っていた。この時期には経済は成長したものの生活条件の改善はそれに伴っていなかった。

第3期は経済成長の持続と生活条件の漸次的改善がみられた。2005年のGDPは1989年比で135.6％の伸びとなった。実質賃金は2005年には1989年水準に達した。失業率は2000年代前半には17-18％を記録していたが，2005年には16％になった。この間，外資の導入が顕著に進み，それが経済成長を牽引した。またEU加盟は対外取引と国際分業を活性化させ，西側経済との結びつきを一層強めた。労働力の外国への流出，情報と知識の流入も，それによって大きく進んだ。

こうしたマクロ経済の変動のもとで，地域社会の経済・社会・文化にどんな影響がもたらされ，地域社会はどんな新しい特徴を備えるに至ったか。本書で

はこの点を追究する。

3．調査の方法

現地調査は二つの方法で行った。一つは地域のキー・パーソンおよび特定住民に対する面接聴取調査，もう一つは標準化された質問紙による地域住民アンケート調査である。

(1) 面接聴取調査

われわれは三つのグループに分かれて資料収集にあたった。①政治・行政班，②経済・産業・労働班，③文化班，である。面接対象は町長，町役場スタッフ，国家機関の地方事務所所長など当該地域の政治・行政面の幹部，大・中企業および協同組合の経営者，商店主・職人・農民など自営業者または小企業主，NPO/NGOなど市民団体の活動家，一般町民である。われわれは3度の調査で，できるだけ同一人物に面接するようにして，地域社会の変化を追うように努めた。この一連の面接聴取の過程で，関連文献資料も入手した。

(2) 住民アンケート調査

アンケート調査は1991年，1997年，2006年の3時点で実施され，時系列比較ができるように3度の調査に共通する設問を用いた。被調査サンプルは二つの町で各時点ともに原則300人とした。

この方法の抽出手順は具体的には次のようになっている。

1．当該都市の比較的大きな通りから，50の通りを選ぶ。
2．各通りを30人の調査員に割りふる。
3．各調査員は一定の間隔で家屋を選ぶ。
4．家屋（集合住宅を含む）と対象者の選び方は以下のようにする（調査員にこの点を指示する）。
　① 特定の通りで家屋番号が1番と2番と3番の家屋をみつける。1番か

ら3番までの家屋のどれにするかは調査員に任せる（1番から3番までがなければいちばん数が小さい家屋番号のものにする）。
② 次の家屋は3軒おきに選ぶ。もし2軒しかなかったら2軒目，1軒しかなかったら1軒目を選ぶ。
③ 選ばれた家に行ったら，ベルを鳴らして調査の趣旨を説明する。
④ その家の家族のなかで，年齢18歳以上で訪問した日から最初に誕生日を迎える人を特定して，その人を調査対象者とする。
⑤ それに該当する人が留守の場合には，いつ調査できるか，いつ会えるかを尋ね，3度訪問して会えなかったらその人との調査を断念する。
⑥ 調査拒否にあったり，該当者が病気・酔っ払い・知能障害者である場合には，その人との調査を断念し，次の対象者を選ぶ。
⑦ 拒否などの場合，最初のベルを鳴らした家から3軒目を選ぶ。3軒目がなく，あるいは住宅地でない場合には，いちばん近い番号の家を選ぶ。
⑧ 一つの通りについて10人の調査を行う。10人に達しない場合は，別の通りで同じように行う。
⑨ 次の通りが得られない場合は，元の通りで2軒おきに戻る。それでも必要な数が得られなかった場合は，次の通りで2軒おきに戻る。
⑩ 一つの建物に5軒以上がある集合住宅の場合は，そのなかから2軒を選ぶ（3軒目前後と6軒目前後を選ぶ）。

第2回調査では1人の回答を得るのに平均1.73人に面接している（フレズノでは1.61人，B・Sでは1.81人）。

4．本書の構成

本書は次のように構成されている。

　まず第Ⅰ章で，調査対象とした二つの町の中世からの歴史的推移と体制転換後の諸変化が述べられており，長い歴史的パースペクティヴのなかで二つの町の現在の特徴が浮き彫りにされている。ここで主として用いられるのは文献資

料である。

　それを受けて第Ⅱ章では，町のなかに立地していた大規模国有企業の体制転換後の変容を追うとともに，新しい私企業の生成の状況を描きだしている。ここでは企業の動態と就業機会の変化が追究される。資料は主として現地での面接聴取で得られたものである。

　第Ⅲ章では，そのような変動状況のもとで現れた住民生活の諸特徴を住民アンケート調査結果からとらえながら，新体制下での地域社会の再形成の芽を，面接聴取調査で得られた事例にそって探っていく。

　第Ⅳ章では，社会主義時代の鉱工業に代わって地域振興の新たな可能性を期待されるようになった観光産業に焦点を据え，その現状を明らかにするとともに，町民とその団体が主体的に地域振興に関与している姿をとらえ，住民のイニシアティブによる地域社会形成の可能性を論じていく。

　第Ⅴ章では文化活動に関心を集中し，社会主義時代には国や企業の保護のもとで営まれていた地域の文化活動が，体制が転換した後，活動主体の創意と営為によって自主的に展開されなければならなくなり，そのために必要とされてくる地域レベルでの文化マネジメントがここでの主要なテーマとなる。

1) 地域社会とならんでもう一つ重要な中間社会は職場社会，具体的には企業がある．これに関しては石川（2009）を参照。

参考・引用文献

石川晃弘　2009『体制転換の社会学的研究：中欧の企業と労働』有斐閣．
Sedlák, M. 2001, "Radical Change of Slovak Economy"（「スロヴァキア経済の変革―中央計画経済から市場経済への移行―」『脱社会主義と社会変動(2)』中央大学社会科学研究所調査研究資料集第2号，所収)．
Outrata, R. a kol, 2002, *Ekonomické a sociálne súvislosti vstupu Slovenskej republiky do Európskej únie: Prínosy a riziká,* Bratislava: Ústav slovenskej a svetvej ekonomiky Slovenskej akadémie vied.
Outrata, R. a kol. 2006, *Globalizácia a slovenská ekonomika,* Bratislava: Ústav slovenskej a svetvej ekonomiky Slovenskej akadémie vied.
Okáli, I. a kol. 2006, *Economic Development of Slovakia in 2005*, Bratislava: Ústav slovenskej a svetvej ekonomiky Slovenskej akadémie vied.

I　調査対象地の概要

リュボミール・ファルチャン

（川崎嘉元 訳）

1．予備的考察

　人類の文明化の過程は，一般に都市の発展や都市化のダイナミズムと結びついている。都市は，経済，技術，文化，社会生活の革新と発展の中心に位置する。都市には，人的資本，諸制度や研究・教育機関および経済・金融・文化の重要なインフラが集積するからである。そして都市は，それが位置する地域にとどまらず，地域を超えて国民あるいは超国民的な重要性を持つようになる。ここ数十年の間は，その重要性はグローバリゼーションと巨大都市化の進行に大きく影響されてきた。それでも20世紀末には，この過程は世界が「地球都市」になるという文脈で語られてきたが，ここ数年の間は，世界が「地球・惑星都市」になると語られてきた（Jałowiecki, Szczepański and Marek 2002：10）。このような言葉のあやの修飾語の違いでは，どちらも真実を語るには物足りないかもしれない。近年の情報・技術・経済のネットワーキング化，ある程度の地球規模の文化の生成は，誰もがこの「地球村」ではすべての人間生活が相互に依存しあいながら生き延びざるをえないと承知しているからである。

　他方，高度にかつ恒常的に進む都市化の進行は，人口の都市への集中だけではなく，都市的な生活様式を広く伝播し，世界を文字どおり「一つの大都市」

にしていく。言葉の隠喩は時として対象を誇張しがちであるが，そのメタファー自身が何事か真実を語っていることもたしかである。しかし現実はもっともっと複雑であり，発展の具体的色合いは多彩である。その現実を正しく理解する一つの手立てとして，地域発展の理論がある。それはもちろん経済その他の発展のための要因を視野に入れつつ，同時に「ローカリゼーション」のファクターも取り込んでいるからである。その理論のなかには，発展の極あるいは成長の極を語る理論（Perroux, Boudeville）があるが，より注目されるのは「中心都市の理論」（Christaller and Lösch）である。それは都市住民の生活構造，産業や企業のローカリゼーションおよびその市場理論と結びついている。

　ところで地域発展の文脈における都市の役割は，当該地区の住民生活の構造とその範域の位相に規定される。都市の歴史的，階層的システムは，行政的機能からみても，あるいは経済・文化・社会的に重要な諸機能からみても，その都市を包む地域の構成や発展にとって決定的に重要である。この点については，大都市ほどの広さを持たず，人口も少なめの小都市はとくに重要な役割を果たす。現在のスロヴァキアの住民構成の特徴を考えると，大都市は首府ブラチスラヴァ（人口426,091），コシッツェ（人口234,596）（いずれも2006年12月31日のセンサスによる）の二つであり，その他の地域（県レベル）の中心に位置する自治都市のトルナヴァ，トレンチーン，ニトラ，ジリナ，バンスカー・ビストリッツァ，プレショウはいずれも人口規模は5万から9万5千人程度である。もちろんこれ以外の小都市も周りの地域に影響を与える場合がある。われわれの調査対象地であるブレズノとバンスカー・シチアヴニッツァ（以下B・Sと略記）もその小都市である。住民の居住構造に影響を与える中核小都市の役割はさまざまな視点からみることができる。

(1)　地理的およびローカリゼーションの視点

　（行政的，機能的，人口規模からみて）階層上位の地域大都市の地理的位置およびそれに規定された諸関係におけるローカリゼーションは，小都市内部のコ

ミュニティだけではなくその周辺の地域的後背地に対する役割と機能に影響を持つ。その小都市がみずからの地区に対して十分な自治権や自律的な機能を持つかどうかに関係なく，地理的に地域大都市にアクセスする手段を持たない小都市の場合と，地域大都市の直接的影響のもとにローカリゼーションが進む小都市とでは，その小都市の経済的，社会・文化的あるいはインフラ一般の形成には大きな違いがみられる。スロヴァキアの文脈では，ブラチスラヴァと周辺小都市（シャモリーン，セニェッツ，ペジノク，モドラ，スヴェティー・ユル，ストゥパヴァ，マラッキ）の関係にその典型がみられる。周辺小都市や町の強力な中心都市ブラチスラヴァへの依存と補助的役割は，それらのブラチスラヴァとの関係だけではなく，それらの周辺後背地にある村々とブラチスラヴァとの関係，さらにはそれら自身と周辺村々との関係も決めてしまう。ブラチスラヴァとの強力な一体化とブラチスラヴァの郊外化は，後背地の農村部を近隣小都市に従属させることなく，それらを直接ブラチスラヴァに結びつけていく。このケースから判断されることは，マイヤーとテットリンクの理論との関連でいえば，都市のシステムの理論は，中心都市の理論それ自体よりも，社会空間的現実に対応させなければならないということになる（Maier and Tödtling 1997：189-198）。

では，より大きな階層的に上位の都市からは遠く離れており，地理的距離だけではなく，市民もその大都市に出向くための交通インフラを欠く場合はどうであろうか。このときには，中核小都市の重要性は，それを取り巻く地域およびそのなかの通常は農村部で発揮される。そして小都市自体はといえば，行政的，自治的に十分な権限を持つかどうかに関係なく，自然に近隣センターになり，後背地の農村にその機能的影響力を発揮する。要するに地方都市の中核性はどのようなものかを問うことが重要であり，その中核性は地方都市によりさまざまに異なってくる。

(2) 管轄地域と行政的視点

小都市はみずからのコミュニティだけではなくさまざまな近隣地区に，経

済，社会，文化，その他多くの分野，たとえば教育，健康，治安と安全などに影響を持つ。それはまた，労働市場が要求する教育や職業訓練の充実にも及ぶ。それはひいては町自体の魅力とプレステージの向上にも結びつく。

最近の小都市の権能の拡大は，スロヴァキアの公共行政の分権化にも関係している。1996年に地区（かつての郡レベル）の中核都市を38から78に増やすさいに，増やす中核都市をどこにするかという小都市間の争いがあった。われわれの調査対象地であるブレズノとB・Sも，その時点でさまざまな機関が網羅されていた当該地域の中核都市として認められた。小都市が地区の中核都市になれるかどうかは，二つの基準に依る。一つは，規範的・慣習的要件である。それはその都市が，地域の中核であるという昔からの定めがあり，それが当該地域を統治するさまざまな施設や機関と分かちがたく結びついていること，もう一つは行政サービスの機能的要件である。それは中核都市が，その地区の施設や機関のローカリゼーションの場であることである。そのさいのローカリゼーションとは，その施設や制度のサービスの性格が特定の町とのみ関わるのではなく，より広い地域に，行政的，社会的インパクトを持つという意味である。これはとくに労働市場と深く関わる施設や制度の場合とくに重要である。たとえば，ショッピングセンターやレストランさらにはホテルなどの商業・サービス関連施設，銀行の支店や保険会社などの金融関連施設，図書館，博物館，文化施設や楽団などの社会的・文化的施設がそれに該当する。その活動は，行政的中心部がある地に限られない。

(3) 生産経済の視点

少なくともスロヴァキアでは，過去において小都市は，当該小地区やそれを取り巻く広域地域の重要な雇用センターであった。当該諸都市や周辺の農村部からの労働力が雇用されるのはたいてい企業であった。これら企業の性格が，当該地域の教育や職業訓練および労働力の空間的移動に影響を与えてきた。その地域の生産の基礎構造とその地域内ならびに国家あるいは国を超えた地位と経済力は，当該地域内の小都市の立場の重要性を決定する。したがって，1990

年代の社会・政治的および経済的移行期における重大な経済的ショックは，小都市にとって，空間的な居住構造に大きな影響を与えた。とくに当該地域の主たる企業が諸問題に直面したときには，その地域は大きな衝撃を受けることになった。その理由は，社会主義時代に地方の小都市には通常特定業種の国営企業が立地し，その企業が国内の産業センター（モノストラクチュア）となり，当該地域の労働力の吸収先になっていた。そしてそのモノストラクチュアの企業に経済問題が生じれば，それは即当該地域の重大な社会・空間的かつ社会・経済的問題になることは明白であった。その衝撃は，中心企業が雇用面で重要な社会的機能を果たしていたゆえに，ますます増幅された。

(4) サービス経済の視点

小都市に立地された国有企業は，またその地域の物流・搬送ネットワーク，諸事業，媒介産業および財政のネットワークと分かちがたく結びついていた。これらの諸事業はまた，雇用機会の創造にも重要な役割を担った。近代社会では，経済とサービスの機能はますます重要になるが，小都市もその例外ではない。つまり経済とサービスの分野とそのための基礎的インフラの整備は，たとえ人口増が見込まれなくても，何にもまして重要なファクターになる。この機能の重要性はまた，大都市への接近可能性（交通インフラの整備）とも結びついている。交易の施設，ショッピングセンター，銀行，飲食施設，さまざまな種類のサービスセンターは，町と後背地にとって役に立つ。もしその地域に，国全体を結ぶ交通網が整備されたうえで，歴史的・文化的な遺産があれば，小都市が魅力的な観光センターになることも可能だろう。そのためには観光のためのサービス分野の充実は不可避となる。

(5) 社会・文化的視点

居住地やそれを取り巻く地域の発展要因として社会・文化を考えれば，社会・文化的視点は住民の生活様式の変化と結びついていること，また文化とその個々の属性がますます特徴ある経済的カテゴリーを形成するようになるとい

う意味で重要になる。歴史を振り返ると，文化遺産は，学習意欲がある人びとを引きつける価値を持ち，たとえば宿泊施設や飲食の施設の充実やそれに関連する諸サービスの発展につながる。さらには観光やサービスの活性化，情報提供，企画の充実等といった事業の拡大に役立つ。このことは，文化遺産だけではなくその地域の自然とその特性にもあてはまる。

　これらの現象は「観光産業」と呼ばれるようになってきた。魅了的な景観の観光やそこでの滞在と観光産業の発展は，たんなる文化遺産や自然資源にとどまることなく，文化・芸術活動，音楽や演劇，さまざまな展示会などとも結びつくようになっている。これらはいまや多くの人びとを引きつけるだけではなく，それが生まれた地での新しい伝統の形成や，その場所の魅力の増幅や象徴的なシンボルの生誕ともつながる。このような文脈のなかで，直接的であれ間接的であれ，文化をめぐる商業活動が発展し，いわゆる「文化産業」が形成される。実際，多くのEUの国々で，文化的な象徴イメージの生成と結びつく著名な町が生まれてきた。カンヌ，サンレモ，ヴェニスなどがその代表である。かつて社会主義圏であった中部ヨーロッパでは，カルロヴィヴァリが代表的である。このような諸都市は，産業や商業の中心地になることはなく，とりわけ西ヨーロッパでは，観光や文化的フェスティバルに彩られる小都市にとどまっている。スロヴァキアでは，トレンチアンスケー・テプリッツェ，ピエシチャニ，ヴィソケー・タトリなどがその例となる。通常それらの町では，豊かな自然環境と文化活動を基礎にして，温浴治療，リクリエーション，ツーリズムなどが結びついている。小都市には，地域の発展に好都合な諸要素を活性化させるチャンスや挑戦の機会がひらかれている。

2．調査対象地の歴史的概観：その類似と差異

　ブレズノとB・Sの2001年現在の人口はそれぞれ22,875人と10,874人である。両者ともスロヴァキアの地方の小都市であるが，歴史的にみれば，重要な地域的行政センターとしての機能を果たしてきた。その人口規模が小さいと

はいえ，ある時期までは，両者とも町を取り巻く広い地域にまたがって行政的重要性を増してきた。また両者の歴史を比較すると，共通する類似と差異が散見される。その歴史的歩みは現在の両町の発展にとってどのような前提条件をつくってきたのだろうか。またそれは現在の発展とどのように結びついているのだろうか。以下ではこの点について述べていく。

(1) 歴史的類似性

この二つの町の歴史を文献でたどると，B・Sは1217年，ブレズノ町は1265年，すなわち13世紀に遡る。もとより考古学が明らかにしているところによれば，それよりももっと古くから人が住みはじめていた。

考古学上の発見は，B・Sおよびその周辺には，新石器時代さらには旧石器時代から人が住んでいたことを物語る。ケルト人も紀元前3-2世紀に居住しており，彼らの足跡は大モラヴィア帝国の時代まで辿れる[1]。ブレズノも同様に，町の記述が始まるずっと以前，すなわち初期青銅器時代に人が住んでいたことがわかっている[2]。とりわけ両町を取り巻く山岳地帯には人びとがはやくから住みはじめ，人口も増加していった。その山岳地帯は鉱物資源が豊富で，金，銀，その他の鉱物が人びとを引きつけたからである。B・S地域での鉱業活動の記述は，1075年から1156年の間にみられ，それは町自体の存在に関する記述より古い。ブレズノの鉱業はB・Sよりも遅く，最初の記述は13世紀（1256年）である。鉱業の発達はすなわち居住地の発達であった。それはまたこの地へのドイツ人の殖民（おもに13世紀）と関係している。そして鉱業の経験豊かなドイツ人が，採掘だけではなく鉱物資源の精錬技術ももたらしたからである。そして鉱業を通してのこの二つの町の経済的繁栄は，それぞれに都市特典を与えることになる。特典が与えられたのは，B・Sでは1238年，ブレズノはその約150年後の1380年であった。

(2) 歴史的差異

二つの町に共通するこの類似性，とくに鉱業の発展は，町のさらなる発展を

もたらしたが，現在までの発展のしかたには明白な差異がみられる。いまの時点から振り返れば，両者の発展のパターンの違いをもたらした重要な要因は，鉱業活動に関する投資とその利益の還流のしかたの違いである。B・Sでは，鉱山の所有者が町内に住み，そこで働き，町の鉱業に投資した（彼らの家族は町の有力者，ドイツ語でいう Waldbürger, Rintbürger であった）。これに対してブレズノでは，鉱業からの収益は，Thurzo 家族と呼ばれた投資家が集まっていたバンスカー・ビストリッツァ市に投資された。この事実が二つの町の鉱業と精錬業の制度的インフラを造るときの違いに通じていく。両者ともに，現在に至るまで，手工業が発達し，ギルドもつくられていたが，B・Sはすでに14世紀に「鉱業会議所」の所在地になっている。その後会議所の場所はB・Sから他所に移されたが，16世紀にはふたたび，「鉱業会議所と会議所業務に関連する郡の行政事務を担当する役場」が置かれ，B・Sは中部スロヴァキア全体の鉱業，製鉄，貨幣鋳造に関する行政機能を担うことになる[3]。

　こうしてB・Sは，14世紀の末以来，近くの重要な鉱山町であるクレムニッツァやバンスカー・ビストリッツァと鉱山事業に関して協同するようになる。これが，中部スロヴァキア鉱山町連盟の基礎になる。この時期は，いわゆる「シチアヴニッツァの法律」の成立によって特徴づけられる。この法の条文は，B・Sの鉱業および市民生活に関わる規定の集約である。この法は15世紀にB・Sの「シチアヴニッツァ法典」として記録されており，それはまた当時の国王ウラヂスラウ二世の文書によって1513年に確証されている。そして，「シチアヴニッツァ」の法律の鉱業に関する部分は，1573年からのマクシミリアン鉱業法にも援用されている[4]。この文書が重要なのは，これによってB・S町の自治権が保障され，町の運営および町の基盤であるコミュニティの形成に関する原則とルールが記載されているからである。また，この法のおもに鉱業に関わる部分は，スロヴァキアの他の工業都市にとって雛形となり，バンスカー・ビストリッツァ，バンスカー・ベラー，リュビエトヴァー，プカニェッツ，ブレズノといった市町村からも支持されてきた[5]。

　B・Sは，戦争や自然災害にもかかわらず，その発展のダイナミクスを引き

続く世紀にも維持してきた。その制度的インフラの顕著な整備は，18世紀の教育制度にみられた。1762年に「鉱業アカデミー」が設立されるが，それはヨーロッパでもはじめてのことであった。さらに19世紀には「林業研究所」がつくられ，1824年には両者が統合されて，「鉱業・林業アカデミー」になる。

1786年には，B・Sに，鉱業と冶金術を開発する最初の国際的な会社も設立される[6]。こうしてB・S町は，18世紀にその発展のピークを迎える。1782年の町の人口は，23,192人であり，その規模は，ブラチスラヴァとデブレツェン（現在ハンガリーの都市）に次いで3番目に位置するほどであった。17世紀には，鉱業技術に関して一連の技術革新もみられた。ピストンポンプがはじめて使用され，その動力に馬が利用された。ルーズなレバーギアつきのピストンエンジンもはじめて使われ，砕石のための黒い発破の粉末もはじめて使われた。「鉱業アカデミー」は優れた研究者を呼び寄せるうえで重要な役割を担っていた。

18世紀のB・Sの特色は次のようにまとめることができる。①鉱業および精錬業の重要なセンター，②鉱業に関わる技術教育センター，③鉱業ポンプを動かすための独創的な水供給システムにみられる技術革新センター（水の供給先はシチアヴニッツァ湖であった）[7]。その重要性は，B・Sだけではなくそれを取り巻く地域全体，さらには国際的な広がりを持っていた。

他方ブレズノでは，B・Sのようなインフラの基礎はつくられなかった。鉱業活動は存在したし手工業の発展もみられたが，町の発展は農業と林業に強く結びついていた。

19世紀から20世紀初頭の中部ヨーロッパでは，工業化が進展していた。工業化は国の経済発展だけではなく，人びとが住む地域構造に影響を与え，コミュニティのあり方を左右した。交通インフラの新たなる発展も相乗して，このプロセスは各地域の社会・空間的分化をもたらすことになる。工業化が地域に与える影響は地域ごとに異なり，したがって工業化に伴う文明化の道筋も異なる。類似した史的背景を持つブレズノとB・Sの両町の場合も，工業化に伴う発展の軌道は異なっていく。

19世紀に入ると，B・Sの状況は少しずつ変化していく。変化は，工業化の影響をもろに受ける社会経済的分野で起こる。B・Sの鉱業活動は利益があがらなくなり，徐々に縮小されていく。その結果鉱業人口の減少ひいては町の人口自体の減少を招く。表 I-1 の 18 世紀と 19 世紀の人口統計の変化はそのことを物語る。

表 I-1：B・Sの人口変動（1720－1921年） （人）

年	1720	1782	1869	1900	1910	1921
人口	6,953	23,192	14,029	16,376	15,185	13,264

（出典） *Geographical dictionary of Municipalities in Slovakia, Volume I.*

19世紀後半に，B・Sには，新しい企業が立地する。1870－71年に創業をはじめたタバコ工場である。さらに 19 世紀の終わりから 20 世紀初頭にかけて，いくつかの繊維工場も立地される。そのころにはまたB・Sとフロン川の谷間にあるフロンスカー・ドゥーブラヴァが狭軌の鉄道でつながり，B・Sはその後この近辺の地域社会における交通の要衝となる。しかしこの事実にもかかわらず，B・Sはその後次第に辺境化に向かう。19世紀末の工業化と結びつく経済的発展は，皮肉にも鉱山業の縮小を招き，引き続き存続したにもかかわらず，その影響力は低下した。ただ，この地域を越える意味を持ってきた学校のシステムは，1838年にリセ（中等教育機関）が，1881年に教育研究所がつくられたおかげで，その重要性を維持してきた。他方，同時期のブレズノは，大きな人口変動もなく，小さな町にとどまってきた（表 I-2 参照）。

表 I-2：ブレズノの人口変動（1677－1921年） （人）

年	1677	1787	1869	1880	1890	1900	1910	1921
人口	1,813	2,949	3,797	3,737	3,787	3,942	4,179	4,041

（出典） *Geographical dictionary of Municipalities in Slovakia, Volume I.*

19世紀に，B・Sが鉱業の衰退の見返りとして工業化の恩恵を受けることもなかった一方，ブレズノを含むフロン川上流地域は，鉄鉱石の精錬，鋳造業の

発展がみられた。1895年にはブレズノはバンスカー・ビストリッツァと鉄道でつながり，それはチソヴェッツにまで伸びた。さらに1903年には，チェルヴェナー・スカラまで鉄道が伸びた。だからといってこの時期に町の急速な発展があったわけではなく，事実上は停滞期にほかならなかった。なぜなら，経済的活動は直接町とは結びついておらず，地域的には町の後背地の出来事であったからである。フロネッツは，16世紀以来，鉱業と精錬業の伝統的なセンターであり，19世紀にはますます活性化した。このような経済活動は，この地域の他の村々たとえば，西部ではリュビエトヴァー・ポニツカー・フタ，南部ではオスルブリエ，フヴァティメフ，ヴァイスコヴァー，ヤラバー，ロペイ，ヤセニ，ポドブレゾヴァー，モシュテニェッツ，ビストラー，コスティヴィアルスカ，スヴェティー・ヤクブ，ポフロンスカー・ポルホラ，ポロムカ，ヴァルコヴニャー，ポホレラー，ポホレラー・マシャ，ザーヴァトカ・ナド・フロノム，チソヴェッツなどであり，さらに東部の村にも広がった。これらの村での鉱業はブレズノへ集中するわけではなく，ブレズノの一部をなしていてもそれぞれが独立した経済活動であった。しかも19世紀になるとこれらの村のいくつか（たとえばミハロヴァー，ポフロンスカー・ポルホラ，ビストラー，ミート・ポド・デュムビエロム，ヤラバー）は，行政的にも独立するようになる。

　第一次大戦の結果としてのオーストリア・ハンガリー帝国の崩壊は，中部ヨーロッパに地政学的変動を呼び起こしたが，その変動の一つがチェコスロヴァキア共和国の誕生である。

　チェコスロヴァキア誕生後の20世紀初頭は，二つのニット工場による繊維産業および家具や樽をつくる製材業が鉱山業とともにB・Sの産業を支えた。当時でも鉱業で働く従業員は1,000人を数えた。18世紀と19世紀に名高かった町の教育制度は，1918年に「鉱業・林業大学」がハンガリーのショプロンに移されたが，中等教育は徐々に充実されていった。すなわち，すでに述べたリセの設立（1838年），教育研究所の設置（1881年），さらに20世紀における林業中等職業学校（1921年）および化学中等職業学校（1922年）の設立である。第一次大戦の影響だけではなく，オーストリア・ハンガリー帝国の崩壊とチェ

コスロヴァキア共和国の誕生は，諸制度の変化や一部人口の移住などによってB・Sの人口減を招くことになった（表 I-3 参照）。

表 I-3：B・Sの人口変動（1921-40 年）　　　（人）

年	1921	1930	1940
人口	13,264	13,395	12,962

（出典）　*Geographical dictionary of Municipalities in Slovakia, Volume I.*

チェコスロヴァキア誕生後の1920年代には，ブレズノの鉄鋼工場（たとえばヴァルコヴニャ（VALKOVŇA）やポロムカ（POLOMKA））の経営が行き詰まり，それにかわって木材産業が拡大していく（鋸操作の革新）。だが，フロネッツ（HRONEC）やジェレジアルネ・ポッドブレゾヴァー（ŽELEZIARNE PODBREZOVÁ：以下 ZP と略記）では，依然として鉄鋼業が主役であった。1930年代になると，引き続く鉄道網の整備のおかげで，チェルヴェナー・スカラとマルゲツアニーがつながり，フロン川上流とブレズノは東部スロヴァキアのジリナからポプラドを経てコシッツェに達する基幹路線に接続できるようになった。この間のブレズノの人口は，表 I-4 にみるように推移した。

第2次大戦後のブレズノとB・Sとでは，異なる発展軌道を走ることになる。1948年に共産党が政権をとり，社会生活全体が社会主義的統制化に置かれ，この新しい政治状況のもとでの産業化政策が，その後のスロヴァキアにおいて経済発展のダイナミズムとなる。私企業の国有化と小企業の併合による大企業化が当時の産業化政策の特徴であった。

表 I-4：ブレズノの人口変動（1921-40 年）　　　（人）

年	1921	1930	1940
人口	4,041	4,664	6,308

（出典）　*Geographical dictionary of Municipalities in Slovakia, Volume I.*

B・Sの経済は，社会主義になっても，過去同様に鉱業，繊維，木材製造業を基礎にしていた。鉱山業は国有企業ルドネー・バニェ（RUDNÉ BANE）のもとに集中され，繊維産業は国有企業プレタ（PLETA）のもとに集約された。

木材業はおもに国有企業プレグレイカ（PREGLEIKA）に代表された。タバコ工場は依然として重要な位置を占め，農業生産は国営農場に任された。「青年の道」と呼ばれた鉄道建設は，フロンスカー・ドゥーブラヴァとB・Sとの軌道を当初の狭軌から広げたが，B・Sは依然として，ブラチスラヴァからズヴォレンを経てコシッツェに達する南部基幹鉄道への連絡線（バイパス）の最終駅にとどまった。さらに1950年代には，バンスカー・ホドルーシャと他の四つの村（バンスカー・ベラー，バンキ，シチアヴニッケー・バニェ，ポドシトニアンスカ）が行政的にB・Sから切り離され独立する。その結果，B・Sの人口は，人口・家屋センサスによれば，1961年にはわずか7,348人に減少している。しかしその後は，町内に標準化されたパネル壁を用いた大衆住宅建設ラッシュが起こり，1970-80年代に町の外に住んでいた労働者がそこに住むようになったので，人口増が起こっている。町内での住宅建設とそれに伴うこの人口移動とは，幸運にも，町の歴史遺産（B・Sはのちにユネスコ指定の世界遺産となる）を損なうことはなかった。周知のように1980年代末に社会主義の崩壊とそれに伴う政治状況の大変化が起こるが，それでもB・Sの人口は1940年代の規模に戻ることはなかった（表 I-5 参照）。

表 I-5：B・Sの人口変動（1940-91年）　　　　　（人）

年	1940	1948	1961	1970	1980	1991
人口	12,962	12,123	7,348	7,608	9,186	10,446

（出典）　*Geographical dictionary of Municipalities in Slovakia, Volume I. National Census 1991.*

　B・Sでは集中的な工業化の過程が進んだことはすでに述べたが，一方のブレズノの経済変動は様相を異にする。ブレズノには，機械工業，繊維産業，食品加工，木材製造へ何回かの重要な投資がなされ，その後の経済発展に影響を与えた。具体例をあげれば，1949年に建設関連製造業のモスターレン・ブレズノ（MOSTÁREŇ BREZNO：以下MBと略記）が立地し，60年代には繊維企業スロヴェンカ（SLOVENKA）や酪農会社中部スロヴァキア乳業（STREDSLOVENSKÉ MLIEKÁRNE），製紙業中部スロヴァキア製紙（STREDOSLOVENSKÉ

CELULÓZKY A PAPIERNE），木材製造業スムレチナ（SMREČINA）が設立される。これらの企業は，50年代の農業集団化政策によって生み出された農村からの労働力を吸収した。新しい産業の集積と大規模な住宅建設があいまって，ブレズノでは人口流入が起こり，それが人口増につながった。町の産業基盤も強化された。だがブレズノでは，B・Sほど工業化による学校システムへのインパクトは強くなかった。1989年までの社会主義の時代には，初等小・中学校，中等ホテル職業学校，中等工業訓練学校および国有企業MBが運営する職業訓練学校があるだけだった。1964年以後，クレーンと運輸技術に関する教育は，コシッツェにある技術大学の工学部でなされた。

この間のブレズノの人口は表I-6にみるように変動した。

表 I-6：ブレズノの人口変動（1940-91年）　　　　（人）

年	1940	1948	1961	1970	1980	1991
人口	6,308	5,976	9,819	12,843	17,907	22,475

（出典）　*Geographical dictionary of Municipalities in Slovakia, Volume I. National Census 1991.*

(3) 観光地としての類似と差異

なお，B・Sもブレズノも魅力的な自然の景観に取り巻かれている。このことは両町および周辺地域の発展にとって重要な要因となってきた。スロヴァキアの全地域で，自然を生かし，自然を考え，生活様式の一部として自然をとらえる活動として観光を組織する動きは19世紀の後半期に始まる。当時はハンガリー王国の一部をなしていた現在のスロヴァキア共和国での組織的な観光活動でもっとも重要な組織は，1873年に結成された「ハンガリーカルパチア協会」である[8]。さまざまな観光やスポーツ活動は，その後しだいに多岐にわたるようになり，それに関わる組織の数も増えていく。また社会階層の分化に伴い，それぞれの階層に相応しい観光とスポーツ組織がつくられていく。それはまた，多くの社会層にまたがって，スポーツやレジャーを通して自然の大切さが認識されることを意味する。そして多くの人びとは，みずからの国を知る必

要性を感じ，国の文化遺産や各地方のローカル文化に接することを希求するようになる。20世紀後半期のスロヴァキアでは，自然を①イデオロギー（理想的な環境）から，②ライフスタイルから，③経済発展との関わりで考えようとする機運が芽生えてきた。

　ブレズノは，北に低タトラの中心部となる分水嶺があり，南にはスロヴェンスケー・ルドホリエの自然景観が広がり，自然を観光に生かすうえでこの上ない条件に恵まれている。すでに20世紀の初めには，低タトラに宿泊施設がつくられ，1918年のチェコスロヴァキア共和国誕生後はこの地域の魅力はますます喧伝されるようになる。たとえば1920年代には，チェコスロヴァキアのツーリストクラブが，低タトラの最高峰であるデュブミエルの頂で山小屋を利用したとの記録もある[9]。

　リクリエーションと観光およびそのためのインフラ整備が急速に進むのは20世紀の後半である。もちろんこの発展はある程度社会主義政権の政策とつながっており，国営大企業とその全国的な労働組合の組織が次から次へと保養施設をつくっていった。もちろんその背景には，ある程度国民の生活水準の向上があった。他方外国旅行は厳しく制限されていたこと，さらには利用者の利便を考えずに大量につくられた都市の集合住宅の貧しさも，人びとの外泊志向に拍車をかけたかもしれない。すなわち人びとは社会主義のもとで過度に監視された日常生活から逃れ，できるだけ私的な空間を拡充するために観光やリクリエーションでの外泊を好んだのかもしれない。観光やリクリエーションの普及は都市の住民の生活スタイルと無関係ではない。かれらは，週末や休暇を利用して山小屋や小家屋に泊まり，菜園やDIY活動にいそしむことを好んだ。

　B・Sもこの点では，有利な条件に置かれていた。B・Sは，自然と技術の両方の輝かしい遺産であるシチャブニッツァ湖（当初は60あり，鉱山業の動力源であった）に代表される自然景観に囲まれている。20世紀には，シチャブニッツァ湖はリクリエーションを目的にした活動に使われはじめる。この近辺は会社の組織的なリクリエーション活動にとって魅力的であった。会社や広域の諸機関の保養施設および外国の施設が数多くこのあたりにつくられた。B・S内

部に限らず，もともとは後背の農牧地帯であった場所にも，人びとのリクリエーション生活が広がった。

ブレズノとは異なり，B・Sは自然景観に恵まれているだけではなく，町中にも豊かで興味深い，魅力的な史的建造物が集まっている。ローマン，ゴシック，ルネサンス，バロック，古典様式の建物が至るところにある。これらは町の資産であるが，それゆえに，つねに修復の資金探しに苦労することになる。

3．体制転換と調査対象地の変動

ブレズノとB・Sは，当該地域の公的な法や規則に基づいているかどうかに関係なく，明確に地域の中核たる性格を宿している。この二つの小都市は，当該地域の後背地にまで及ぶさまざまな機能を果たしている。とくに重要な要素は後背地に対する経済センターとしての役割である。この点では，1990年代から21世紀の初めのいく年かは，これらの町にとって難しい時代であった。町および周辺地域の雇用にとってキーとなる産業母体（企業）が，経済全体のリストラのために，縮小や操業停止に追い込まれたからである。ブレズノでは，建設関連製造業MB，乳製品製造業，繊維企業スロヴェンカおよびいくつかの小企業などがそれにあたる。B・Sでは，鉱山業ルドネー・バニェ，衣服製造のプレタ，タバコ産業などが危機に陥った。これらの工場や企業のリストラの行きつく先は，当該地域での他の経済主体への転換であった。またたとえ操業停止に追い込まれなかった企業の場合も，たとえば，フロン川上流地区にはポロムカやザーヴァトカ・ナド・フロノム（ZÁVADKA NAD HRONOM）といった機械技術企業も，結局は重大な社会・経済的諸問題を抱えることになった。

操業停止には追い込まれなかったが，同様に経済改革やリストラの渦中に巻き込まれた企業の場合には，社会主義システムのもとで果たしていた企業の社会的機能が排除された。スルが述べているように，これらの企業は，かつて果たしてきた経済的および社会的な両面の機能を担う性格を剥奪された。これら

の企業は利益追求のみに目標を定め，すべてがそのために動く組織に変容した（Szul 2004：20）。

　企業からの社会的機能の剥奪は，それまで「社会的雇用」と呼ばれた過剰雇用を不可能にし，即失業の増加に結びつく。同時に社会的機能の剥奪は，企業が抱えていた託児所，幼稚園，リクリエーション施設，その他の文化的設備や組織も企業から切り離されることを意味する。これもまた失業の増加につながる。失業の増加と地域労働市場での雇用機会の制約は，当然ながら，遠い地域への，時には外国への労働力の移動を生み出す。職業意識が高い人ほど労働移動に積極的であった。

　この二つの町で人口が減少したのは，このような経済状況の悪化とその地域社会への影響およびそれによる 1990 年代から 21 世紀にかけての人口移動のせいである（表 I-7 参照）。この時期スロヴァキアは出生率の減少と高齢化に直面する。経済不況と結びついたこのプロセスは，スロヴァキアの町や地域を周辺化し，さらに人口移動によって居住地の構造変化を増幅する。ブレズノも B・S もその影響の外に置かれていたわけではなく，ひいては町の発展の潜在力に影を落とすことになる。

表 I-7：ブレズノと B・S の人口変動（1991－2007 年）　　（人）

年	1991	2001	2007
ブレズノ	22,475	22,875	21,997
B・S	10,446	10,874	10,402

（注）　ブレズノは 12 月 1 日現在，B・S は 10 月 31 日現在。

　このようなプロセスが長期にわたれば，社会資本に重大な影響を与え，ひいては人的資源を活性化させようとする町の思惑や内的能力に否定的な傾向をもたらすかもしれない。近年の地方自治体への財源移譲（分権化）と地域発展のための自治体の権能や責任の拡大（国からの移転）という文脈を考えれば，社会資本の質の持つ意味はますます重要になろう。チェコの社会学者イルネルによれば，発展のプロセスはますます社会的，文化的資本に代表される質の諸要

素に依存するようになり，それがひいては，政治的・統治的要件に影響を与え，さらに当該地域の環境の質にもインパクトを与えることになる（Illner 2002：303）。

　ブレズノもB・Sもスロヴァキアの典型的な小都市であるが，町の発展を，外から，通常は外国からの強力な資本注入に頼るわけにはいかない。町の社会的・経済的発展は，もっぱら既存の経済的潜勢力の内的活性化を基礎にしている。町や地域の新しい発展は，その町や地域固有の内的資源の蓄積に依存する。この原則は二つの町に共通するが，1990年代を振り返ると，両者の発展の方向は異なっていたようにみえる。社会主義からの移行期には，二つの町ともまだ重要な産業的バックグラウンドを持っていた。1990年代にはこの産業的バックグラウンドは弱体化した。この事実にもかかわらず，ブレズノでは，依然として伝統的な産業が影響力を保持していた。たとえば近隣の鉄鋼産業のZPや操業停止に追い込まれたMBの生き残りの技術製造部門のわずかな活動がそれである。フロン川上流部にいくつかの事業所を持つZPは，スロヴァキアで拡張を続ける大企業の一つであり，ブレズノ地域の産業的な特性をいまなお彩っている。

　B・Sの場合は，産業の町としての性格をますます弱めてきた。町の境界とB・Sを取り巻く地域にあった鉱業は1990年代に終了した（わずかにホッドルーシャ・ハームレで細々と金の産出事業が行われている）。プレタ社の後継である衣服製造企業はわずかな範囲で操業を続けている。国内や外国からの投資もなく，町や地域にはこれといった産業はない。ただヴィフネの近くにビール醸造のスタイガー（STEIGER）社がある。二つの町は，それを取り巻く後背地にみごとな自然資源を残しているが，どちらかというとB・Sの方がブレズノよりも文化と観光面に力を注いでいるようにみえる。

4．調査対象地の発展モデル

二つの町がそれぞれに採用している発展モデルについてみてみる。

⑴　ブレズノ

　ブレズノに関していえば，それは「地域の産業および行政センター」モデルだろう。町として経済社会開発計画が公表されている（PHSR, http://www.brezno.sk 2008年10月24日確認，参照）が，ブレズノはホルニー・フロン（フロン川上流）地域の産業的，行政的地域センターになろうとしているようにみえる。この方向に進むとなれば，雇用と教育に関するインフラ整備が必要になる。教育に関しては，すでに中等職業訓練学校の支部が四つあり，そのうちの二つは工業に関連する職業訓練学校である。そして，この職業訓練学校は，トルナヴァ技術大学の材料科学部とブラチスラヴァのスロヴァキア技術大学に，遠隔の現場訓練施設を持つ。ブレズノ町の既存の発展モデルには，低タトラやスロヴァキア・ルドホリエなどの山岳地域のツーリストセンターの玄関口になる構想はない。ホテル関連専門学校があるにもかかわらず，町のインフラ整備や都市計画には，産業センターではなく，観光や文化センターとして転身を図る計画はない。観光や観光業はブレズノそのものではなく，その中心を，おもに低タトラ（手つかずの自然が残されているスロヴァキア・ルドホリエ地帯）の麓に直接置こうとしているようにみえる。そのことは，結局ブレズノが観光客の宿泊地として発展する機会を失うことになる。観光客向けの宿泊施設と質の高い食事やサービスを提供する飲食施設はいまだに限られている。ブレズノには，カテゴリーの低いシティホテルが一軒，小さな民間ホテルが一つ，寄宿舎が一つ，旅行者用の民宿が三つあるだけである（ブレズノ町発行の資料PHSR経済社会開発計画による）。

　いくつか観光に値する建築物がある町内は，町を通過する多くの車両で溢れかえっている。町の中心部は国内のすべてのメインロード（バンスカー・ビストリッツァ＝ブレズノ＝ポプラッド，リマウスカー・ソボタ＝ブレズノ＝ポプラッド，フ

リニョヴァー＝ブレズノ＝ポプラッド）の通過点になっており，それらは町の中心広場で交わるからである。

　鉄道は地方支線の性格を持ち，ブラチスラヴァに行くには，バンスカー・ビストリッツァを通過する必要があり，東のコシッツェに行くにはキサクという駅で乗り換えなければならず，ポプラッドやジリナへは逆回りしなければならない。南のチソヴェッツやリマウスカー・ソボタへはローカル線でつながっているだけである。鉄道より便がいいのは長距離バスである。西の主要都市であるバンスカー・ビストリッツァ，ズヴォレン，ニトラ，ブラチスラヴァ，東の主要都市であるポプラッドとプレショウ，南の主要都市であるリマウスカー・ソボタには，町の中心にあるバスセンターから長距離バスが出ている。町は，観光客のために，また屋内プールやスポーツホール（悪天候時に多く利用される）の利用者のために，さらには魅力的な文化活動への参加者や豊かな自然を楽しむ人たちのために，上質なスポーツ用具やリクリエーション用グッズなどを販売する商業施設を欲しがっている。

(2) B・S

　近年のB・Sの動向をみると，町を地域の社会・文化センターにしようという意向が読み取れる。町を取り巻く自然美や，町内にある高い価値を持つ都市建築物および町の歴史自体が好都合な条件になっている。B・Sは1993年にユネスコの文化・自然遺産に指定された。そのことが町の観光の発展に役立っていることが徐々に認知されてきた。町の史的景観はとりわけ外国人旅行者にとって魅力的である。町はたんに2時間程度の通過観光客のためだけではなく，観光客が滞在できるような宿泊施設を持つべきである。B・Sの人口はブレズノの約半分であるが，ここ近年の観光インフラの整備という点では，ブレズノよりはるかに進んでいる。B・S（周辺の後背地をも含んで）には，すでに中ぐらいのカテゴリーの二つのホテル，二つのホステル，16の寄宿舎，八つのロッジング・ハウス，二つのアパートメント，さらにいくつかの登録済みの民宿が存在している（http://www.banskastiavnica.sk 2008年10月24日確認）。町

は，既存の史的景観や豊かな自然だけではなく，観光シーズンには他の魅力的なプログラム（たとえば，ジャズ・フェスティバルやヨーロッパ演劇フェスティバルなど）も用意される。このようなイベントはB・Sを訪問し，そこに滞在する旅行者を増やすことにつながる。

　B・Sを取り巻く地域のあるいはその地域を超えた版域の社会・文化センターとしての地位と役割をたしかなものにするために，教育センターとしてB・Sの歴史を振り返る試みがあった。B・Sには，七つの中等学校がある。そのうちのいくつかは，スロヴァキアの中等学校の支部としてつくられ，特異な性格を持つ。たとえば，国際的な修了証明書が与えられる植林中等学校，バイオテクノロジー，薬学およびその維持・補修作業を勉強するサムエル・スタンコヴィアンスキー中等学校，地図製作，測地学，およびその維持補修作業を学ぶサムエル・ミコヴィニ工業訓練学校，ホテルと観光業の仕事を学ぶ二つの中等学校がそれにあたる（2007年度B・Sの現況に関する報告書から）。かつては，町で大学教育も行われていた。B・Sには2002年からマテイ・ビル大学自然科学部の生態学科および生態博物館学科が置かれていたが，2006年に終了してしまった。また2002年からはズヴォレン技術大学の生態・環境学部も置かれたが，それも2007年にはなくなってしまった。町はいまもなお大学教育を続ける努力を怠っていない。町役場のイニシアティブと，ブラチスラヴァのコメニウス大学自然科学部とズヴォレンのナショナル市民センターの支援によって，2007年12月1日に「生涯教育アカデミー」をB・Sにつくる合意がなされた（Academy of Lifelong Education in Banská Štiavnica, pp. 1–2）。

　以上のような努力は，博物館の管理・行政やさまざまな展示会のマネジメントの熟達とインフラ整備を前提としている。以前からある半永久的な鉱山博物館と自然に囲まれた野外鉱山博物館や新旧のお城の展示物のほかに，適宜さまざまな展示会がなされている。こうして町は芸術家，とくに絵描きの人びとに魅力あるものになり，翻って，彼らの作品が町中で販売されるようになっている。こうして町の社会・文化的機能の充実は，ビジネスの発展にもつながっていく。町の魅力と宿泊および飲食施設の整備によって，今後町は外国からの来

客を含むビジネス・ミーティングの場所になり，さらにそこからインフォーマルな社会的結びつきが次から次へと生まれることになろう。小規模でもよいから，会議用観光事業を育てることがその前提条件になる。

B・Sの弱点は，交通のインフラにある。町内だけではなく，B・S周辺にも一級道路がない。また町は国内の主要道路に面しておらず，近くでもない。また長距離バスも十分整備されていない。なるほどブラチスラヴァや近隣大都市を結ぶバス路線はあるが，もっと遠いたとえばコシッツェには直通バスはなく，どこかで乗り換えなければならない。B・Sが終点であるフロンスカー・ドゥーブラヴァに行くローカルな鉄道があるが，国内の南幹線（ブラチスラヴァ―ズヴォレン―コシッツェ）が通る駅であるフロンスカー・ドゥーブラヴァには一時期停車しない期間があった。いまはふたたび停車するようになったが……。いずれにしても首都からB・Sに鉄道で来るためには，どこかで乗り換えなければならない。町やこの地域への投資が少ないのは，この弱体な交通インフラのせいである。

スロヴァキアの地方小都市ブレズノとB・Sにみられる発展モデルの類似と違いは，過去から連綿と続く両町の経済的および社会的の特徴を抜きにしては語れない。過去に古い産業センターであったというこの二つの町の類似性（もちろん時期によってはその意義は異なるが）は，現在ほとんど意味を持たない。ブレズノは，経済の構造改革による大きな影響を受けながらも，いまなお小企業を中心とした産業センターとして存続しようとしている一方，B・Sは，別の道を歩みはじめている。1980年代以降産業センターとしての立場を失ってきたB・Sは，1990年代の社会・経済的および政治的激変と社会主義経済モデルの崩壊下にあって，この別の道を辿ることを急ぎはじめた。町として新しい発展モデルを探究する過程で，潜在的な可能性として，町や地域の文化的，歴史的豊かさにようやくスポットライトがあてられるようになった。町は，町を取り巻く地域とともに，当該地域を超える観光と社会・文化的サービスの充実に目を向けるようになった。この方向を維持しつづけることは，いずれ人間的，文化的潜在力の開花とその質の向上につながっていくことになろう。

1) Geographical dictionary of Municipalities in Slovakia, Volume I, p. 136.
2) *Ibid.* p. 241.
3) http://www. banskastiavnica.sk（2008 年 10 月 24 日確認）
4) Encyclopedia of Slovakia, Volume V, R-Š, VEDA, Bratislava 1981　p. 754.
5) *Ibid.* p. 754.
6) Encyclopedia of towns and villages of Slovakia, pp. 512-513.
7) http://www. banskastiavnica.sk（2008 年 10 月 24 日確認）
8) Encyclopedia of Slovakia, Volume VI, T-Ž, p. 148.
9) Slovak Educational Dictionaray, p. 340.

参考・引用文献

"Academy of Longlife Education in Banská Štiavnica", in: *Štiavnické news,* No. 47-6, December, 2007.

Encyclopedia of towns and villages in Slovakia, 2005, Lučenec: PS-LINE.

Encyclopedia of Slovakia, Volume VI, T-Ž, 1982, Bratislava: VEDA.

Geographical dictionary of Municipalities in Slovakia I., 1977, Bratislava: VEDA.

Illner, M. 2002, "Czech regions on the threshold of European integration", in: Z. Mansfeldová and M. Tuček, *Contemporary Czech Society. Sociological study,* Prague: Institue of Sociology AVCR.

Jalowiecki, B., J. Szczepański and S. Marek 2002, *Miasto i przestrzeń w perspektywie socjologicznej,* Warszawa: Scholar.

Maier, G. and F. Tödtling 1997, *Regional and urbanistic economics. Theory of localization and space structure,* Bratislava: Elita.

National Census 1991.

Slovenský náučný slovník, 1932, Bratislava-Praha: Liteva.

Szul, R. 2004, "Bezrobocie a transformacja", in: R. Szul and A. Tucholska (red.), *Rynek pracy w skali lokalnej,* Warszawa: Scholar.

参 考 資 料

PHSR - Program hospodárskeho a sociálneho rozvoja（経済社会開発計画）, in: http://www.brezno.sk（2008 年 10 月 24 日確認）

Report on state of city of Banská Štiavnica in 2007: http://www.banskastiavnica.sk（2008 年 10 月 24 日確認）

II　体制転換と企業の動態

ズデニェク・シチャストニー
石　川　晃　弘

1．地域の概況

　ここで研究の対象としているのは，すでに述べてあるように，中部スロヴァキアの山間にある二つの地方小都市，ブレズノとバンスカー・シチアヴニッツァ（以下 B・S と略記）である。

　ブレズノは三方を山林で囲まれ，残る一方の山間の道を西におよそ40キロ進むと，通勤可能な県都バンスカー・ビストリッツァに通じる。その途中に19世紀から操業している大規模製鉄所があり，それに加えて第2次大戦後の社会主義的工業化のもとで町内に大規模機械工場が建設され，その後各種の中規模製造業が立地して，以前は山村を背後に持つ一つのローカルセンターに過ぎなかったこの町に顕著な就業機会の拡大をもたらし，工業都市としての様相を付与した。その人口は社会主義体制崩壊後間もない1991年時点で22,475人を数えた。その後既存の大中規模の工場が民有化され，その組織が分割され，あるいは清算されるなかで，多くの従業員は職を失い，失業率は1996年時点で15％にのぼり，地域経済は深刻な冷え込みを経験した。ところが思われたほどには人口は減らなかった。2001年12月現在の人口をみると22,875人で，その10年前とくらべて微増している。人口が減りだしたのはスロヴァキ

ア経済が好調な発展をみせ，そしてグローバル化の波に大きく洗われるようになった2000年代に入ってからである。

　B・Sは四方八方を山林で囲まれた町で，かつては金銀その他の鉱石の採取で栄えた歴史のある都市であり，町内には17世紀に設置された鉱業専門学校がある。この町は18世紀中葉には人口約40,000人を抱え，当時のハンガリー王国で3番目に大きい都市であった。しかしその後鉱業の斜陽化とともに人口は長期的な減少傾向を辿った。第2次大戦後，社会主義国家はこの鉱業の維持とともに以前からこの地に立地する縫製工場を国有化し大型化して就業機会を拡大し，それによってB・Sの人口規模は維持され，社会主義体制崩壊後の1991年当時で10,000人をやや上回る水準を保っていた。しかし鉱山，縫製工場，タバコ工場など，住民の雇用を支えていた大規模組織が民有化されるなかでリストラが進められ，そこから大量の離職者が出た。さらにこの町には鉱山専門学校（大学のレベル）や高等・中等教育機関が立地し，若年層が比較的高い人口比率を占めていたが，2000年代になってこれらが組織替えされ，高等教育機関はなくなった。それにもかかわらずこの町の2002年時点での人口は10,600人という数字を保っている。その人口が減りだすのはその後のことである。

　ブレズノでもB・Sでも，体制転換後の約10年間は就業機会や生活条件の劣化にもかかわらず，人口はむしろ微増した。住民は地域にとどまって生活の維持を図ってきたかにみえる。なぜこのようなことがありうるのか。1998年頃までスロヴァキア経済が全般的に冷え込んでいて，他の地域に出て行っても必ずしもいい就業機会に恵まれなかったため，90年代には転出を伴う労働力の地域外への流出が顕著にならなかったという，経済的説明も可能であろうが，もう一つ，スロヴァキア人は住みなれた地域への定着志向が強いという，文化的説明もありうる。事実，人びとの多くは生活苦のなかにあっても，地域を離れず，嵐が過ぎるのを待ったのである。では，その間に地域社会はどのようになり，地域のなかで人びとの間の関係はどう保たれ，あるいは変わったのか。これが本章と次章の基本的関心事であるが，まず本章では地域のなかで住

民の生活を支えてきた国有大企業の民有化と経営の変貌，新たに生成した小企業の動態を，地域の就業状況に絡めて描いていく。

2．企業の変化と就業状況：ブレズノの場合

　社会主義崩壊以前のブレズノとその隣接地には，従業員規模1,000人を超す三つの国有大企業と五つの国有の中規模企業，一つの地域公共企業があり，後背地からの通勤者を含めておよそ15,000人がそれらの国公有企業で就業していた。このうち三つの大企業は地域の経済活動人口の約80%を吸収していて，その経営と労働は地域社会の住民生活に大きく影響していた。しかもそこには職業訓練施設が付置されていたから，地域内における人的資源の養成と再生産もこれらの企業に大きく依存していた。その三つの大企業とは，製鉄業のジェレジアルネ・ポドブレゾヴァー，建設関連製造業のモスターレン・ブレズノ，一般機械製造業のエスペ・ピエソクである。

(1)　ジェレジアルネ・ポドブレゾヴァー（製鉄）

　三つの大企業の中で最大規模の企業体は鉄鋼メーカーのジェレジアルネ・ポドブレゾヴァー（ŽELEZIARNE PODBREZOVÁ：以下ZPと略記）である。
　この企業はオーストリア・ハンガリー帝国時代の1840年に国有企業として設立され，その後一時期を除いて社会主義体制崩壊後の1991年まで一貫して国有企業であった。社会主義崩壊以前の1989年当時には従業員5,500人を抱え，社宅1,200世帯分（これは町有住宅の数にほぼ匹敵する），社員食堂，保養施設（低タトラに2か所），保育園，スポーツ施設，等々，充実した福利厚生施設を備えて，従業員とその家族の生活の基本部分を包摂していた。工場脇にはアパート（1,000室），スーパー，プール，サッカー場，文化会館などがあり，これらはZPが建設して，ZPが立地している村（ブレズノに隣接）に寄贈したものである（そのメンテナンスはZPが負担）。また，ブレズノの病院に寄付を出すなど，従業員の居住地域における福祉活動にも関与していた。社内の文化活動

も活発で，民俗舞踊団，人形劇団，三つの音楽サークルなどがあった。とくにZPが誇っていたのはスポーツ活動で，サッカー，スキー，テニス，卓球，ホッケー，ランニングなどのサークルが活動を展開していた。スポーツは青少年の健全育成にいいという観点からZPはスポーツ振興に力を入れ，地域のロマの少年たちにもスポーツ活動への参加機会を提供し，社内のサッカー場での観戦は無料で広く住民一般に開放していた。ハンググライダーなどでもZP従業員が欧州チャンピオンの賞を受けている。

社会主義体制崩壊後間もなくして合理化とリストラが始まった。1992年には民有化が始まり，まずは第1次クーポン方式による民有化で資産の89%が売却された。その株の大部分を買い上げて大株主となったのは内部昇進の経営者たちであり，残りの株も70人の従業員が入手して，事実上，所有は企業内部の者によって握られた。当時，一部は国家資産ファンドの掌中に残されたが，90年代中葉を過ぎたころには完全に民有化された。こうして株のほとんどが社内の関係者に保有された。

しかしZPを取り巻く経済環境はこの間に急変した。ZPは製鉄の原料の90%以上を屑鉄に依存し，その大部分は国内で調達していた（その後もそうである）が，生産の80%近くを輸出に向け，社会主義時代末期には総輸出の60%を占めていたソ連向け輸出がその後急減し，90年代中葉にはそれが1%弱にまで落ち込んだ。それに代わるべき西側市場への対応が急には整わず，組織と経営の合理化とリストラが緊急の課題として浮上した。その結果，社会主義体制崩壊後間もない1991年1月初めには5,565人いた従業員は，同年9月初めには4,850人となり，民有化が終わった1994年には3,650人に減っていた。

この人員削減は，経営と労働組合との労使協議の積み重ねのなかで実施された。上述したように，民有化されたあとでも旧経営幹部は大株主として企業のトップに立ち，少なからぬ従業員も株主として企業にとどまった。従業員の大多数は若いころからの生え抜きの社員であり，経営者は勤続20年以上の内部昇進者で，労働組合幹部も生え抜きの長期勤続者であったから，人員削減は社内全体の合意をベースとして比較的円滑に進みえた。そのさいにとられた労使

合意の条件は，①年金受給開始までは高齢者を解雇しない，②2年後に年金受給資格が生じる者が退職する場合にはその年金2年分の相当額を支給する，③希望退職に応募する人には法定で給料2か月分と定められている退職金を5か月分にして支給する，として，あとは自然減に任せた。

1990年代後半になると，90年代前半に西欧諸国（主として西独）から導入した最新技術とそれによる品質向上がしだいに効果を生んで，企業業績は上向きに転じ，1998年にはZP本体の従業員数は3,800人の水準であまり増えていないが，新たに傘下に含めた協力会社・子会社の分も入れると4,100人になり，平均賃金は12,000コルナと，スロヴァキア全国平均を上回った。その後ZPの従業員数はほぼこの水準で推移し，2006年時点では3,970人となっている。

この間に福利厚生施設の一部切り離しが行われた。保養施設の一部は室内プールやフィットネスルーム付きのデラックスホテルにして，ZPが設立した従業員約20人の独立企業にその経営を委ねた。もう一つの保養施設は労働組合に与えた。幼稚園・保育園は国に貸与したが，国から受け取るその建物賃貸料と光熱費はごく少額である。このような変更があったが，それによって福利厚生の水準を切り下げるとか，その施設やサービスを完全に企業から切り離すということはなく，90年代後半の企業業績の好転をふまえて従業員福祉と地域サービスをさらに充実させることが目指され，社会主義時代の福利厚生水準は継続的に維持されてきた。さらにZPは，体制崩壊後にいったん国に移管された研修所をあらためて国から買い取り，研修生には標準服を支給し，研修終了者には就職を保障することにした。

就業機会の提供と福利厚生施設の一般開放とで生活を多かれ少なかれZPに依存する者は，12,000人から14,000人，世帯数にして約4,000世帯にのぼると推定されている。以前からあった文化クラブやスポーツ団体の活動は，その後もほぼ継続している。また，地域社会に対するフィランソロピー活動も続けられている。

(2) モスターレン・ブレズノ（建設関連製造）

　民有化による組織改革と経営戦略の転換のなかにあっても，ZP が基本的に従業員福祉を重視する企業文化を保ちつづけてきたのに対して，もう一つの大企業，モスターレン・ブレズノ（MOSTÁREŇ BREZNO：以下 MB と略記）は劇的な変貌を遂げた。

　MB は，チェコスロヴァキアが社会主義体制に入った翌年の 1949 年に，架橋，電力施設の建設などの事業を目的として設立された。その後 1955 年からさらに多様な事業を行うようになった。民有化が始まるのは 1992 年 1 月からであり，そのまず第一歩として国が株の 100% を所有する株式会社となり，第二歩としてその株が第 1 次クーポン方式により個人や投資ファンドの手に移り，1994 年に民有化は完了した。この過程で組織の再編成も行われ，MB はまず二つの株式会社に分割され，そのうちの一つが MB インドゥストリア（MB INDUSTRIA）となったが，もう一つこれと共存する形をとっていた旧 MB は 1998 年に債務破産して完全に解散し，その間に事業部門ごとに六つの有限会社が独立した。こうして MB の敷地には一つの株式会社と六つの有限会社が存在する形となり，クレーンや建設資材運搬用ベルトコンベアなど，以前からの生産品目をインドゥストリアの名で扱いつづけた。

　インドゥストリアと六つの有限会社の社長となったのは，MB で育った長期勤続の内部昇進者である。従業員は 1991 年当時，3,800 人であったが，その後の組織改革とリストラで顕著に減り，98 年 9 月時点では約 1,000 人になった。離職者のうち約 1,000 人は前述したもう一つの大企業の ZP に引き取られた。

　社宅や社員食堂など一部の福利厚生施設はそのままインドゥストリアの所有となって引き継がれたが，保育園・幼稚園の建物は 1994 年に売却されて町有となった。町内最大の文化会館も MB の手を離れて町有になり，インドゥストリアもどの有限会社も，財政面でも組織面でもその運営をサポートしなくなった。MB には民俗舞踊団「モスターレン」や吹奏楽団があったが，これら

はその後企業の手を離れて町の文化団体として登録され，文化会館を舞台に独立民間団体として活動を続けている。

　こうしてかつて企業が担っていた福祉と文化の機能が大幅に地域へと移された。MBは社会主義時代には地域の中心的企業で，町役場の主だった幹部職員や一部の町議はMBの出身者が占めていた。また，MBは地域住民の文化・スポーツ活動を援助していた。しかしその後は地域の行事に寄付金を出すとか，学校に机を寄付する程度の地域奉仕しかしなくなった。

　1997年当時はMBを引き継いだインドゥストリアとその他の有限会社で1,299人が働いていた。そのインスドゥストリアもその後清算された。2007年時点では旧MBの敷地には23の中小企業が集まっており，そこで雇用されているのは全部で1,000人程度である。そのなかでMBの流れを汲んでいる有限社の社長はかつてMBの従業員で，もう一人の同僚と組んでその仕事の一部を引き継ぎながら2003年にこの企業を設立した。2007年時点でそこで働いていたのは200人ほどで，その半分は独立請負職人である。常用雇用者も独立職人もその多くはMBの従業員だった人たちである。製品はドイツ，イタリア，オーストリアなどにも輸出し，EU加盟がこの企業の事業にプラスになっている。

　MBの従業員はこうして民間の中小機械工場の従業員になったり，独立職人になったり，事業主になったり，さらにはZPに移ったり公共機関の職員になっている。

(3) エスペ・ピエソク（機械製造）

　もう一つの大企業はエスペ・ピエソク（ESPE PIESOK：以下EPと略記）だった。この企業はすでに19世紀には国有企業として設立されていて，その後資本主義と社会主義の時代を経て1991年まで国有企業として存在しつづけたが，1992年から民有化の過程に入った。設立当初は鉄線や金属製家具を製造していたが，1963年から金属成型を始めた。1990年当時にはその製品の60％が旧東欧諸国（主として東独とポーランド），アラブ諸国，一部の西欧諸国や中

南米に輸出されていたが，コメコン市場の崩壊がその売上にかなりマイナスに響き，外貨事情の悪化から原料の仕入れも困難になった。この状況を乗り切る戦略として品質と安全保証の水準を西欧並みに高めるためにアメリカの企業と協力し，コンサルタントを入れ，設備装置の改善に取り掛かったが，その間に組織の縮小と人員の削減も行われた。

EPの本社工場はブレズノの西8キロほどのところにあり，その近隣の村々に四つの付属工場を持ち，総従業員数は3,500人を数えていたが，社会主義崩壊後の1990年にこれらの付属工場は分離独立し，残った本社工場では社会主義崩壊前の1989年に1,750人いた従業員は，1991年末1,300人に削減され，97年時点では600人ほどになった。リストラは，年金受給資格のある高齢者の退職促進と，付属工場の事務職の削減から始まった。それに次いでとられた措置は，年金受給資格発生まで2年以内の従業員に対する早期退職勧奨で，通常の退職金は給料2か月分であるところ，退職奨励に応じた者にはそれに3か月分を上乗せして合計5か月分が支給されるようにした。また，勤務状況や業績の悪い従業員の解雇も行われた。

人員削減は労使協議を通して進められた。まず経営側から組合側に削減数と削減対象者名簿が提示され，組合側はそれに対して反対意見を述べて経営側に削減案の修正を求め，最終決定は両者の交渉を経て合意された。そのさいの条件として妥協された点は，夫婦で当社に雇用されている場合にはその一方に勇退してもらうこと，年金受給資格を持つ者，あるいは近々その資格を得られる者から退職を促すこと，など，従業員の生活に打撃を与えないような措置をとることであった。

EPは充実した従業員福利厚生を備えていた。1991年9月現在3棟からなる社宅を有し，そのうちのブレズノ町内にある1棟は150室からなり，家賃はどこも無料であった。しかしそれはその後EPから切り離され，社宅はなくなった。工場内には昼食と夕食を提供する食堂があり，従業員の7割がこれを利用していた。利用者負担は食材の原価だけで，光熱費や人件費は会社が負担していた。しかしこの食堂はその後EPから切り離されて独立組織となった。EP

に付属して保育園もあって，外部の人たちもこれを利用できていた。しかしこれも廃止された。山地には72のベッド数を持つ保養所もあった。民有化の過程でこれは別会社として設けられたホテル経営のエスペ有限会社の手に移され，市場ベースで経営されるようになった。

　このようにして，かつては従業員生活のかなりの部分を企業内で包摂していた福利厚生施設が，民有化と企業業績の不振のなかで廃止あるいは外部化された。さらにまた，EPは保育園や保養所だけでなく，スポーツ施設も広く地域住民に開放し，建物暖房施設，病院施設，コンピュータ・サービスなどでも町に貢献していたが，民有化後の企業業績悪化のなかでその援助も縮小し，なくなっていった。

　そしてついにEP自体が清算されて競売に出され，その土地施設に新しい所有者の別会社が数社でき，2007年時点で合計100人ほどの従業員が働いている。

(4)　その他の旧国公有企業

　ブレズノ町とその近隣村の合計1町27村からなるブレズノ郡の住民所得の98%は工業からもたらされ，その主要部分は上記の3企業によって担われていた。それだけに社会主義崩壊後のこれらの企業の業績悪化とそれに伴う雇用の削減と福利厚生の縮小は，地域住民の所得の減少と生活条件の悪化へと結びついた。

　また，社会主義時代にはこれら三つの大企業のほかに，さらにいくつかの事業体があり，社会主義崩壊後の最初の1年余，つまり民有化に至るまでの時期には一定数の就業の場を提供していたが，その後の過程で軒並みに雇用を削減した。1991年時点と1997年時点の従業員数の変化をみると，塗料工場ストロイスマルト・ポホレラー（STROJSMALT POHORELÁ）は953人から321人に，燃料供給業のスロウプンプ・ザーヴァトカ・ナド・フロノム（SLOVPUMP ZÁVADKA N/HR）は880人から352人に，鋳物工場ズリエヴァーレン・フロニェッツ（ZLIEVÁREŇ HRONEC）は807人から454人にそれぞれ減少し，こ

のうち塗料工場と鋳物工場はその後倒産して姿を消した。

しかし人員削減をしなかった旧国有の中小規模事業所もある。コメコン市場にまったく依存せず，もっぱら国内需要に向けた生産活動をしていた紙器メーカー（板紙加工，事務用紙製品製造，トイレットペーパー製造など）の場合，1991年当時210人いた従業員は，1997年時点では270人になっていた。地域住民の生活の必要に対応していた公営サービス企業（家屋修理など）は230人の従業員を抱えていたが，民有化の過程で解体され，その事業と従業員は新たに分散されて生まれた私企業に引き継がれた。このように国内需要依存の最終消費財生産の分野や地域住民の生活需要に対応した分野では，所有や組織の形態が変わっても経営と事業活動が維持され，劇的な雇用減は生じなかった。しかしこの分野はもともと事業規模が大きくなく，雇用の数は少なかった。

(5) 新生の零細企業群

民有化が進み市場経済が作動するなかで就業の場を拡大したのは，新しく生まれた企業群である。旧国有企業をスピンオフした技術者や管理者，リストラに遭った労働者らが，それぞれの可能性を賭けて私企業を興した。

まず雨後の筍のように出現したのは，小売業と対個人サービス業の零細企業であった。その事例を三つあげてみる。

最初の事例は家族経営のレストランである。事業主は48歳の既婚女性。学歴は初等学校卒。1991年まで母が経営者だったレストランで主任として働いていたが，自己資金と金融機関からの融資で資本を準備し，競売に出ていた物件を賃貸で借りうけ，同年6月に開業した。開業3か月後の月間売上は30万コルナにのぼるが，このうち10万コルナが家賃として出て行く。彼女はレストラン以外に小さな食品店も持っていて，そこでは月額20万コルナの売上があるが，ここからも相当額の家賃が出て行く。しかし従業者は彼女自身と娘1人だけなので，労務コストはかからない。息子は町外にある250室のホテルを年1万コルナの家賃で借りて，従業員約40人を抱えて経営している。彼女の母は長年レストランの経営者で，夫の父は近年個人商店を興した。夫はMB

で職長を務め，まもなく定年（年金受給資格獲得）を迎えるが，その後の予定は立っていない。しかし家族の生活は彼女が興した企業の経営だけでもなんとか賄える。以上は1991年9月時点での聴取情報による。しかし1997年9月にここを訪れたときにはこのレストランはなくなっていて，事業主だった女性やその家族はもはや町から姿を消していた。

　次の事例は衣料雑貨店である。事業主は中年の男性。初等学校卒，中等職業学校（日本の工業高校に相当）未修了の技能労働者だった。社会主義時代にリビアで働き，帰国後は公営サービス企業でテレビ修理の仕事に従事するかたわら，内職でもテレビ修理をして金を貯めた。こうして貯めておいた金を元手に，1989年に43歳で自分の企業を興した。中国やトルコからポーランド経由で衣料品やその他雑貨品を仕入れ，質のいいものを西欧で，悪いものを国内で売りさばいている。町役場の近くの町有建物の一角を借り，15万コルナで改装して店舗を開いたが，店頭販売をするほかに，各地の町村を回りながら注文を取って小型トラックで販売している。91年9月現在では町内に二つの小店舗を置き，6人の従業員（1人は妹）を使っていたが，その後店舗を一つにして，98年現在の従業員は本人を除いて店員2人だけとなり，妹は出て行った。以上は91年9月，97年および98年9月時点での聴取情報による。しかし2006年9月にブレズノを訪れたときにはこの店舗はもはや存在せず，事業主だった男性がどこに行ったか，町の人たちに訊いてもわからなかった。

　もう一つの事例は書店である。店主は中等学校（日本の高等学校に相当）を卒業したあと町営図書館に勤め，その後は町役場の文化担当部署で働いていたが，1991年に独立して書店を開いた。当時30歳代中葉であった。ちょうど新体制への移行期だったので，新しく企業を興そうとする人びとが法律書や経営書を求め，売れ行きは順調で，店員4人を抱えて13か月目の給料を出すようになり，97年からはクリスマス・ボーナスも支給するようになった。また，地域の文化活動にも寄付金を出している。夫は大企業で働いているので，その給料と書店からの収入で，比較的高い水準の生活を確保できている。以上は1997年9月時点での聴取情報による。2006年に再度訪れたときには，売上は

不振となって，店員は1人だけとなり，場所も移っていた。

　最初の事例から読み取れるのは，①零細個人経営は低学歴者にも就業の場を創出した，②家族ぐるみで創業資金を用意した，③血縁者の間で個人経営の経験が共有されている，という特徴である。次の事例は国内外の技能労働で蓄積した資金を元手に小売業を開業したケースであり，前職との連続性はないが，工業部門に従事していた現業労働者がしばしば選んだ選択肢を代表している。3番目の事例は夫が安定した収入を得ている場合の主婦の兼業の形態であるが，中等学歴に裏づけられた文化関連の前職での経験が多かれ少なかれ現職に生かされている。この3番目の事例は開業以来の事業を継続しているが，他の二つの事例は開業後10年を経ずに消滅した。体制転換後に生成した零細私企業の多くは，このように短命で終わっている。また，開業しても形だけで，実際にはなんの事業活動も行わないまま消えていったものも，少なくなかった。体制転換後に登録されたそれらの企業はおよそ2,000にのぼったが，実際に事業活動をしていたのはその3分の1（約650件）であった。事業主の多くは35－45歳かそれ以上の年齢層で，かつては国営企業の技能労働者だった。彼らの親も彼ら自身も事業経験を欠き，企業家としてはまったくの素人であった。そのため，当初は自営で始め，数名の従業員を雇用する展望を描いていても，事業が短命に終わるケースが少なくなかった。事実，1991－93年調査で面接した事業主のうち，少なからざる人びとが1996－98年調査時点では町から姿を消していた。

　それゆえ，この時期に出現した小売・サービス部門の零細企業群は，短期的な就業の場とはなりえても，構造変動のもとで国有大中企業から排出される労働力の受け皿としては，限られた効果しか持ちえなかった。

　体制転換後に地域で雇用創出の役割を大きく担ったのは，むしろ新設された中小企業，とりわけ建設部門のそれであった。体制転換直後の混乱がひとまず落ち着いて，建物の改修，都市基盤の整備など，国内における建設需要が急増し，そのうえ事業展開の国境線が低くなり，さらにはEU内部の国境越えの制限が撤廃されるに及んで，西欧における低価格での建設請負の受注が頻繁にな

り，スロヴァキアの建設業は一種のブームとなったが，地方小都市にもそれが波及し，ブレズノにも中小建設企業が生まれ育った。

(6) 民間中小企業の生成と発達

新しい体制への移行が始まりだした1990年の5月に，民営の建設会社グマス（GUMAS）が生まれた。この設立にあたって出資したのは，町長ら町の有力者8人であり，社長になったのは地元の国有鉄鋼大企業の営業担当副社長を務めていた人物である。社長は国有企業在職中の営業活動を通じて市場経済の経営センスを身につけ，同時に地域有力者のネットワークにも関わり，体制転換後の建設需要の急増に対応して事業を展開させた。その事業はビルの設計，建築，インテリアなど，工場や学校などを含めてビル建設一切の仕事をカバーし，さらにヒーティング・システムなどエネルギー装置の取付けも扱い，短期間のうちに事業規模を拡大した。それとともに雇用を増やし，設立後1年余経った1991年9月には正規の従業員116人を抱え，そのほかにパートや臨時の作業員を採用し，体制転換後に急増した地域の失業者に就業の場を提供した。当時，この企業が新生民間企業として地域でその発展をもっとも期待され，雇用規模を拡大しつつあった。そのほかには小零細建設業2,3社が立ち現れていただけであった。以上は1990-91年当時の状況である。

ところが1997年にこの地域を訪れたときには，もうグマスは存在していなかった。それに代わって発展をみせていたのは，スロヴァキア全土に顧客を持つ建設企業フロンスタウ（HRONSTAV），同じく建設企業のスタヴォレアル（STAVOLEAR），建設資材販売企業グンスタウ（GUNSTAV）で，地域市場を越えて全国市場へと事業を伸ばした企業であった。

フロンスタウの社長は近くの地方中核都市バンスカー・ビストリッツァにあった国有建設会社（当時従業員7,000人）で技師として働いていたが，1992年にこの企業が清算されたのを機に，同僚4人でブレズノ事業所の土地建物を買っていまの会社を設立した。従業員はその当時もその後も150人前後で，50社ほどの下請自営業者や小企業を使っている。ブレズノとその後背地の鉄鋼企

業の施設やホテルなどの建設・改修のほか，首都ブラチスラヴァでの大工事やフランスでの高齢者福祉施設の建設にも携わっている。

(7) 農林牧畜業

　農林業の分野では，町とその後背地の面積 126,520 ヘクタールのうち 68% が森林で，国営の林業団体がこれを管理し，農業用地は 27% しかなく，そのうちの 82% が牧草地である。この地域には「合同農業協同組合」があって，それが後背地の六つの小村落の土地を管理していた。その面積は 6,400 ヘクタールで，メンバー数は 600，そのおもな事業は畜産であった。最初の調査時点の 1990-92 年時点ではこの協同組合は株式会社形式に所有形態を変えつつあり，二つの村落ではこれから離脱して独立の協同組合となり，約 150 人のメンバーは土地の返却を求め，土地所有者となった 20 人は協同組合に地代を要求していた。

　1996-98 年の調査時点では，農業協同組合は組織変更があって九つとなり，農業関連のビジネスが興って 17 の株式会社または有限会社が生まれ，両者で農地の 73% を占めるようになった。農業協同組合のメンバーは再私有化のなかで 600 人から 290 人に減った。ミルクと乳製品を生産していた農業協同組合の施設は，1997 年現在では倉庫になっていた。

　独立自営農家は 80 戸を数えるが，それが有する土地は農業用地全体のわずか 4.5% で，20 ヘクタール以上の土地を持つ農家は 80 戸の中の 15% に過ぎなかった。

　社会主義時代からわずかながら独立自営の農民もいたが，彼らの土地は狭隘な丘陵にあり，面積も 8-10 ヘクタールあるいはそれ以下であった。彼らは農家に生まれ，最低の学歴水準を持ち，農業で生涯を終える人びとで，家族全員が農作業に従事し，その農業は主として家族の生活を満たすために営まれ，市場向けの事業ではなかった。

3．企業の変化と就業状況：
　　バンスカー・シチアヴニッツァの場合

　B・S（バンスカー・シチアヴニッツァ）には社会主義時代から，男性労働者の就労の場としての鉱業所と，女性労働者の就労の場としての衣服製造工場とがあって，この二つが町とその後背地の住民の雇用を大きく支えていた。これらが体制転換を経て大きく変わり，雇用を減らした。

(1) ファブリカ・バニャ（鉱業）と
　　ストロヤレンスカー・ヴィーロバ（機械製造）

　B・Sは中世の時代から鉱山町として栄えていたが，アメリカのゴールドラッシュなどに追われて19世紀以降衰退してきた。ファブリカ・バニャ（FABRIKA BANǍ）は，近くの地方中心都市バンスカー・ビストリッツァに本社を置くルドネー・バニェ（RUDNÉ BANE）の一事業所として鉱山事業を続けていたが，生産が低下し，体制転換直後の1990年に1,000人いた従業員は翌91年には600人となった。政府からの援助額が大幅に減らされたことによる。そして1994年に，この鉱業所は閉鎖された。労働者は西欧の職場に再就職したり，短期出稼ぎに行ったり，再訓練を受けてベーカリーや家具製造などの新しい職種に就いたり，町とその周辺の建設業に吸収されたりした。

　この鉱業所の一部門として機械製造の工場があった。これが1990年に本社傘下の事業所となった。それがストロヤレンスカー・ヴィーロバ（STROJARENSKÁ VÝROBA）である。1993年に有限会社となり，鉱業所とは無関係となって橋梁向け機械製造を行い，ドイツ，チェコ，オーストリア，アフリカなどへの輸出を始めた。しかし90年時点で750人いた従業員は91年には200人となり，97年時点では120人になっていた。

(2) プレタ（衣服製造）

　この町の雇用を大きく支えていたもう一つの企業は，衣服製造のプレタ（PLETA）であった。社会主義時代にはここの工場とニトラの工場とで一つの企業体をなしていて，従業員は全体で3,500人を数えていた。1991年にはそれぞれの工場が独立した企業となり，B・Sの工場では90年当時1,300人いた従業員は900人になった。社会主義時代には製品の50％をソ連，10％をその他の外国に輸出していたが，体制崩壊後，ソ連市場が振るわず，西側市場には進出できず，国内市場も停滞して，深刻な業績不振に陥った。この時点ではまだ国有企業の形態をとっていたが，その後民有化する過程でこの企業はプレタ・モーダ（PLETA MÓDA）株式会社となり，ドイツとイタリアなどの大手外国企業の下請賃加工を行うようになった。しかし89-90年に600万ピースあった売上は，97年時点では42万ピースに落ち，従業員も312人になった。

　プレタ・モーダの出現とともに，旧プレタの一部が有限会社として独立した。たとえばスヴェトロ（SVETLO）有限会社は従業員約50人を擁して，旧プレタ社の敷地内で従来の機械設備をそのまま使って生産活動を行いだした。有限会社ランサン（RANSAN）は従業員70余人を数えた。これらの従業員はかつて旧プレタで働いていた人たちで，こうして独立した新企業に名目的に籍を移して，実際にはそれまでどおりの仕事を続けた。

　プレタ・モーダの従業員数は97年時点で319人，そのうち約85％は女性である。労働者の技能資格水準は以前の状態のままで，この間技術変化はなく，義務教育修了後に一定期間の訓練を受けただけの労働者が多数を占めていた。女性従業員の配偶者の多くは鉱業所勤務の労働者だったが，その鉱業所は廃止となってしまった。旧プレタの寮も社宅も保養施設も売却され，保育園も廃止となった。食堂もなくなった。そしてこの会社自体も，2006年調査時点ではなくなっていた。

　スヴェトロ有限会社は旧プレタの第2工場の一部だったが，民有化でそれが閉鎖になったとき，旧プレタの従業員4人と外部者1人の5人でそれを買い取

り，92年に独立企業を打ち立て，旧プレタから機械設備と土地建物を借り，機械設備を改善修理して使いながら事業を始めた。そのさい金融機関から利息15％で90万コルナを借り入れた。その後機械設備を買い上げ，93年には130万コルナで土地建物も入手した。旧プレタの第2工場だったころは500－600人ほどの従業員がいたが，有限会社化した92年には25人となった。97年時点では35人になっており，そのうちの7割は旧プレタ当時からの従業員である。97年当時，50％が国内市場，残りをチェコやオーストリアなど外国市場に出し，チェコのブルノにも販売店を設け，営業は順調に進んでいた。そしてプレタ・モーダの廃止とともにその従業員の一部を引き取り，2006年時点で従業員数は130人となった。

　もう一つの有限会社ランサンは，2006年時点で80人の従業員を抱えている。

　こうして，旧国有企業の民有化と解体のあと，その一部を引き継いだ中小企業によって，雇用の一部は確保された。

(3)　チェコスロヴァキア・タバコ産業

　この工場はオーストリア・ハンガリー帝国時代の1870年に国有として設立された，スロヴァキア最古のタバコ製造工場である。社会主義時代に入ってからはシガレット製造に特化し，70年，75年，87年と，3度にわたって機械化を進め，87年以前には500人いた従業員は92年には400人になった。もともと国内向けの生産を行っていたので，1992年当時，社会主義体制崩壊とコメコン市場の瓦解からのマイナスの影響を被らずにすみ，業績は順調であったが，機械化の一層の促進で従業員はさらに減ることが予想され，それは高齢者の自然減に頼ることで実現するとともに，一方では若年新規学卒の採用と既存従業員の再訓練で新しい機械システムに対応する方針が立てられた。

　この企業は1992年に株式会社になることとなった。しかし政府が株の51％以上を握り，あとは国内の民間企業や従業員の持株とし，外国資本の導入も考えていた。

従業員の70％は女性であった。福利厚生施設として食堂，ビュッフェ，廉価の売店，保健・医療施設，保養リクリエーション施設を備え，町当局との共同で幼稚園も持っていた。また，この企業は町の映画館の改修，水の浄化，保健施設や文化・スポーツ活動の支援などを通じて，地域社会とも深く関わっていた。

しかしこの企業は1995年に廃止され，その建物のなかで新会社ビッフ（BICH）が家具や靴の製造を始めた。タバコ製造工場時代に400人いた従業員は，新会社では100人になった。そして2005年に第3回調査でこの町を訪れたときには，その会社も姿を消していた。

(4) 地方公営工業企業

この町には社会主義時代に郡レベルの公営工業企業（Okresný priemyslový podnik）の事業所があったが，解体された。その事業のうち避雷針部品を扱う職場は元の所有者の再私有となり，窓枠の製造・取付けやその他の職場はオークションに出されて民有化された，元の敷地と建物では以前と同じ事業が行われた。従業員の一部もそれらに引き継がれた。その民有の企業を打ち立てたのは旧公営企業時代の中堅幹部だった人たちと町内に住む人たちであった。そのうち家具を製造していた職場は，民有化で独立企業となってから新しい生産計画を打ち立て，小規模のガーデンハウスをつくるようになり，その4分の3はドイツ，オーストリア，イタリアなど西欧に市場を求めた。その従業員数は1991年当時15人だったが，97年現在では47人を数えるようになった。

(5) 民間中小企業の台頭

このように社会主義時代に町とその後背地の住民の大きな雇用の場であった企業は，体制転換後まもなく縮小し，2005年ごろにはなくなっていた。これに対して伸びてきたのは，民有化された旧国有企業の後身ではなく，新しく生成してきた民間企業群であった。

建設業のスタヴァスタ（STAVASTA）はその代表例である。これは体制転換

後間もない1991年に有限会社として設立された。社長はかつて鉱業所で働いていた技師であった。従業員数は97年時点で経営者と職員が13人，常用労働者が80人，臨時労働者が10-15人であった。2007年時点でもその数はほとんど変えていない。ただし臨時労働者に代えて自営下請職人を使うようになった。そのような職人層が再訓練機関や専門学校で養成されるようになったからである。仕事はスロヴァキア国内各地に展開し，業績も伸びているが，社内の従業員数は増やさない方針で臨んでいる。当初は町のサッカー・チームのスポンサーなどもしていたが，2007年時点ではそのような地域活動から手を引いている。建設業ではこの企業のほかにバツィク・スタウ（BACIK STAV：97年時点で従業員70人），シンコル（SYNKOR：97年時点で従業員50人）などが現れた。

一方，製造業や建設業だけでなく，卸・小売業，修理保全，運輸，金融・保険などの商業・サービス業の企業や事業所が台頭し，民宿など観光関連の営業活動も生まれてきた。これらの分野における1996年現在の雇用者は1,439人を数えた。町で1990年4月に最初の独立私営の小売店を開いたのは，食品店であった。これを開業したのは鉱業所を退職して年金生活に入ったばかりの男性で，その息子も鉱業所の労働者だった。この2人のほかに妻と娘と使用人を含めて合計5人で働きだした。96年時点では息子の嫁を加え，使用人も4人に増やし，あらたにベーカリーも開いて息子がそこの店主となった。

しかし新規開業と転廃業の新陳代謝が激しく，事業として持続性を持つものは少なかった。ちなみに町のメイン・ストリートに面する商店は，われわれが調査に入った1990年と96年と2005年とで，それぞれ半分以上が入れ替わっていた。

体制転換期には観光事業は悲惨であった。町の中心広場に面した歴史的な建物は荒れ果て，商店街も寂れていた。やがて90年代も後半になると建物の補修がある程度進み，中心地とその近辺には飲食店が増え，ホテルも改修され，後背地には民宿ができてきた。その後駐車場などのインフラもしだいに整備され，国内外からの観光客の増加をみるようになった。2000年代に入り，EU

加盟に伴ってヨーロッパ・マネーがこの町に流入するようになった。この町はユネスコ世界遺産に指定され，文化財保護やその修復の援助金がくるようになり，それが町の経済の活性化にある程度寄与している。

なお，雇用を伸ばした分野の一つに公共機関がある。国や町の行政，教育・文化，保健などの諸機関である。そこでは雇用者数は1,896人を数えた。社会主義崩壊後7年を経た時点で，企業は民営化されて雇用を減らしたものの，地域レベルの公共機関は社会主義時代よりも雇用を増やした。

(6) 農林牧畜業の状態

農業はどうかというと，国有農場は民有化され，その施設は私有の畜産企業が引き継いで使っている。アグロ・ツーリズムと結びつける構想がある。

自営農家の多くはかつて集団農場や国有農場で働く労働者だった。しかし土地を取得してもこの地域は起伏が多く，農耕に適した土地は地域全体で303ヘクタールしかなく，牧草地や牧場が564ヘクタールで，あとは傾斜が厳しい丘陵で樹木に覆われている。この町の後背地は独立自営で農業を専業にするには適していない。後背地村落の住民は多くの場合，町の製造業企業の労働者であって，農業は自家消費のための野菜栽培や家畜飼育を副業として行っていただけである。それゆえ農業もここでは雇用吸収の役割を担えない状況にある。

4．二つの町の共通点

ブレズノもB・Sも，かつては国有大企業のもとに地域社会が成り立っていた。それら大企業はコメコン内部の国際分業に依存し，ソ連・東欧諸国向けの生産を担っていた。これらの企業は体制転換によって民有化へ向かったものの，社会主義体制の崩壊とともにコメコン市場を失い，といって西側市場に乗りだすには技術的にも品質的にも困難であった。実質賃金の低下と失業の増加で国内市場も冷え込んだ。こうした状況下で各企業は生存を図らなければならなくなった。そして雇用削減と福利厚生施設の切り離しを進めた。これは民有

化によってさらに推し進められた。その結果,多数の雇用者が企業から排出された。

　民有化された企業は,国有企業時代の従業員の一部を引き継いで雇用を保障した。民有化の後,西欧市場に進出するのに成功した企業は,むしろ雇用を増やした。しかし全体としてみれば,雇用は大幅に削減された。企業から出た雇用者が生活の糧を得る一つの場は,自営ないし小規模の企業を興すことであった。事実,体制転換後には雨後の筍のように多数の零細企業が立ち現れた。しかし事業経験がなく手持ち資金もわずかな彼らにとって,企業経営は容易ではなかった。開業しても短期間で店をたたむ者も少なくなかった。そのように生成と凋落が頻繁に起こったが,数自体は減らなかった。

　公的機関(労働事務所)は失業者に再訓練の機会を提供した。それによって新職種に就いた者も多数出てきた。新職種は主として手工業的職種(修理・修繕とか製菓・製パンとか建設とか)である。

　民有化された旧国有企業とは別に,市場経済のなかで新たに生成し発達してきた企業群もある。それは地域を越えて全国市場を対象とした建設業に典型的に見出される。旧国有企業の労働者で再訓練を受けた者が独立自営の建設職人となり,成長企業の下請仕事を請け負うというケースも,多く現れてきた。

　また,外国への出稼ぎも増えた。しかしその多くは基本的には土地を離れなかった。1年の一定期間を西欧に行って稼ぎ,残りは故郷で過ごすという生活スタイルが,一部で定着した。EU加盟後,労働市場のグローバル化のもとで外国に働きに出る者はさらに増え,B・Sの場合,2007年時点でその数は700－800人と推定されている。

Ⅲ　住民生活の変容と地域社会の再形成

石 川 晃 弘

1．住民生活の環境変動

　体制の転換によって民有化され市場経済のなかに放り込まれた企業は，まずはその生き残りを賭けて合理化と雇用減を図り，福利厚生を外部化あるいは廃止した。企業の外に出た従業員は市場のなかでみずからの生活の糧を求めてさまよい，一方，企業の内部に残った従業員もかつての手厚い企業福祉を期待できなくなった。そして社会主義的平等政策で平準化していた人びとの生活は，その水準の全般的低下とともに上下格差の顕著な拡大をみせた。やがて数年が経て国民経済は回復基調に乗るようになったが，賃金水準はそれに随伴せず，失業率も高水準を保ったままであった。1990年代末からはスロヴァキアに外資が入り国民経済の成長を牽引するようになったが，中部地方の山間にあるわれわれの調査対象地のブレズノやバンスカー・シチアヴニッツァ（以下B・Sと略記）にまでは外国企業の投資は及んでこなかった。ちなみに表Ⅲ-1にみるように，この二つの町が属するバンスカー・ビストリッツァ県は2000年代中葉において，スロヴァキア全国のなかでインフラ整備がもっとも遅れている地域であり，経済活動水準も全国8県中，下から2番目に位置している。
　かつては地域の振興開発は国家の計画によって決められ，国家行政機関の手で行われていたが，体制転換後はその権限は大幅に地方自治体に移され，住民

表Ⅲ-1：県別にみた経済活動・インフラ整備指標（全国平均=100）

	経 済 活 動	インフラ整備
ブラチスラヴァ県	300.18	172.84
トルナヴァ県	111.60	101.59
トレンチーン県	88.62	88.07
ニトラ県	72.70	87.07
ジリナ県	72.55	88.03
バンスカー・ビストリッツァ県	57.57	80.02
プレショウ県	50.47	84.79
コシッツェ県	70.19	82.07

（出典）　"Verejná správa a regionálny rozvoj: Ekonomika a manažment", in: *Public Administration Science Journal,* Bratislava, No. 3 (4), Dec. 2006 より。

自治によって進められねばならなくなった。しかし地方当局にはその経験と力量が欠けており，住民も長年の結社と表現の自由の欠如のなかで主体的・自主的に行動を起こす発想と意欲を失っていた。調査対象地の二つの町が含まれる地方は全国的にみて低開発地域にランクされているが，そのなかで地域振興と地域の経済社会の活性化に向けた住民自身の下からの営為は，体制転換後15年以上経った時点でどのように取り組まれているのか。

社会主義体制崩壊期，体制移行期，そして現在という3時点でとらえたとき，これらの地域での人びとの生活はどのように変化したか。まず1991年，1997年，2006年という3時点で行った住民アンケート調査結果から住民の生活と行動の変化を探り，次いで地域振興に向けた住民の草の根の営為の事例を追いながら，体制転換後の地域社会の再形成の様相を探ってみる。

2．住民の生活と意識：住民アンケート調査から

(1)　調査項目とサンプル

住民アンケート調査は上記の3時点で行ったが，各時点での特殊性を考慮した質問も入れたため，質問票は全部が全部，同じ設問で構成されているわけで

はない。ここでは時系列比較がなるべく可能な設問を取り上げて，その回答分布を観察し分析する。具体的には，①経済格差の広がりの認知，②社会的不公正感，③住民の階層帰属意識，④労働生活の現状評価，⑤文化・社交活動への参加，⑥地域内の社会関係，⑦地域帰属意識，⑧地方選挙での投票行動，である。

観察と分析の対象となる住民サンプルの規模と構成にふれておく。

被調査サンプルは二つの町で各時点ともに原則 300 人とし，回収された有効回答票は表Ⅲ-2のとおりである。

表Ⅲ-2：有効回答サンプル数　　（人）

年	2006	1997	1991
ブレズノ	300	300	216
B・S	302	330	244

サンプルの性別分布では1991年調査と1997年調査で女性が男性をわずかに上回っているが，その差は無視していいほど小さい（表Ⅲ-3）。

表Ⅲ-3：住民サンプルの性別構成　　（％）

	ブレズノ			B・S		
	1991	1997	2006	1991	1997	2006
男性	45.8	47.0	50.0	44.7	43.0	49.3
女性	54.2	53.0	50.0	55.3	57.0	50.7

年齢階級別にみると，二つの町とも45歳未満層が傾向的に減少している。とくにそれは1991年と1997年の間で顕著で，若年層の流出があったこと，高齢化がしだいに進行していることをうかがわせる。なお2006年時点ではサンプルが各年齢階級にほぼ4分の1ずつに分布している（表Ⅲ-4）。

当該地域での居住歴をみると，長期化の傾向がうかがわれる。生誕以来の者と居住歴16年以上の者をあわせて三つの時点を比較すると，ブレズノでは57.0％→79.0％→89.0％へ，B・Sでは73.7％→84.9％→87.4％へと増加しており，両者とも2006年には大多数が長期居住者になっている。これに対し

て居住歴5年以下の層は非常に少ない。住民の定着率は二つの地域ともかなり高いといえる（表Ⅲ-5）。

表Ⅲ-4：住民サンプルの年齢階級別構成　　　　（％）

	ブレズノ			B・S		
	1991	1997	2006	1991	1997	2006
18－29歳	26.3	17.4	25.3	23.4	17.1	24.5
30－44歳	41.4	38.5	22.4	37.4	32.1	24.5
45－59歳	18.1	20.7	28.6	23.3	26.5	27.5
60歳以上	14.2	23.4	23.7	15.9	24.3	23.5

表Ⅲ-5：住民サンプルの居住年数別構成　　　　（％）

	ブレズノ			B・S		
	1991	1997	2006	1991	1997	2006
生誕以来	30.2	32.3	48.0	38.5	47.3	50.4
16年以上	26.8	46.7	41.0	35.2	37.6	37.0
6－15年	32.4	20.0	8.3	19.3	11.2	8.3
5年以下	10.6	1.0	2.7	7.0	3.9	4.3

学歴別構成は二つの町でともに1991年から1997年を経て2006年へと，高まっている。低学歴層（初等教育レベルまたは中等教育中退レベル）は1991年には40－46％だったが，1997年には35－36％となり，2006年には23－28％へと減少し，中等教育またはそれ以上の修了者が増えている（表Ⅲ-6）。

表Ⅲ-6：住民サンプルの学歴別構成　　　　（％）

	ブレズノ			B・S		
	1991	1997	2006	1991	1997	2006
初等教育のみ（中卒）	12.5	11.0	13.0	16.0	9.1	8.9
中等教育未修了（高校中退）	27.8	23.7	10.3	30.4	27.0	19.5
中等教育修了（高卒）	41.2	41.0	42.7	29.9	40.3	45.4
高等専門学校修了	4.6	6.7	7.3	11.4	4.5	8.9
大学・大学院卒業	13.9	17.3	26.0	12.3	18.5	16.2
不　明	－	0.3	0.7	－	0.6	1.1

就業別構成は2006年調査だけのものに限られるが，二つの町をくらべると

雇用者比率はブレズノのほうが大きい。B・Sでは年金生活者と無業者が，その一方で自営業者・企業主と自由業者も，わずかながらブレズノより多い（表Ⅲ-7）。

表Ⅲ-7：住民サンプルの就業別構成（2006年調査）（％）

	ブレズノ	B・S
雇用者	46.1	38.5
自営業者・企業主	9.0	10.3
自由業者	1.3	2.6
年金生活者	23.7	25.5
主婦	0.3	2.3
学生	15.3	9.9
無業者	4.3	9.6
その他	−	1.3
合計	100.0	100.0

要約すると，調査対象地とした二つの町の性別，年齢，居住歴からみたサンプル構成は，調査時点の違いでは差がみられるものの，概して似た特徴を呈している。したがってこれらの点を一定とみて二つの町を比較していい。ただし学歴別構成と就業別構成に関しては両者の間に違いがあり，学歴水準も雇用者比率もB・Sよりブレズノの方が高く，二つの町の住民アンケート結果の分析のさいにはこの点を考慮に入れる必要があろう。

(2) 調査結果の観察と分析

表Ⅲ-8は地域における経済的格差の拡大・縮小に関する住民の意見分布を示している。1997年調査では，1989年，つまり社会主義体制が崩壊直前の時期にくらべてどうかを問い，2006年調査では2000年時点にくらべてどうかを問うている。これによると，1989－97年では「非常に拡大した」がブレズノで75％，B・Sで66％もあって，新体制になってからの地域社会で顕著な格差拡大が人びとの間で認知されたが，2000－06年ではそれがブレズノで32％，B・Sで41％に激減している。それに代わって増えたのは「多少拡大

した」と「ほとんど変わらない」で，格差拡大の認知はかなり緩んできた。5点法尺度による加重平均値でみると（「非常に拡大した」を1点，「ほぼ消滅した」を5点として），ブレズノでは1.36から2.05へ，B・Sでは1.52から1.85へ上がっており，全体として格差拡大感は縮小してきたといえる。なお2006年時点での格差拡大感を二つの町で比較すると，ブレズノよりB・Sのほうが大きい。

表Ⅲ-8：経済的格差　　　　　（％）

	ブレズノ		B・S	
	1997	2006	1997	2006
非常に拡大した	75.1	31.7	66.4	40.8
多少拡大した	17.7	37.3	19.1	35.1
ほとんど変わらない	2.3	26.0	9.4	22.5
縮小した	1.3	4.3	1.5	1.3
ほぼ消滅した	2.3	0.7	2.1	0.3
不　明	1.3	－	1.5	－
加重平均値	1.36	2.05	1.52	1.85

（注）　2006年調査：「2000年以降」，1997年調査：「1989年以降」。
　　　1991年調査では該当設問なし。

　表Ⅲ-9は地域における社会的公正に関する住民の意見分布を示している。これも1997年調査では1989年当時との比較，2006年調査では2000年時点との比較である。これによると，「顕著に不公正になった」と「多少不公正になった」とをあわせた比率，つまりネガティヴな見方を提示している者の割合は，ブレズノでは61％から49％へと減っているのに，B・Sでは54％と57％で，ほとんど変わっていない。加重平均値でみると（「顕著に公正になった」を1点，「顕著に不公正になった」を5点として），ブレズノでは3.69から3.38へと改善されているのに，B・Sでは3.56から3.62へとやや悪化している。2000年ごろからの社会過程において，地域における公正感は，ブレズノでは体制転換後の90年代には大きく損なわれていたが2000年代には改善されてきているのに対して，B・Sでは90年代の公正感はブレズノよりはよかったが，2000年

III 住民生活の変容と地域社会の再形成　61

代にはむしろ悪化している。

表 III-9：社会的公正　　　　　　　　（％）

	ブレズノ		B・S	
	1997	2006	1997	2006
顕著に公正になった	2.0	2.7	2.1	1.3
多少公正になった	10.0	16.0	10.3	7.3
ほとんど変わらない	25.3	32.3	32.7	34.4
多少不公正になった	40.0	38.3	38.5	42.1
顕著に不公正になった	21.0	10.7	15.5	14.9
不　明	1.7	－	0.9	－
加重平均値	3.69	3.38	3.56	3.62

（注）　2006 年調査：「2000 年以降」，1997 年調査：「1989 年以降」。
　　　 1991 年調査では該当設問なし。

ところで住民本人の暮らしぶりについての自己評価はどうか。地域内でのみずからの階層帰属に関する意識は，表 III-10 にその分布が示されている。「上」と「中の上」を上層，「中の下」と「下」を下層とかりに名づけ，1997 年調査と 2006 年調査との間の変化をみると，上層はブレズノでは 7％ から 17％ へと増え，B・S では 6％ と 8％ でほぼ同水準であり，下層はブレズノでは 39％ から 26％ へと減り，B・S では 32％ と 31％ でほぼ同水準にある。ブレズノでは階層帰属意識は上向傾向を示したのに対して，B・S ではほとんど変化を

表 III-10：階層帰属意識　　　　（％）

	ブレズノ		B・S	
	1997	2006	1997	2006
上	0.3	2.0	0	1.0
中 の 上	7.0	15.3	6.1	7.3
中	52.4	56.7	61.5	60.3
中 の 下	32.0	22.3	21.5	25.8
下	7.3	3.7	10.0	5.3
不　明	1.0	－	0.9	0.3

（注）　1991 年調査では該当設問なし。

みせていない。階層帰属意識の分布に関して相対的に特徴づければ，ブレズノが高くB・Sが低い。

目を労働生活に転じてみよう。表Ⅲ-11は2006年調査で，有業者が2000年時点と比較したときに現在の状況をよくなっているとみているか，それとも悪くなっているとみているかを示している。これをみると，改善されたとみる者の比率が悪化したとみるそれを上回っているのは，「収入」に関してだけである。その他の点，すなわち「労働時間」，「仕事上のトラブル」，「仕事の保障」，「職場の人間関係」については，悪化したという者のほうが多い。とくにそれが顕著なのは「仕事の保障」である。一般的にいって，収入という点では改善されたが，労働生活の諸側面は悪化したと就業者はみている。この傾向は二つの町に共通して見出される。

表Ⅲ-11：労働生活（2000年以降の変化：改善／悪化）

	ブレズノ	B・S
収　入	32.0／ 6.7	25.2／ 8.3
労働時間	10.0／14.0	8.3／12.6
仕事上のトラブル	8.3／20.4	5.3／14.2
仕事の保障	10.4／19.0	8.9／19.5
職場の人間関係	11.7／15.3	13.3／15.3

(注)　表中の数値は（「非常によくなった」＋「よくなった」）／（「悪くなった」＋「非常に悪くなった」）の回答比率。回答は有業者のみ。

1991年時点と2006年時点とで，観劇やコンサートやパーティーなど文化享受や社交の場に行く頻度を4点法で質問し，「全然行かない」と答えた者の比率を示したのが表Ⅲ-12である（1997年調査では5点法で質問したため，時系列比較が困難になっている）。この表をみると，どの項目においても「全然行かない」者の比率は低下している。社会主義崩壊直後の時期にくらべて，人びとは文化的・社交的享受の余裕を持つようになったとみられる。なお二つの町を比較すると，概して文化享受はブレズノのほうが多い。

表Ⅲ-12：文化的・社交的享受（否定的回答）

	ブレズノ		B・S	
	1991	2006	1991	2006
劇　　場	68.5	44.3	78.2	59.9
クラシック・コンサート	82.9	79.0	83.6	81.1
フォークロア	41.2	31.0	67.6	47.0
ダンス・パーティー	63.0	35.7	65.2	46.0
展示会	46.8	30.7	37.7	27.2

(注)　「1．頻繁に行く」,「2．時々行く」,「3．稀に行くだけ」,「4．全然行かない」のうち，4の比率。

　地域内での社会諸関係はどのように推移したか。表Ⅲ-13によると，家族親族関係は社会主義崩壊直後にくらべて改善されてきた。2006年調査では二つの町のどちらも加重平均値はほぼ4.0の水準にある（平均して「まあよい」の水準）。しかし近隣住民間の関係はむしろ低下している。近隣関係が疎遠になってきているようだ。政治団体間の関係は3時点間で変動していて，一定の傾向がつかめない。企業家と住民との関係は，傾向的に離れてきている。概して家族親族間の関係の親密化と近隣地域関係の疎隔化が同時進行してきたようにみえる。なお親密性の度合いは，表中にある諸関係のうち，二つの町のどちらでも「家族親族関係」がもっとも高く，次いで「近隣住民間の関係」，次いで「政治団体間の関係」，そして「企業家・住民間の関係」がもっとも低い。

表Ⅲ-13：地域内の諸関係

	ブレズノ			B・S		
	1991	1997	2006	1991	1997	2006
家族親族関係	3.7	4.0	3.9	3.5	4.0	3.9
近隣住民間の関係	3.7	3.7	3.5	3.7	3.8	3.5
政治団体間の関係	3.4	3.0	3.2	3.4	3.3	3.4
企業家・住民間の関係	3.4	3.1	3.0	3.3	3.4	2.9

(注)　「とてもよい」を5,「とても悪い」を1とした5点法による評価。表中の数値はその加重平均値。

表Ⅲ-14と表Ⅲ-15の数値は，2006年調査から得た住民の地域帰属意識の分布状況を示している。表Ⅲ-14は「自分の町を自慢に思うか」という問いに対する回答分布を表している。この問いの回答選択肢のうち，「おおいにそう思う」と「ややそう思う」をあわせたものを肯定的態度，「あまりそう思わない」と「全然そうは思わない」をあわせたものを否定的態度とすると，両者の割合はブレズノで49%対16%，B・Sで64%対14%，となり，どちらの町でも肯定的態度のほうが多い。それは歴史的に由緒があるB・Sでとくに多い。

表Ⅲ-14：地域帰属意識：誇り（自分の町を自慢に思う）
(%)

	ブレズノ	B・S
おおいにそう思う	12.3	29.1
ややそう思う	36.3	34.8
答に窮する	35.3	22.2
あまりそう思わない	13.3	11.3
全然そうは思わない	2.8	2.6

表Ⅲ-15は「生涯ずっとこの町で暮らしたいか」という問いに対する回答分布を示している。これに対する回答を上と同じように肯定的態度と否定的態度にまとめると，ブレズノは52%対25%，B・Sは59%対24%で，どちらの町でも肯定的態度のほうが多いが，両者をくらべるとB・Sのほうが多い。

表Ⅲ-15：地域帰属意識：定着意識（生涯この町で暮らしたい）
(%)

	ブレズノ	B・S
おおいにそう思う	24.7	36.5
ややそう思う	27.7	22.2
答に窮する	22.3	17.5
あまりそう思わない	15.0	17.2
全然そうは思わない	10.3	6.6

以上の二つの指標，つまり町に対する誇りと町への定着意思から地域帰属意識をみるならば，どちらの町でも多数が肯定的な地域帰属意識をみせているが，とくにそれはB・Sにおいて顕著である。

 最後に地域政治への参加状況を地方選挙での投票率からみてみる。表Ⅲ-16は社会主義崩壊後から最近までの地方選挙の投票率を，住民アンケート調査からみたものである（「投票に行った」という回答の％，ただし2006年に関しては「行くつもり」の％）。これをみるとどちらの町でも1990年代前半にくらべて90年代末と2000年代初頭で明らかに投票率は低下しており，2006年選挙での投票意思を示している者はさらに少なくなっている。とくにブレズノではその低下傾向が著しく，また2000年代になってからの投票率あるいは投票意思は，二つの町のうちブレズノのほうが低い。これらの数値は抽出された住民のアンケート調査の結果であるが，ちなみに2002年の地方選挙における全有権者の実際の投票率は，ブレズノで37.5％，B・Sで46.3％であった。

表Ⅲ-16：地方選挙投票率 (％)

	ブレズノ	B・S
1991年選挙	59.7	60.6
1994年選挙	64.0	60.3
1998年選挙	43.0	49.3
2002年選挙	46.0	51.3
（2006年選挙）	34.3	46.4

(注) 1991年選挙と1994年選挙は1997年調査から，1998年選挙と2002年選挙は2006年調査から。
　　 2006年選挙は2006年調査時点では未来のことで，表中の数字は参加予定意思あるという者の比率。

(3) 観察結果の要約と含意

 社会主義崩壊後に急増した格差感はいまなおかなり残存しているとはいえ，2000年代にはかつてほど顕著ではなくなった。収入は概して改善され，ブレズノとB・Sとの間には差異があるが住民の階層帰属意識もやや上方へと

移行した。そして人びとはひところよりも文化的・社交的享受の余裕を持つようになった。この傾向はとくにブレズノに表れている。

しかしその半面で新しい問題が広がった。

第1に，収入が高まり消費生活は改善されてきたのと並行するかのように，労働生活が劣化してきたようだ。アンケート調査から，雇用不安の広がり，労働時間の増大，仕事上のトラブルの増加，職場の人間関係の疎隔化や悪化，という傾向がみてとれる。

第2に，近隣関係が疎遠になり，人びとは家族親族の殻にこもって生活を守る傾向が，大きくなった。地域に社会が築かれるというよりも，むしろ人びとの生活は原子化してきたとみられる。

第3に，地域での政治参加は消極的である。地方選挙の投票率でみるかぎり，低下傾向が明瞭に観取される。三つの調査対象都市のなかではとくにブレズノでこれが顕著であり，最近の投票率もブレズノがもっとも低い。また，地域アイデンティティを持つ者は二つの町のどちらでも多数見出されるが，そのなかでそれが相対的に少ないのはブレズノである。

都市間の比較からみて，ブレズノでは階層帰属が上向き，格差感が縮まり，社会的不公正感も減少している一方で，地域帰属意識がB・Sよりも弱く，投票による政治参加も低い。この都市間比較から次のような仮説を引き出せるかもしれない。すなわち，社会主義崩壊後に人びとの生活の拠点が職場から地域に移され，その後一定の時間が経過して個々の住民の生活がそれなりに安定化し，異常な階層分化もある程度収まったとしても，それと並行して地域に「社会」が発達するとは限らない，と。ちなみに後にふれるように，地域振興に向けた自発的市民活動はB・Sにくらべてブレズノのほうが不活発である。

社会主義崩壊後の経済過程は「計画経済」から「市場経済」へ，社会過程は「全体主義社会」から「市民社会」への移行として特徴づけられていた。たしかに経済過程に関しては，少なくともスロヴァキアを含む中欧諸国では，「市場経済」への移行がほぼ完遂されているといってよい。しかし社会過程をみると，政治参加は低調であり，住民自身による地域レベルでの社会形成がどれだ

け成熟したかという点に関しては，住民アンケート調査結果からみる限り明らかではない。

3．市民活動の生成と社会形成：事例観察から

(1) 社会主義時代とその後の地域社会

社会主義時代には，「町のなかでは隣に誰が住んでいるかもわからなかった」というブレズノ住民からの聴取（中央大学社会科学研究所 1992：31）からもうかがわれるように，大企業の社宅においても，地域の国有や協同組合有の集合住宅においても，近隣関係は希薄であった。また，社会保障が国家の手で集中的になされるシステムのなかで，草の根の住民の相互扶助は不要とされ，しかも結社の自由が厳しく制限されていたため，地域において人びとの自発的なネットワークは発達しなかった。たしかに地域には同じ通りに住む住民の近隣委員会があった（ブレズノには 28 のそれがあった）が，これは住民の自治組織ではなく，共産党による地域末端の政治的統合のために設けられたものであって，人びとはその存在や活動に無関心であったという。また，「みんなが自分のことしか考えないようになり，家で子供と話すとき以外は誰とも親しくしないようになった。路上で立ち話をすることさえまわりを気にしなければならなかった」（同）という状況が，地域社会を覆っていたようだ。

体制転換後，政治的には政党が複数化し，民主的議会制度が導入され，結社や表現の自由が確立されたにもかかわらず，地域の人間関係にはほとんど変化はなかった。むしろ急激な市場経済化に翻弄されて，人びとは自分の生活の防衛に走り，地域では人間関係の希薄化と人びとの原子化が一層進んだとみられる。

たしかに体制転換後の民主化の流れのなかで，複数の政党が名乗りを上げたほか，自発的な市民団体が再生し，あるいは新たに生まれた。19 世紀に結成された体育団体「ソコル」は社会主義時代に「スパルタキアーダ」に改組され

ていたが，ふたたび自治的な団体として再生した。民話と伝統文化を守る女性団体ジヴェナは戦前に結成されたが，社会主義時代にはスロヴァキア女性団体に改組され，それが体制転換後に再編成されることとなり，B・Sで活動を開始した。この町では社会主義体制崩壊直後に「第三千年期の潮流」という環境保護団体も生まれた。しかし体育団体や文化団体と異なって，この種の運動団体は体制転換以前に培われた受動的生活態度と，転換後の生活の困窮化のもとで，ごく少数の参加者しか獲得できないでいた。書店とブティックと喫茶店を兼ねたような店をつくり，若い人たちの文化的な溜り場にしたいという意図で町の一角に店を出したB・Sの中年女性の夢も，しぼんでしまった。

　市場経済化のなかで多数の私企業が生まれたが，住民の企業家に対する態度はむしろ不信感に彩られていた。企業家はそれぞれが孤立した状況で営業活動をしていて，同業組合のようなものは結成されなかった。企業家連盟のようなものの結成は試みられたが，短期間のうちにそれは消滅した。B・Sでは1990年代中葉に「企業家クラブ」ができて会員24人を持ち，政府と自治体に協力して町の再活性化と企業活動の支援を目的として，経営コンサルタントと法律相談，他企業・他機関とのコンタクトづくり，新卒雇用の斡旋など新卒と企業の結びつきづくり，短期融資などの活動を計画していたが，2006年に当地を訪れた時にはもう存在していなかった。

　このような状況は，われわれが2度目の調査でこれらの町を訪れた1996-98年時点でも，ほとんど改善されていなかった。この間に地域経済は一定の回復をみせていたが，地域社会は停滞したままであった。

(2)　新しい動き

　しかしその後さらに10年近く経った2005-07年の第3回調査の時点では，一つの変化が観察された。草の根からの自主的市民活動の発達である。その背景として，第1に，住民のなかに安定した生活基盤を持つ中流層が一定の厚さで定着してきたこと，第2に，住民の教育水準が高まってきたこと，第3に，外国を訪れる者が多くなり，環境問題や地域振興など，外国の実情や経験を見

聞する機会が増えたこと，第4に，インターネットを通じてさまざまな情報を容易に入手することができ，遠隔地の人たちとも意思疎通と経験交流が可能になったこと，そして第5に，納税者が自分の納税額の2%を自分が名指しするNPO/NGOに振り向けることができるといった，新たな税制が導入されたこと，があげられる。

　その事例をブレズノからあげるならば，国の予算でできた法人の地域開発エージェンシー「ウビトヴァーニエ・ウ・リフターロウ」（Ubytovánie u richtárov）がある。これは町とその後背地を含む三つの郡を覆う広域開発戦略を策定するもので，私企業がこれに参加している。しかし市町村レベルでは具体的な開発計画が欠けており，開発計画は地元の事情を知らない外部機関に任せっきりという状況もある。じっさい，町の行政と個別企業との協力は鉄鋼企業による支援を除けばほとんどなく，防災・防犯への市民参加のメカニズムは欠けている。

　しかし町村レベルで社会開発に取り組む試みも生まれている。その事例はブレズノとその後背地を範域として2004年にできたホレフロニェ・情報コンサルタントセンター「パルトネルストヴォ・ソツィアールネイ・インクルージエ」（Partnerstvo sociálnej inklúzie）で，企業家，自治体，初等学校，政府機関が参加し，2006年には市民連盟として登録してEUへの助成金申請を行っている。会員は約25人で，町村自治体の首長，各種市民団体，企業家（建設業），労働事務所（政府機関）職員からなり，収入は寄付金と会費（年間100コルナという少額）とNPO/NGO向け2%税に依っている。会員活動家は全員無償のヴォランティアであり，社会的関心から何かをしたいという動機で集まった人たちで，35歳から55歳の年齢層が中心である。

　B・Sでは史跡と旧市街の保存に取り組む市民団体「スポロク・バンスカー・シチアヴニッツァ2001」や町の観光振興に取り組む企業家団体「ツーリズム連盟」ができ，観光客のサイクリング道や歩道の整備に向けた活動をする団体なども生まれた。

　「ツーリズム連盟」は町行政と協力関係に立っている。これは2000年代中

葉に入ってからホテル，ペンション，レストラン，売店などの企業家が集まって結成され，毎月1回町長と協議する場を持ち，駐車場の整備，ユネスコへの世界遺産指定の申請，インターネットや一般広告を通じての集客などに取り組んでいる。観光客の大部分が日帰りの通過客であるのに対して，町周辺の自然，温泉やスキー場など後背地の観光資源を活用して宿泊客の増加に向けた取組みをしている。この連盟は年会費10,000コルナである。

　B・Sは中世の時代から鉱山町として発達してきた由緒ある町であるが，山間にあって交通のアクセスが悪く，町は坂道にあって歩くのに苦労する地形で，観光客はバス・ツアーで短時間滞在するのがほとんどであった。そのため外資による大型観光開発や大手資本による宿泊施設への投資などは期待できなかった。こうしたハンディキャップを集団的に克服しようという試みが，土着の業者と町行政の協力のなかから現れてきた。これは2000年代に入ってからの現象である。

　さきにふれたように，スロヴァキアでの地方選挙の投票率は低い。2005年の地方議員選挙では全国平均投票率は18％，県知事選挙では11％に過ぎなかった。また，社会学者マハーチェクらの青年国際比較調査によると，調査対象国（オーストリア，ドイツ，フランス，イタリア，イギリス，フィンランド，エストニア，スロヴァキア）のなかで，政治参加がもっとも低調なのはスロヴァキアであった（Macháček 2004）。この状況はわれわれが調査対象とした二つの町にも共通する。

　このような政治参加の低調さの一方で，地域の社会開発・経済開発に草の根で取り組もうという人材が現れてきて，首長や町役場担当者がそれと積極的に協力関係に立って，地域レベルでの社会参加の試みが進みだした。スロヴァキアは2000年までは近隣の脱社会主義諸国とくらべてNPO設立の数がかなり少なかったが[1]，2000年時点では人口当たりで計算するとスロヴァキアはすでにポーランドやハンガリーとならぶ位置にあった。そして2000年代中葉には，この二つの町の事例からみると，地域の社会経済形成に内発的に関わる市民活動の生成と発展の芽がみてとれよう。

1）ラクシャノヴァー（Rakušanová 2005）によれば，スロヴァキアおよび隣接する脱社会主義国における NPO 設立事例数は，社会主義体制崩壊の 1989 年からその後 10 年経った 2000 年までに以下のように推移した。

	1989	1990	1995	2000
チェコ	ほぼゼロ	5,000	28,000	47,000
ポーランド	4,000	5,000	33,000	43,000
ハンガリー	8,000	15,000	28,000	28,000
スロヴァキア	ほぼゼロ	2,500	7,500	14,000

参考・引用文献

中央大学社会科学研究所　1992『脱社会主義と社会変動(1)』中央大学社会科学研究所調査研究資料集第 1 号。

中央大学社会科学研究所　2001『脱社会主義と社会変動(2)』中央大学社会科学研究所調査研究資料集第 2 号。

Macháček, L. 2004, *Youth in Slovakia and European Identity,* Bratislava: Sociologický ústav SAV.

Rakušanová, P. 2005, "Civil Society and Civic Participation in the Czech Republic", *Sociological Studies 0505,* Sociologický ústav AVČR.

"Verejná správa a regionálny rozvoj: Ekonomika a manažment", in: *Public Administration Science Journal,* Bratislava, No. 3 (4), Dec. 2006.

IV 地域観光産業と市民活動

神原ゆうこ

1. 観光産業の新展開

　1989年に東西を隔てていた鉄のカーテンがなくなり，多くの人びとがこの境界線を越えて行き来することが可能になった．現在，スロヴァキアへ訪問する外国人の数，宿泊設備や宿泊者の数は年々増加しており，観光産業は順調に成長している（表IV-1）．

表IV-1：スロヴァキアにおける県別の宿泊施設数と宿泊者数

県　名	宿泊施設数（軒） 1998	2002	宿泊者数（人） 1998	2002
ブラチスラヴァ	129	159	498,306	655,558
トルナヴァ	125	141	185,737	258,649
トレンチーン	135	209	189,435	253,046
ニトラ	117	156	184,697	190,447
ジリナ	492	641	423,131	596,971
バンスカー・ビストリッツァ	222	377	314,885	425,737
プレショウ	416	462	568,154	745,178
コシッツェ	180	253	294,374	320,856
合　計	1,816	2,398	2,658,719	3,446,442

（出典）　*Štatistický úrad Slovenskej republicky* 2004：88．

もちろん，このような成長はスロヴァキアのみに限らず，世界全体においても国際観光客数や国際観光収入は伸びつづけており（表Ⅳ-2），観光産業そのものが，ポスト産業社会において極めて重要な産業の一つとして認識されるようになって久しい（戸崎 2000：23，スミス，エディントン 1996：2）。

表Ⅳ-2：世界の国際観光旅行者数と国際旅行収入

	1990	1995	2000	2003
国際観光旅行者数（百万人）	456	565	687	691
旅行収入（10億ドル）	255	405	473	523

（出典）『観光白書』1993，2000，2005年より作成。

観光産業がはやくから発達したヨーロッパでは，第2次世界大戦後に中産階級の経済的重要性の高まりとともに観光産業が成長し，1950年では年間2530万人の国際観光客がヨーロッパを訪れていたに過ぎなかったが，2002年には4億1440万人と，半世紀で1,537％の増加を記録している（Leider 2004：5）。このなかにはヨーロッパ内部の他国に旅行するヨーロッパ人旅行者も含まれているが，ヨーロッパは観光客の主要な受け入れ地域であるとともに，最大の送り出し地域でもあるという点で，観光産業については注目に値する地域である（ボワイエ 2006：283-4，Leider 2004：5-6）。

しかしながら，スロヴァキアの観光産業の発展の道筋は，同じヨーロッパであっても西側諸国とは多少異なっている。もともと社会主義時代の統制経済では，投資の決定が集中的になされ，重要な資源はすべて国家によって所有されることが多く，通常，大規模な観光開発が推進されていた（デカード 1996(1992)：69）。それが，89年以降，資本主義経済の原理に則った観光開発に切り替えられ，西側のヨーロッパと同じ市場に入ることとなり，スロヴァキアの観光産業は急な転換を余儀なくされた。当然ではあるが，すぐに方針を切り替えることは不可能であり，社会主義時代の遺産を引き継ぎつつ，徐々に新たなかたちの観光開発に取り組みはじめるようになった。

89年の民主化革命は，経済，社会，政治システム全体の転換を導いたものであり，このような転換は観光産業に限ったことではない。しかし，89年以

降の大きな変革の潮流のもと,とくに地方が深刻な経済不安に直面するなかで,観光産業は地域振興の一つの手段として注目されはじめた。89年以降,社会主義時代の工場は徐々に閉鎖され,集団農場も解散したため,地方における就業機会は減少したにもかかわらず,多くの人びとが新たに職を探さなくてはならなくなった。事実,首都ブラチスラヴァと第二の都市コシッツェを除く地域での失業率の高さは,現在に至るまで深刻な問題であり,地方に住む人びとにとって,地域経済を発展させることは大きな課題である。観光産業は,その規模が大きいとは限らないにしろ,飲食,宿泊などの旅行サービス関係の地元の中小企業の発展に結びつく(Hall 2002:3)。少なくとも,工場の新たな誘致が望めない場合,地域経済の発展の可能性の一つとなりうる。

折しも,80年代から90年代は,資本主義先進国を中心にマス・ツーリズムからグリーン・ツーリズムやエコ・ツーリズムなど従来とは異なるさまざまな型の旅行へと,旅行の形態の多様化を迎えた時期であった。したがって,現在だからこそ従来型の大型観光地に限らない旅行を提供することで,地方都市における観光産業は発展の可能性を持つと考えられる。本章では,このような背景に基づいてスロヴァキアの地方都市における観光産業のあり方,新たな模索について,地域振興という視点から考察することを目的とする。

2. スロヴァキアにおける観光産業

スロヴァキアは豊かな自然に恵まれ,山岳リゾートが多い国であるが,そのなかでもっとも有名な観光地は高タトラ山脈周辺地域である。スロヴァキアのその他の観光地と,訪問者数や宿泊施設の数をくらべると,高タトラ地域の観光産業の規模の大きさは際立っているが(Štatistický úrad Slovenskej republiky 2006:517),高タトラ地域以外にもスロヴァキア全土に小規模だが魅力的な観光地は散在している。しかしながら,多くの場合,財政的な余裕がなく,観光地としての整備やさらなる開発に苦労している。

スロヴァキアの人びとは休暇を山や湖のそばで過ごす傾向が強く(表Ⅳ-3),

このような豊かな自然を生かすかたちの観光産業については発展の余地がまだ充分あると考えられる。

表Ⅳ-3：国内旅行における滞在目的　　　　(％)

滞在目的	1996	1997	1998
山に滞在する	31.6	33.0	38.1
水辺に滞在する	21.6	22.3	27.7
親戚や友人を訪問する	12.3	16.1	13.0
温泉（スパ）に滞在する	10.0	10.2	9.4
村に滞在する	12.3	8.6	5.6

(出典)『スロヴァキアの観光産業 (Cestovný ruch na Slovensku)』1997年，1998年 (Gúčik 2000：119より引用)。

　とくに中部から東部にかけては，歴史的な遺産などの観光の目玉となるものがなくても，豊かな自然を生かした観光地としての地域振興を進めることが可能な地域が多数ある。ただし，無計画な山岳リゾートの開発や，自然公園や保護区へ観光客が集中することによって自然が破壊される危険性を孕んでおり，開発のあり方も考えなくてはならない。すでに現在，観光開発のために，スポーツ施設や宿泊施設などをそのような地域に建設するための許可申請が増えていることは問題視されている (Tvrdoň 2004：42)。

　もちろん，人びとが旅行に出かけるという行為は，決して1989年以降の新しい現象というわけではない。旅行の形式や観光産業の規模は当時とは異なるが，社会主義時代も多くの人びとが旅行に出かけており，1960年代からスロヴァキアへの観光客数は，すでに増加しはじめてはいた (Pachgner 1983：18)。それが90年代に入ると，スロヴァキア国内の観光産業の規模はますます増大し，収益も著しく伸びた[1]。しかしながら，これは全体としての数字であり，個々の自治体において順調に観光産業が成長していることを意味するわけではない。観光開発には，観光資源を宣伝し，インフラを整備しても，必ずしも旅行客が増えるとは限らないというリスクがついて回る。

　スロヴァキアにおける観光産業については，現地においてもすでに充分な研究の蓄積が進んでいる。スロヴァキアの事例を多く取り扱った観光学の学会誌

としては,『観光経済評論 (Ekonomická revie cestovného ruchu)』があげられ,スロヴァキア全体の観光産業の動向や代表的な観光地の動向を分析した論文が多く掲載されている。また,近年は文化人類学者も観光について研究を進めており,『民族学報 (Etnologické rozpravy)』では 2005 年に村落部における観光産業についての特集が組まれた。こちらは『観光経済評論』とは異なり,文化的なイベントの開催,グリーン・ツーリズムの試みなどをはじめとした村落部での観光と文化の関係が注目されている。

　したがって,観光に関する研究も,グローバルな市場を念頭に置いて観光産業の振興についての提言 (Gúčik 1999) から,国内観光の SWOT 分析 (Malachovský 2005),観光によってつくられる町のイメージについての考察 (Vrzgulová 2005) など,多岐にわたる。

　本研究では,具体的に中部スロヴァキアのブレズノとバンスカー・シチアヴニッツァ(以下 B・S と略記)の二つの町に注目し,地方都市における 89 年以降の観光開発と今後の可能性についての分析を通して,89 年以降の経済的生活の変容の一側面を描くことを試みる。調査は 2005 年 9 月と 2006 年 9 月の 2 回,観光産業に携わる人びとを対象にインタビューを行った。これまでにもそれぞれの都市の政治,経済,文化についての調査が 2 回 (1990-92 年,1996-98 年) 行われてきたが,観光はこれまでの調査のなかでは,とくに重視されてきた分野ではなかった。どちらかといえば,89 年以降の経済変化のなかで,近年になってから地方においても注目されるようになった分野だといえる。本章では,過去の調査蓄積を参照しつつ,時系列的な変容にも注意しながら,地域社会において観光産業が地域振興の手段としてどう用いられてきたかを検討する。さらに,地域の中小事業者と影響を与えあう可能性が高い観光産業に注目することで,資本主義的な価値観に適応していこうとする人びととその社会の様子の一側面を描くことを,本章の最終的な目的とする。

3. 観光と地域振興

(1) 観光産業の可能性

　本研究で，調査対象とした二つの町における観光産業を取り巻く状況は全く同じではない。それぞれの町が持つ観光資源には大きな差がある。しかし，いずれも（スロヴァキアの多くの地域もそうではあるが）1989年以降に本格的な観光開発が試みられはじめ，地域経済を支える一つの手段としての観光産業が注目されはじめた。

　B・Sはスロヴァキアでもっとも歴史ある鉱山都市であり，現在はB・S郡の郡庁所在地でもある。かつては鉱山からはさまざまな鉱石が採掘され，この山あいの町に人が集まり，繁栄を誇っていた。しかし，現在はその鉱山も閉山し，住民も減少し，産業も停滞気味である。とはいえ，繁栄時の街並みや鉱山関係の博物館などの鉱山の文化的技術的な遺産は，いまや観光資源となり，新たな活路が見出されつつある。市街地には201もの国定の文化遺産があり，1993年には町の古い建築物が保存された地区と町の周辺の鉱山関連の技術的遺産が，ユネスコの世界文化遺産として認定された。その意味では，B・Sは，今後の観光産業の発展に希望が持てる町となった。

　B・Sの主たる観光の目玉は，歴史地区，スロヴァキア鉱山博物館（城，野外博物館を含む），聖アントン・マノアの屋敷などの歴史的遺産であり，多くの観光客が立ち寄っている。しかしながら，これだけでは観光客の滞在時間は短く，町にもたらされる利益は少ない。そこで，町を取り囲む山と湖の豊かな自然が，長期滞在客を引きつける観光資源として注目されている。さらに，町では毎年9月に行われる鉱夫の祭りであるサラマンダー祭のほか，音楽祭，映画祭，工芸品市など夏季を中心にさまざまなイベントが企画されており，人を集めるさまざまな工夫がなされている。

　一方で，ブレズノは観光産業という点では，B・Sとは多少異なる条件に置

かれている。ブレズノもまた山に囲まれた町であり，18世紀にはブレズノはこの地域の農林牧畜業と木材加工業の拠点として栄え，社会主義時代は重工業で栄えた歴史を持つ，ホレフロン地域の経済的，文化的な中心地である。現在もブレズノ郡の中心都市ではあるが，社会主義期に建設された国営工場の閉鎖の影響から，経済的に苦しい状況に直面している。

　ブレズノの場合，町なかの観光はそれほど市場規模も大きくないのであるが，周辺地域の村々の観光産業と連携することで，ブレズノの観光産業は発展する可能性を持っている。ブレズノ周辺は，夏はハイキングや登山客，冬はスキー客を集める豊かな自然が魅力的な山岳地域であり，スポーツイベントなども数多く開催される。スポーツだけではなく，民族舞踊フェスティバルで有名な村もすぐ近くであり，伝統文化に関連するイベントも多い。さらにサイクリングやハンググライダー，ゴルフや乗馬を楽しむことのできる場所もあり，森林博物館，森林鉄道の蒸気機関車などの文化施設，鍾乳洞や，ユーロサラシュと呼ばれるスロヴァキア特産の羊の乳からつくられたチーズの販売所など，旅行者に多様な選択肢を提供している[2]。ブレズノ町営のツーリスト・インフォメーションセンターも，ブレズノだけではなく周辺地域の観光情報を提供しており，ブレズノではこの地域の中心都市として，みずからを位置づけることで，観光産業の可能性が生まれると考えられている。ファーストコンタクトセンター（地域振興のための団体）の職員も，ブレズノ地域振興と観光に関して以下のように述べている。

　　現在重要な市場というのは，宿泊する旅行者がいるところや，ペンションから出て行く先，スキー場やゴルフ場，あるいはプールなどである。次に夜出かけていくところである。それは，町にあるべきものである。ただ，いまのところはうまくいっておらず，旅行者もブレズノにくる理由がない。しかし，ここがもっと盛り上がれば…，ちょうどいま，よい感じのレストランも建設されているのだが。[3]

ブレズノ町のおもな観光スポットは博物館のみに限られており，基本的に旅行者は短期間しか滞在しない。そもそもブレズノを訪問する理由も，旅行よりは，商用や教育，買い物，通院や親戚の訪問など，別の用件の方が多い[4]。このように，ブレズノにおける観光産業は不利な状況にあるため，周辺地域の観光資源を利用するかたちでの発展という方針の妥当性は高いといえる。

(2) 体制転換後の経済変動と観光産業

1989年以降，いずれの町においても，経済体制の移行に伴って資本主義に基づく企業経営が試みられるようになり，地域経済を活性化させることが，その地域の住民にとって大きな課題となった。そのなかで観光産業の発展は必ずしも，初期からの重要な課題ではなく，89年以降の地域の人びとによる地域振興の取組みの一環として現れはじめた。

A. バンスカー・シチアヴニッツァ（B・S）の場合

1990年から92年にかけて行われた最初の調査の時期は，B・Sにおいても，これから将来の開発の目玉を観光にしようとする段階であった。多くの観光客が町を訪ね，西側からの観光客も増えはじめていたが，このような外部からの需要の大きさに対して，それにこたえるハードとソフトの備えが町に欠けていることが役場の担当者にも問題視されていた。具体的には，町の中心部の建物改修，宿泊施設や文化施設の建設，水道・ガス・道路などのインフラの整備が課題とされていた（川崎 1992：138）[5]。

この問題は1996年から98年にかけて行われた第2回目の調査のさいには，多少改善されていた。かつての企業の保養施設を改修するなどして，新しくホテルやペンションがオープンし（石川 2001b：91，川崎 2001：105），B・Sには観光産業発展のための基礎的なインフラが整いつつあった。

2006年の調査時点では，B・Sには大小あわせて充分な数の宿泊施設が揃っている（表Ⅳ-4）。外国人や富裕層向けの質の高い宿泊施設も揃い，町には12軒のレストラン，4軒のピッツェリア，3軒の食堂があり（Múdry 2006a：

表 Ⅳ-4：B・S の宿泊施設

宿泊施設の種類	施設数（軒）	ベッド数（床）
三つ星ホテル	6	545
高級ペンション	20	435
ペンション	9	478
コテージ	7	310
プライベートルーム	—	108

(出典)　Múdry 2006 a：69．

70），宿泊施設や飲食店の数という点では，90年代初めの観光産業のインフラについての目標の一部は達成したといえるだろう。

　2007年の調査時点における B・S への観光客は年間50万人くらいだといわれているが[6]，正確には誰も観光客数を把握していない[7]。町営の観光案内所やスロヴァキア鉱山博物館もそれぞれ独自の統計のみを持っているに過ぎないが，それぞれの施設への訪問者数をみる限り（表 Ⅳ-5 と図 Ⅳ-1 を参照），B・S

表 Ⅳ-5：バンスカー・シチアヴニッツァ観光案内所への8月の訪問者数（人）

	2001	2002	2004
スロヴァキア人旅行者	1,922	2,363	1,860
外国人旅行者	1,232	2,174	2,206
合　計	3,154	4,537	4,066
1日平均の訪問者数	102	151	131

(出典)　バンスカー・シチアヴニッツァ観光案内所の記録より作成（2006年9月）。

図 Ⅳ-1：スロヴァキア鉱山博物館の入館者数（1992－2005年）　　　（人）

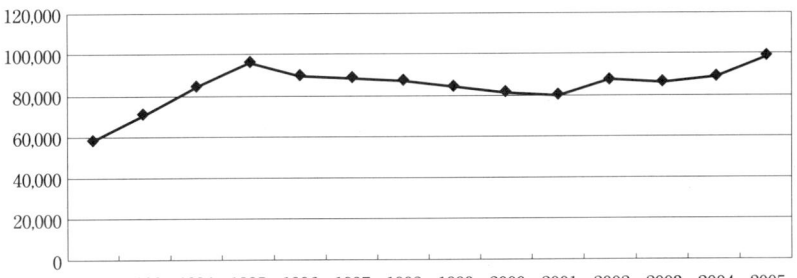

(出典)　スロヴァキア鉱山博物館ホームページより作成（http://www.muzeumbs.sk/?page_id=43）。

への観光客は比較的高いレベルで安定しているといえる。

　しかしながら，B・Sに宿泊する人びとの30%は休息を目的としているが，29%は教育[8]，21%はスポーツを目的としており，17%程度しか文化遺産などの観光を目的としていない。とりわけ夏季は，90%の訪問者が湖やイベントのためにやってくるが，ユネスコ文化遺産のためにくるのは8%に過ぎない（Múdry 2006 a：68）という統計も存在し，文化遺産を充分に活用できていないという課題が存在している。もっともそれは，町でのさまざまなイベントが一定の成果をみせていることを示すものではある。しかし，日帰り客や個人の別荘を利用する旅行者が多いことはB・Sの観光産業にとっては問題であり，2004年の統計によると，商業施設は20%しか利用されていないと指摘されている（Múdry 2006 a：67）。ツアーでB・Sにやってくる観光客も，この町に宿泊するとは限らない。大規模なホテルがまだ少ないこともあり，宿泊はせずに他の町へ移動することも多い。

　またこれらの統計をもとに考察するにあたっては，休暇を自然のなかで過ごすスロヴァキア人旅行者と，スロヴァキアに旅行にきている外国人では，求めているものが異なることに留意しなくてはならない。B・Sにおける詳細な統計はないが，2004年のデータによると，スロヴァキア全体では，観光客のおよそ半数（56.6%）がスロヴァキア人であり，およそ23%がEU域内からの観光客である（Eurostat 2006：2）。

　B・Sの場合，前掲の表IV-5にみるように，観光案内所の訪問者の半数は外国人旅行者であることから，町の文化的な観光資源に興味がある外国人観光客は一定数存在すると考えられる。この町に外国人観光客向けの宿泊施設が多いという背景を考えれば，外国人観光客は重要な存在である。外国人観光客数の正確な統計はないが，今回の調査にさいして，観光産業に携わる人びとに行ったインタビューでは，だいたいチェコからの旅行者がもっとも多く，ハンガリー，ポーランド，フランス，ドイツからの旅行者が多いと指摘された。観光案内所の職員によると，とくに2006年にはフランスからの観光客が多く，町を歩く観光客は年々増えているという[9]。

観光産業の振興のためには，さらなる外国人向けの広報活動に加えて，町のなかの文化遺産の観光と周辺地域の観光を結びつける必要がある。周辺地域の滞在者を町に呼び込む一方で，文化遺産の観光にきた旅行者に，周辺地域でのハイキングやサイクリングなど旅行者を滞在させるリクリエーション活動を提供することで可能性を広げることが選択肢として考えられる。町の周囲の豊かな自然を資源とする以上，自然保護や景観保全とのバランスも重要な問題となる。大型プールリゾートのような滞在型のリゾート施設の建設を望む意見[10]もあるが，景観保全や環境保護の観点からは実現は難しい。ほかにも，集客力を上げるためB・Sに大規模な会議を招致できるホテルを建設する計画案があるが[11]，これについても観光資源のある歴史地区や郊外にそのようなホテルの建設は難しいのが現状である。

　さらにインフラ整備という点では，交通網の整備も大きな課題である。現在，多くの旅行者は自家用車でやってくる。バスを利用する旅行者もいるが，鉄道は接続が悪いため，あまり使われていない。しかしながら，主たる交通手段である自家用車のための道路も，山間部を抜けるため，カーブが多くて幅も狭く，いい状態とはいえない。この不便さのため，B・Sへの外資系などの企業の進出も阻まれていると考えられている[12]。

　現在のところ，町役場と企業家の間に深刻な対立はないが，観光関係の企業家には，歴史地区の清掃や車両進入の制限など，景観保全にもっとリーダーシップを発揮してほしいという要望がある[13]。同様に，歴史地区から徒歩30分程度はなれた鉱山博物館への道も，まだ歩道の整備がされておらず，大型の整備や開発というよりは，むしろ実際にはきめ細やかな管理が必要とされている。

　インフラの整備が最優先されていた90年代初頭とくらべれば，現在はそれよりも一歩進んで，いかに観光を地域の経済発展と結びつけるかが課題である。90年代初頭に行われた第1回目の調査報告でも，観光開発のためには，文化遺産のための短期滞在の旅行者と，町の周辺部の豊かな自然のなかに長期滞在する旅行者を，別々に考えることが提案されていた（Okano 1993 a: 65-

66)。その当時はこれから観光開発を進める段階であったが，B・Sの町の観光開発を地域の経済発展と結びつけるには，たんにインフラの整備だけではなく，町の飲食店や宿泊施設をはじめとした中小企業を活性化させるかたちでの発展を模索する必要があるだろう。

B．ブレズノの場合

ブレズノは，大多数の労働者が重工業に従事しており，社会主義時代は工業都市としてとして栄えていた。90年代初めにおいても，三つの大企業が町の80％の雇用機会を提供している状況であったが，経済状況の見通しはよくなかった（Šťastný 1992：24）。2006年現在，これらの企業は大幅に雇用を削減し，失業者への対策や新たな企業の誘致が重要な課題となっている。このような背景もあり，B・Sにくらべると，ブレズノは観光産業の基盤が脆弱である。しかしながら，近年のブレズノ郡全体の産業別労働人口をみる限り（表

表 Ⅳ-6：ブレズノ郡における職種別労働人口の変化　（人）

	1996	2002
農　業	1,743	1,595
工　業	7,780	6,648
建　設	387	332
流通・販売	454	516
ホテル・レストラン	109	237
運　輸	946	922
金　融	108	87
不動産	374	137
公的機関	330	634
教　育	1,647	1,574
医療・福祉	1,028	1,143
その他	74	536
合　計	16,976	16,363

(出典)　バンスカー・ビストリッツァ県統計局資料より，『ブレズノ町経済社会開発計画（*Program hospodárskeho a sociálneho rozvoja mesta Brezno*）』p.34より引用。

Ⅳ-6)，工業従事者数の減少と，ホテル・レストラン産業への従事者の増加が目立っている。その点では，少なくとも現在は，ホテル・レストラン産業という観光産業に関わりの深い産業が相対的に重要となってきている。

　1990年と92年の調査時は，ブレズノは経済的に不安定な状況に直面しており，観光開発については「アコモデーションはあるが，客がこない」[14]と，コメントのなかで多少ふれられてはいるが，それほど観光に興味が持たれてはいなかった。96年と98年の調査時においては，観光産業も少しずつ存在感を持ちはじめ，ブレズノ町営ツーリスト・インフォメーションセンターの，年間来客数も96年の398人から97年では1,227人と4倍の伸びをみせている（石川2001a：67）。2006年には，さらに多くの旅行者がインフォメーションセンターを訪れるようになっており，具体的には7月には1日平均20-30人のスロヴァキア人と10-15人の外国人，8月には25-30人のスロヴァキア人と20人程度の外国人が訪ねていた。これは，97年の7月の1日平均が8人，8月が6人とくらべても大きな違いである。外国人旅行者は，チェコ，ポーランド，ハンガリーからが多く，ブレズノ近郊にオランダの会社がオランダ人向けの宿泊施設を建設したこともあり，昨年からオランダ人が増えている[15]。

　ただし，ブレズノ町のなかの観光産業は，それほど振るわず，宿泊施設の数も少ない（表Ⅳ-7）。また，数少ない観光スポットである博物館も近年入館者数は減少傾向にある（図Ⅳ-2）。だからこそ，周辺の観光地に滞在する旅行者をいかにブレズノに立ち寄らせるかが，重要な課題となっている。そのための広報活動や，地域全体での情報交換を行う協力体制などが必要だと考えられる

表Ⅳ-7：ブレズノの宿泊施設

宿泊施設の種類	施 設 数（軒）	ベッド数（床）
二つ星ホテル	1	64
ペンション	2	18
ツーリスト用宿舎	3	133

（出典）『ブレズノ町経済社会開発計画（*Program hospodárskeho a sociálneho rozvoja mesta Brezno*）』p.38。

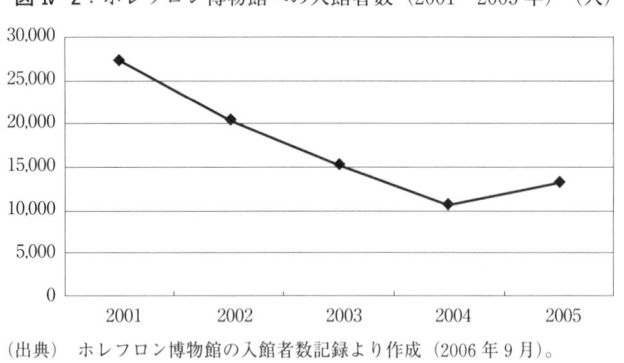

図 Ⅳ-2：ホレフロン博物館への入館者数（2001-2005 年）（人）

（出典）ホレフロン博物館の入館者数記録より作成（2006 年 9 月）。

が，現在のところこの地域に観光産業関係の組合などはない[16]。

　インフォメーションセンターの職員によると，ブレズノでは，インフォメーションセンターが唯一の観光関係の組織であるが，現在のところ，町役場の地域開発課は観光をあまり重視していない。このインフォメーションセンターはブレズノ周辺地域の情報を広く扱っているが，すべての情報が集中しておらず，パンフレットも無料で置けるようになっているが，すべてのペンションや施設がパンフレットを持ってくるとは限らなかった。また 2006 年は，ブレズノおよび周辺の村におけるコンサートやフェスティバルなど年間のイベントスケジュールを記載したカレンダーを発行したが，すぐにスケジュールが変更になってしまうことが多く，まったく役に立たないものとなってしまった[17]など，観光開発に向けての足並みが揃っていない。ただし，イベントについては観光客がくることも期待はしているが，基本的にはその土地の住民のためのものである[18]というスタンスが維持されており，とくに村レベルのイベントでは（特別有名なものを除いて），観光客をみかけるようなことはほとんどないのが現状である[19]。とはいえ，地域全体では，数多くのイベントがあちらこちらで開催されているため，定期的に旅行者を呼び込むきっかけは多いはずである。その意味では，この地域が全体として協力体制をとることによって，生まれる利益は大きいと予想される。

一方で，町役場の地域開発課はどちらかといえば，企業の誘致や，土地開発に興味を持っている。現在ブレズノの失業率は13-15％であり，90年代に20％近い失業率があった時期にくらべれば，状況はよくなったのかもしれないが，その分多くの人びとがチェコやドイツに働きに行っている[20]。このような背景のため，地域開発課はブレズノに規模の大きい雇用を創出することを重要視していると考えられる。つまり，ブレズノにおいて観光産業はあくまで補助的な産業として位置づけられているのである。観光産業の振興は，その規模が小さい場合，雇用の創出という意味で結果を出すことは難しい。しかも，近年は自然保護の問題もあるため，大規模な開発は行いにくくなっている。

ブレズノの今後の観光開発については，1990年と91年の調査報告の段階で，①地域全体の中心地としての発展，②交通網の整備，③観光施設の整備，④広報活動の推進，⑤観光産業についてのアイデアや計画の実現の促進，⑥サービスの質の向上（Okano 1996 b：62）が必要だと提案されている。これと現在のブレズノの状況と比較すると，経済事情と自然保護の関係で実現の難しいもの[21]もあるが，①，④，⑤，⑥などは，現在に至るまで引きつづき課題となっている事項であるといえる。これらの事項に加えて，地域全体で観光に関連する諸団体，企業家の連携を進めることが重要だと考えられる。

4．地域コミュニティの連携と市民による活動

このようにどちらの都市も，程度の差はあれ，観光産業の振興にいくつかの問題を抱えている。どちらも自然に囲まれた地域のため，インフラを整備するにはさまざまな制限が伴う。さらに，労働力の流出も深刻な問題である。

「80％の若者は外国に働きに行く。ここでの就職先は非常に少ないから。」[22]

「この町は高齢者が多く，若者が少ない。世界的な傾向でもあると思うけれど，若者が地方で仕事をみつけるのは難しい。一方でわれわれにとっても，若い人材の確保が難しい。」[23]

よい仕事がないから若者を中心に労働力が流出するのであるが，彼らが戻ってくる保証はない。それは後には，観光産業に関連する中小企業だけではなく，観光振興を中心となって担える第2世代の人材を確保するのも難しくなることを意味する。

　現在いる人材を最大限活用し，地方の小都市が観光産業を発展させるにあたって必要なのは，民間企業と公的機関の連携である（Gúčik 2005：138）。すでにB・Sでは，バンスカー・シチアヴニッツァ観光連盟のような企業家による団体が2006年に結成されている。この団体は，観光事業にとってよりよい状況をつくり出すことを目的としており，12人の企業家と二つの博物館が会員として参加している（Múdry 2096 a：68）。会員たちは町役場任せではなく，観光産業の発展のためにみずから互いに協力すること試み，共同で宣伝活動などを行っている[24]。また，B・Sとその周辺地域とで，文化や観光産業を中心とした地域振興を目指すレギオン・シトノという団体もEU基金からの援助を受けて活動しており[25]，この団体の会合には周辺地域の22の自治体[26]の代表者や企業家が参加している[27]。

　これらの連携による活動以外に，B・Sには，自然保護と両立可能な観光産業の振興を目指す団体が複数ある。B・Sはかつて鉱山による環境汚染が深刻であったこともあり，環境の保護や再生についてNGOや市民団体が高い関心を抱いている。この地域においても，自然と共生可能な観光開発の方法を探す必要があることは認識されてきており（石川 2001 b：96），現在，マス・ツーリズムに替わる，持続可能な観光開発を行うことが試みられている。

　B・Sに拠点を置くヤンターロヴァー・ツェスタ（「琥珀の道」）は，この地域の持続可能な観光産業の発展を通して，地域振興を促進することを目指す観光関係のコンサルティングを行う団体である。この団体は，コンサルティング業務の以外にも，町の広報活動やエコツアーの企画なども行っている。このツアーには，アメリカの提携旅行代理店を通してやってくるアメリカ人とオーストラリア人が多く参加しており，彼／女らにハンガリーのブダペストからスロヴァキアを通過してポーランドのクラコフまで，豊かな自然を楽しむことので

きるサイクリングやハイキングを取り入れた旅行を提供している。

　エコトラストという団体もこの地域の経済状況の分析を行うなかで，自然と共生するかたちでの観光開発を高く評価しており（Múdry 2006 a, b），さらに，それ以外のB・Sの環境保護の活動家も，エコツーリズムは，この地域のさらなる発展のために適した産業の形態だと評価している（Šteffek 1998：24）。観光産業は重要な経済活動の手段であるため，自然環境の保護とは矛盾することもあるが，エコツーリズムはそのジレンマを解消する可能性があると考えられている。もちろんそれを実現するのは容易ではなく，このような観光を行っても旅行者が集まる季節は限られる[28]。しかしながら，今後の町の発展は，持続可能な産業の発展によって生み出されるであろう就業機会や人口構成の変化にかかっている（Štefek 1998：23）。この場合の環境の保護は，町の住民にとって自分たちの周囲の環境をよりよいものにする活動の一環であり，その意味で，持続可能な観光の発展は住民コミュニティの発展にも寄与するものであると考えられる。

　一方で，ブレズノの場合，少なくともブレズノに拠点を置いて活発に活動している観光に関する組織は，今回の調査ではみつからなかった。それはブレズノにおいて観光がそれほど重要視されておらず，旅行者が多く訪れる周辺地域との連携もとれていないことに起因すると考えられる。しかし，もう少し文脈を広くとって，周辺地域から人を集めることができるようなイベントを開催する組織も観光に寄与していると考えると，ブレズノにも活発に活動している組織はある。ブレズノは町の文化センターが積極的に活動しており，5月末の「ブレズノの日」，夏の芸術祭，10月の「フランスの日」企画をはじめとした町の文化事業に，市民の参加を巻き込んで運営を行っていた。また2006年の調査時は市民劇団もフェスティバルを企画し，準備しているところであった。このようなブレズノのイベントを直接観光と結びつけるのは，論理が飛躍するが，少なくとも，周辺住民がブレズノに集まるきっかけにはなる。ブレズノが周辺の村とネットワークをつくるには，まずは接点を持つことが必要である。

　B・Sも，いかに周辺部からの人を集めるかという点では同じ問題を抱えて

おり，どちらの町も，いかに地域の中核都市となるかが今後の課題である。人材の確保の困難さは多くの自治体に共通した問題であると考えられるが，B・Sにおける市民の活動にみられるように，行政だけではなく，市民の活動が地域振興には重要であると考えられる。

5．総括：市民活動と地域振興

　地域振興は経済活動の一つのかたちに過ぎない。しかし，町の中小企業の経済活動や観光資源の管理のあり方など，町に深く関わりを持つ観光産業は，たんに地域振興だけではなく，同時に町の環境そのものを改善する方向に促す側面があることに注目したい。もちろん，地域振興のあり方として観光産業のよい側面のみを強調するつもりはない。本章で取り上げた二つの町でも，観光だけで地域経済活動が成立する見通しは立たない。その意味では，観光産業はあくまで補助的な経済活動である。

　これまで述べてきたように観光産業は，さまざまなアクターと連携を取りながら発展してきた。とくに環境保護や文化事業など，予算の割り当てが削減されがちな部門との連携は，その土地に住む人びとにとって，経済的な側面に限らない共通の利益を与えるものであった。観光産業における行政の役割は決して軽視できないが，この調査において地域振興のために，観光開発の枠組のなかで主体となって活動を行う人びとや組織の役割は注目に値するものであった。

　それには，現在，地域の開発や発展においてNGOの存在が注目されているという背景がある。NGOは市民社会的なアクターであり，地域の発展を促進するものとして認識されている（Scheyvens 2002：210）。もちろん，市民による集団的な活動がすべてNGOとなるわけではない。ここでは便宜的にNGOという用語を用いたが，①自由な個人により主体的に形成され，②利益の追求を目的とせず，③外に対してオープンであるという，市民社会の基盤としての条件を満たすような組織・団体（神野 2004：26）が積極的に活動することに

よって，町は支えられている。とりわけ，新自由主義のもと，小さな政府が目指されたことにより，失われたサービスを補ったり，新たな社会的ニーズに対応したりする手段としてNGOへの期待は大きい。

中・東欧諸国のNGOは，文化，教育，社会的サービス，職業者集団に関するものが多く（Toepler 2003：370），社会主義時代の組織や団体に起源をたどることのできるものも多くある。その意味で，多少欧米とは，NGOの傾向は異なるが，89年以降の「市民社会の再生」に伴い，NGOが社会においてさまざまな役割を果たすようになった（Toepler 2003：374）。本稿で取り上げた事例では，B・Sにおける，観光開発という場への人びとの積極的な関与が際立ち，ブレズノにおける観光開発への無関心さとネットワークの不在が際立った。二つの町の観光資源に差があるので，一概に比較は不可能であるが，本章では，大企業の誘致が難しく，町の財政的な援助もあまり期待できないという状況において，町をより住みやすく活性化する一つの手段として，観光開発という側面からの分析を試みた。

地域振興の一環としての観光産業の開発は，資本主義社会のなかで発展を目指す地域の活動であるが，同時に，市民社会を育てる機会を与えるものであった。1989年以降の地方都市における経済的な凋落の一方で，このような新たな地域振興の原動力も着実に芽生えつつある。スロヴァキアにおけるNGOの定着は，行政に頼らず，自分で社会に働きかける姿勢が一般化しつつあることを示し，社会主義時代の一般的な価値観からの大きな変容である。地域振興において必要なのは，このような人びとの実践の積み重ねによる，地域に望ましい制度を構築して，みずから地域をつくっていく姿勢であると考えられる。

1）スロヴァキアの場合は1990年から95年の間に，観光産業による収益は8倍近く伸びた（Hall 1998：426）。
2）ブレズノ町営ツーリスト・インフォメーションセンター職員とのインタビューより（2006/9/13）。
3）ブレズノ町ファーストコンタクトセンターの職員とのインタビューより（他の調査メンバーのスロヴァキア語インタビュー記録より）。

4) 『ブレズノ町経済社会開発計画（*Program hospodárskeho a sociálneho rozvoja mesta Brezno*）』p. 35。
5) ブレズノ経済担当事務局長へのインタビューより抜粋。
6) B・S副町長へのインタビューより（2005/9/6）。
7) 環境保護・地域振興団体代表R氏へのインタビューより（2006/9/11）。
8) B・Sには2006年6月まで大学があった。
9) 『月刊シチアヴニツキー・ジボット』2006年9月号より，観光案内所職員のコメントを抜粋。
10) レストラン経営者へのインタビューより（2006/9/12）。
11) B・S町長とのインタビューより（2006/9/12），およびこの計画についての町長へのインタビュー記事より（『週刊シチアヴニッツァ新聞』2006/8/31号，p. 2）。
12) 環境保護・地域振興団体代表R氏へのインタビューより（2006/9/11）。
13) 環境保護・地域振興団体代表R氏へのインタビューより（2006/9/11）。
14) ブレズノ町長の話（川崎 1992：28）より。
15) ブレズノ町営ツーリスト・インフォメーションセンターの職員とのインタビューより（2006/9/13）。
16) ブレズノ町営ツーリスト・インフォメーションセンターの職員とのインタビューより（2006/9/13）。
17) ブレズノ町営ツーリスト・インフォメーションセンターの職員とのインタビューより（2006/9/13）。
18) ブレズノ町役場，町長および副町長とのインタビューより（2006/9/13）。
19) ブレズノ新聞編集部とのインタビューより（2006/9/14）。
20) ブレズノ町役場，町長および副町長とのインタビューより（2006/9/13）。
21) この当時からホテル建設反対運動が起こっていた．ホテル中等学校校長の話（川崎 1992：71）より。
22) B・S町若者向けインフォメーションセンター職員へのインタビューより（2006/9/11）。
23) ブレズノ新聞編集員へのインタビューより（2006/9/14）。
24) B・Sのペンションの支配人とのインタビューより（2006/9/12）。
25) レギオン・シトノのホームページ（http://regionsitno.php5.sk）より。
26) B・S郡は14の自治体から構成されており，この団体は郡を超えて自治体が参加している。
27) ブレズノ副町長へのインタビューより（2005/9/6）。
28) 環境保護・地域振興団体代表R氏へのインタビューより（2006/9/11）。

参考・引用文献

石川晃弘　2001a,「ブレズノ町の記録　1産業と経済」中央大学社会科学研究所（編）『脱社会主義と社会変動(2)』中央大学社会科学研究所, 67-81頁。

―――― 2001 b,「バンスカー・シチャブニッツァ町の記録 1 産業と経済」中央大学社会科学研究所（編）『脱社会主義と社会変動(2)』中央大学社会科学研究所，91-81 頁。

川崎嘉元，園田茂人（編）1992,『脱社会主義と社会変動(1)』中央大学社会科学研究所。

川崎嘉元 2001,「ブレズノ町の記録 2 政治・行政・教育」中央大学社会科学研究所（編）『脱社会主義と社会変動(2)』中央大学社会科学研究所，81-89 頁。

神野直彦，澤井安勇 2004,『ソーシャル・ガバナンス』東洋経済新報社。

スミス，バーレン L., ウィリアム R. エディントン 1996,「観光における新たな形態の出現」バーレン L. スミス，ウィリアム R. エディントン（編）『新たな観光のあり方』青土社，1-16 頁。

デカート，エマニュエル 1996,「持続可能な新たなあり方に向けて―観光開発からの教訓」バーレン L. スミス，ウィリアム R. エディントン（編）『新たな観光のあり方』青山社，55-87 頁。

戸崎肇 2000,『旅行産業の文化経済学』芙蓉書房。

ボワイエ，マルク 2006（2000）『観光のラビリンス』成沢弘幸（訳）法政大学出版局。

Eurostat 2006, *Statistics in focus* 18/2006.

Gúčik, Marian 1999, Globalizácia ako megatrend cestovného ruchu, *Ekonomická revue cestovného ruchu* 32：151-169.

Gúčik, Marian 2000, *Základy cestovného ruchu*, Banská Bystorica: Univerzita Mateja Bela v Banskej Bystrici Ekononucká fakulta.

Gúčik, Marian 2005, Vyťah verejného a súkromného sektora v cestovnom ruchu, *Ekonomická revue cestovného ruchu* 38：131-140.

Hall, R Derek 1998, Tourism Development and Sustainability Issues in Central and South-eastern Europe, *Tourims Management* 19 (5)：423-431.

Leidner, Rudiger 2004, *The European Tourism Industry: A Multi-sector with Developments and Importance for Europe's Economy* (Report Prepared for the Enterprise DG of the European Communities), Luxembourg: Office for Official Publications of the European Communities.

Malachovský, Andrej 2005, Určujúca úloha domáceho cestovného ruchu v rozvoji cestovného ruchu na Slovensku, *Ekonomická revue cestovného ruchu* 38：67-87.

Múdry, Peter (ed.) 2006 a, *Program hospodárskeho sociálneho environmentálneho rozvoja mesta Banská Štiavnica 1 časť: Analýzy, syntézy a Vízia a stratégia*. Banská Štiavnica, http://www.banskastiavnica.sk/dokumenty.html（2010 年 9 月 9 日確認）

Okano, Hiroyasu 1993 a, Nové respektívy rozvoja turizmu v Európe, in: L'ubomír Fal'ťan (ed.), *Banská Štiavnica: Problémy riadenia a samoriadenia*

sídelného spoločenstva, Bratislava: Sociologicky Ústav SAV, pp. 63-66.
―――――― 1993 b, Nové respektívy rozvoja turizmu v Európe, in: L'ubomír Fal't'an (ed.), *Brezno: Problémy riadenia a samoriadenia sídelného spoločenstva*, Bratislava: Sociologicky Ústav SAV, pp. 61-63.
Pachinger, Karel 1983, *Cestovný ruch v socialistickej spoločnost'*, Bratislava: Alfa.
Scheyvens, Regina 2002, *Tourism for Development: Empowering Communities*, Harlow: Person Education Limited.
Št'astný, Zdenek 1992, Ekonomické subjekty v procese samosprávneho fungovania sídiel, in: L'ubomír Fanl't'an (eds.), *Slovensko a systémové zmeny v spoločnosti: Zväzok III*, Bratislava: Sociologický ústav SAV, pp. 24-35.
Štatistický úrad Slovenskej republiky (ed.) 2004, *Regióny Slovenska*, Bratislava: VEDA.
Štatistický úrad Slovenskej republiky (ed.) 2006, *Štatistická ročenka Slovenskej republiky*, Bratislava: VEDA.
Šteffek, Jozef 1998, *Natural and Culture-historical Values of the Towns and Landscape around Banská Štiavnica and Žiarnovica*, Banská Štiavnica.
Toepler, Stefan and Lester M. Salamon 2003, NGO Development in Central and Europe: An Empirical Overview, *East Eurpean Quartely* 37 (3) : 365-378.
Tvordoň, Jozef 2004, Análýza dopadov systémových zmien (po roku 1989) na regionálne disponibility, in: L'ubomír Falt'an (eds.), *Regionálny rozvoj Slovenska východiská a súčasný stav*, Bratislava: Sociologický ústav SAV, pp.17-53.
Vrzgolová, Monika 2005, Mesto pre turistov: Stratégie pri tvorbe vlastného imidžu, *Eronologické rozpravy* 2005-2 : 157-165.

参 考 資 料

国土交通省　2005『観光白書』。
総理府　1993『観光白書』。
―――― 2000『観光白書』。
Útovar rozvoja mesta 2004, *Program hospodárskeho a sociálneho rozvoja mesta Brezno*（『ブレズノ町経済社会開発計画』），http://www.brezno.sk/program-hospodarskeho-a-socialneho-rozvoja-mesta-.phtml?id3=25151&id2=0（2008 年 1 月 30 日確認）

新 聞 記 事

Občania sa pýtajú, primátor odpovedá. *Štiavnické noviny*（『週刊シチアヴニッツァ新聞』），2006/8/31, p. 2.
Turistická sezóna sa vzdarila. *Štiavnický Život*（『月刊シチアヴニッキー・ジボット』），2006/9, p. 1.

V　変動下の文化と地域社会

マルチン・シムチーク

（石川晃弘 訳）

1．問題状況

　スロヴァキアでは社会主義時代に，芸術と文化は国家の大権と考えられていた。1989年末に始まりいまなお分権化のもとで推し進められている自由化の過程は，この見方を変え，文化にとってもっとも重要なもの，すなわち民衆に関心を移してきたかにみえる。

　しかしスロヴァキアでは文化の位置づけが曖昧なままにされてきた。簡単にいえば，これまで20年間の民主化を経た後も，文化が取り上げられるのは，まだそれが「もっと高い目的」[1]に仕える必要があるときだけである。なんらかの戦略的方途がとられない限り，この状況は変わりそうにない。文化関係者が一時的な陳情活動をしたところで，長期的な効果は得られないことを銘記すべきである。また，自己至上的文化（高級文化，複合的文化表現など）の保護に向けた取組みが，実際に役に立ったかどうかも疑問である。唯一辿りつく結論は，文化はいまだに二の次のものとみなされているということである。文化の擁護を効果あるものにするためには，文化とマネジメントの問題，専門性，そして人間的衝動の，深い理解を明らかにすることが必要である。

　ところで今日，多くの文化関連の問題が，グローバリゼーションという，現

在一般的となっている現象から派生している。1989年以降，スロヴァキアでは社会の階層分化が発展の障害物となっている。社会階級間，地域間に現れた急激な格差拡大が，政治体制の変革とあいまって，市場経済の円滑な導入を妨げた。現在ではこの状況は多かれ少なかれ安定化し，民主主義も市場経済も効果的に作動しているのに対して，市民社会は未発達である。グローバリゼーションはローカルなイニシアティヴに対して，明らかにネガティヴな影響を与えてきた。ここ数年われわれは，スロヴァキア各地の社会的出自を異にする人びとと密な対話をしてきたが，彼ら皆に共通する一つの傾向を見出した。人びとは自分の近隣の出来事よりも外の世界の出来事にますます関心を持つようになっている，という傾向である。

　われわれの見解では，問題はアイデンティティに発する。個人は混乱し自分を特定のコミュニティに同一化できないでいる。社会学者がいうところの「原子化された社会」が現れている。そして強度な個人主義が市民活動に影響している。一方，文化は常に，安定的で民衆の参加とイニシアティヴに満ちた社会を築く統合的装置として重要な役割を果たしてきた。そしてローカルな地方文化がグローバルな匿名の文化よりも，この役割をはるかに大きく演じることができるにちがいない。

　近年，スロヴァキアにおける文化とその「危機」について多くの議論が行われた。スロヴァキアの中小都市の文化には生命はあるが成長の可能性には疑問がある。ブレズノとバンスカー・シチアヴニッツァ（以下B・Sと略記）のケースからこの点の具体的な理由が浮かび上がる。

2．調査の視点

　図V-1はわれわれの調査戦略の枠組の概略を描いたものである。
　まずふれておかなければならないのは，図のなかの各調査単位は「われわれのコミュニティの文化生活はどのような様相をとっているか，そしてわれわれはどのようなものにしようと望んでいるか」という共通の問いかけに，異なっ

図 V-1：地域文化の分析枠組

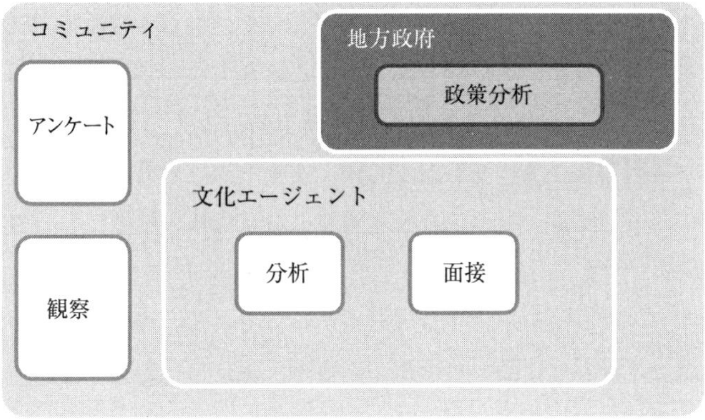

```
コミュニティ
  アンケート
  観察
      地方政府
        政策分析
      文化エージェント
        分析    面接
```

たパースペクティヴを出している点である。

「コミュニティ」は当該都市の文化生活について，将来発展の願望や見通しをその既知の事実から容易に推断して引きだせるのに，ほとんどその現状しか語らない。「文化エージェント」は地域の文化プレーヤーの展望から現状と将来ビジョンの両方を示す。「地方政府」は現存の文化資産とその将来の有効活用を独自に評価する立場にある。問題はこれらの単位の間にどんな関連をみとめるかにある。

ここでキー・プレーヤーのそれぞれについて概観する。

まず，スロヴァキアの市町村レベルの地方自治体は，すべて首長と地方議会が統括している。文化遺産の保護，芸術の振興，文化団体の世話，文化行事の開催，文化会場の運営等々の活動に責任を負う部門は，地方議会の機構の一部としてある。またそれは地方議会の組織のなかに包摂されないで，その下請組織の「公立文化会館」として存在している場合もある。それは文化会場として使われる建物でもある。われわれはこれを「文化センター」と呼ぼう。

文化センターや，市町村やその上の行政機関が助成する組織や，画廊，音楽パブ，情熱的な個人活動家や知識人などを含め，それらを一括したものが「文化エージェント」である。これらはすべて市町村レベルで文化行事の制作と運営に参加する。

文化センターはもう一つの重要な役割を演じなければならない。どんな法的形態をとるものであれ，文化センターはどこでも，あらゆる政策，戦略，行動計画が作成される戦略的単位でもある。ここは地方政府が統括する場とされている。文化センターのこの二重機能は非効率的にみえる。あらゆる文化エージェントが計画過程に関与せねばならず，またそれに能動的に参加するのを期待されているとしても，その過程を主導する権限は他の組織に委ねることはできない。

最後のキー・プレーヤーは「コミュニティ」である。調査対象地の二つの町のコミュニティは「文化的」には似ているが，後に述べるようにいくつか対照的な相違点を持っている。

3．コミュニティのパースペクティヴ

われわれはボトム・アップ・アプローチによる調査戦略を打ち立て，コミュニティを文化が生まれ形づくられる場としてとらえる。したがってまず，地域における文化生活とコミュニティのパースペクティヴを論じることから始める。後にみるように，住民アンケート調査の結果は，われわれの調査観察期間を通じてコミュニティと文化との関係にいくつかの有意な変動があったことを明らかにしている。

(1) 「数」対「質」

コミュニティ関連の関心領域の調査はたいてい数量的方法によるものであるが，それが政策提言の目的にどれだけ役立つかは疑問がある。これは長年多くの学者が投げかけてきた疑問である。まずわれわれは，数量的把握はそれ以上の説明のための一つの道具としてしか役立たないと考える。文化に関していえば，文化現象を把握するための共通分母として一つの集団を措定するが，しかしこの場合，その集団とは5人の集まりなのか，60人の集まりなのか，それとも100万人の集合体をいうのか。最後は数の大きさの問題になり，それが社

会的インパクト以上のものとされてしまう。したがって，コミュニティの意識の問題を考慮する際に重要なのは数か質かといえば，質の方をとりたくなる。数は今日しばしば提示されているほどには重要ではない。イヴェタ・カヤノヴァーは音楽演奏における感動の質について述べている（Kajanová 2007）。われわれの事実発見はこれを支持する。調査で取り上げられたそれぞれの都市の人びとは，彼らの都市の文化生活に関して異なる評価を示しているのだ。

　社会主義崩壊直後の数年とそれに引きつづく経済社会の変動期（第1回と第2回の調査時点）に，人びとは文化行事の数の少なさと多様性のなさにかなり失望していた（Malíková 2001）。数の少なさをもたらしたのは，芸術家たちがまずは獲得したもの（自由）に満足し，彼らの最大の敵（体制）の消滅後に新しい挑戦を追究しはじめたばかりで，芸術活動が現実に減少したことによる。もう一つの考えられる理由は，すべての検閲と制限が取り払われた後に当然文化生活に活気が出てくるという過大な期待を，人びとが持ったことにあった。しかし新世紀を迎えた人びとが求めているのは，数の多さや種類の多様性以上のものである。彼らが求めるものは，感動的経験（個人的あるいは集合的），人間的発達，ファンあるいは休息といったことに関する，質なのである。ブレズノとB・Sの調査結果は，住民の態度における明白な進化を示している。1990年代初めの住民アンケート調査では，文化行事の拡大を望む声が多かった（Malíková 2001）。しかし現在ではすでに住民は文化行事の数と種類には明らかに満足している。表V-1は2000年代中葉に実施した第3回調査の結果を示し

表V-1：地域の文化生活に関する評価（提供される数と種類の多様性）

	ブレズノ			B・S		
	数	多様性	累積(%)	数	多様性	累積(%)
すばらしい	12	6	3.0	20	24	7.3
よ　い	58	48	20.7	59	49	25.2
まあまあだ	127	117	61.3	148	130	71.2
よくない	84	101	92.2	55	79	93.4
悪　い	17	28	99.7	15	14	98.2
無回答	2	0	100.0	5	6	100.0

ている。これは地域の文化生活の諸条件に関する住民の評価を示したものである。

明らかに，実際の「文化の供給」は十分のようにみえる。しかし人びとは，もっと文化活動に適切でよりよい文化的経験をもたらすような，よりすばらしいもっと魅力的な文化的な機会といった，より高い条件を求めている（表 V-2 を参照）。

表 V-2：地域の文化的機会の質に関する評価

	ブレズノ		B・S	
	回答数	累積(%)	回答数	累積(%)
すばらしい	3	1.0	15	5.0
よ　い	32	11.7	32	15.6
まあまあだ	116	50.3	116	54.0
よくない	122	91.0	85	82.1
悪　い	26	99.7	48	98.0
無回答	1	100.0	6	100.0

(2) 文化的アイデンティティ

また興味深いことに，調査対象の二つの町の間で，住民の批判的態度の度合いがかなりかけ離れている。文化といった公共的トピックに関して，ブレズノはかなり「穏健的」で，B・Sは「批判的」である。これはおそらく，二つの町が過去には似たような状態にあった（環境も産業も）のに，現在では異なったイメージが成り立っていることによるだろう。ローカル・メディアやオン・ラインを通してB・Sは観光地としてますます注目を浴びている（ユネスコ世界遺産に指定されたことだけでなく）のに対して，ブレズノは外部世界から身を閉ざした工業小都市という伝統的なイメージを保っている。もし町の代表者たちが新しいイメージの町へと踏み出したら，コミュニティ全体はその道を選ぶであろう。

(3) 文化諸活動

表V-3にみるように，B・Sの場合，文化諸活動は比較的明瞭に分布している。この町には有力な歴史的・文化的資産が存在しているが，それにしても人びとがかなり多く博物館の展示に訪れているのは驚きである。実際に訪れたのが年に1，2回だったのかほぼ毎日だったのかはこの表では問われていないので，この回答結果をみるさいに，一度も訪れなかった人の数がたいへん少ないという点に着目したほうがいいだろう。

同じ表から家庭内での文化活動をみると，今日もっとも頻度が高いのは映画を観ることとポピュラー音楽を聴くことである。個人の能動的芸術活動は明ら

表V-3：文化活動の参加者比率（B・Sのケース） (%)

地域での文化活動	1991	1997	2006	平均
博物館や展覧会	62.3	68.8	72.8	68.0
ポピュラー音楽のコンサート	−	−	49.3	49.3
映　画	36.9	52.7	51.3	47.0
ダンス	34.8	43.6	54.0	44.1
民俗音楽舞踊のコンサート／フェスティバル	32.4	42.1	53.0	42.5
劇　場	21.3	22.4	40.0	27.9
ジャズ・コンサート	−	−	25.8	25.8
クラシック・コンサート	16.4	25.8	18.9	20.4
オペラやバレエ	9.4	19.4	8.3	12.4

家庭内の文化活動	1991	1997	2006	平均
ポピュラー音楽鑑賞	91.8	80.9	83.1	85.3
民俗音楽鑑賞	88.9	80.6	72.2	80.6
小説読書	75.4	75.8	77.2	76.1
専門書・実用書読書	61.1	74.5	83.8	73.1
映画鑑賞	28.3	53.9	98.3	60.2
クラシック音楽鑑賞	54.1	74.8	50.3	59.7
ジャズ鑑賞	−	−	43.4	43.4
アマチュア創造活動	25.8	21.2	32.1	26.4

かに頻度が低い。アマチュアの芸術表現は文化生活の活力にとって極めて重要であり，アマチュア芸術の低下の間接的な原因となるような政策は再考慮されねばならない。

4．マネジメントの問題

　政策分析の目的は地方政府が何をなすのか，それをどのようになすのかを，明らかにすることである。ブレズノとB・SのPHSR[2]（経済社会開発計画）文書は[3]，これらの町の行政的見地を照らしだしている。とくに今日と明日についてそうである。PHSRの文化の章は文化会館がたいてい外注の民間企業の協力を得て書いている。PHSRは町の文化資産，優先順位，将来の文化発展を設定する。検討を経た文書からわれわれは，これらの分野が共通の関心事となっていることを知ることができる。

　B・Sの存在とその意義は鉱業と結びついている。しかしそこから鉱業文化について語るのはあまりに単純すぎよう。B・Sにはその歴史以上のものがある。それはシチアヴニッツァ山地の真ん中に位置し，感嘆すべき静穏に満ちたその自然環境を，この町の最高の資産だとみる人も多い。B・SのPHSRは文化的資産の念入りな分析とともに，それらの適用の多様な可能性をその将来計画で取り上げている。ツーリズムは文書全体にわたって，しばしば最高の優先順位にあるものとして論じられている。文書を読んでいくと，優先順位ははっきりしているという結論に飛躍してしまいそうになる。アイデアや提案や選択肢で満杯の文書を読んでいくと，方向を失いかねない。B・Sで文化政策策定者が提供する多くのアイデアは，少数の具体的で，測定可能な，達成可能な，現実的な，時間限定的なものに置き換えることができよう。われわれはとくに「達成可能な」部分に関心を払うことを提案したい。これまでにいろいろなことが言われてきたが，われわれがみるところ，B・Sの文化マネジメントは人びとを呼び寄せる大きな可能性を秘めており，それがこの町の発展と，スロヴァキアにおける観光客と芸術家のもっとも価値ある目的地となることに役立

つことが期待される。

　ブレズノのPHSRは一見したところB・Sよりもずっと簡便である。しかしもっとも重要な問題が適切に論じられていない。ブレズノの場合，この地方のマーケティングを変えることが絶対に緊急課題である。面接調査からうかがい知る限り，ブレズノ地方のプロモーションの改善に向けた取組みは，とくに計画されていない。B・Sの文化リーダーたちはB・Sの国際的プロモーションのための独立したウエッブ・ドメインをつくることを決めた（www.banskastiavnica.eu）。その後の文化委員会の会合では，主としてメディア化とプロモーションが議題になった（Zimmerman and Kissová 2007）。それはいわば無名の企業のプロモーションをするようなものである。PHSRの作成者たちが少数の問題に焦点を置くことに最善を尽くしたことは評価できるが，その全般的使命については具体的でない。

　この二つの町には全国レベルの文化団体もあれば，県・郡や町レベルのそれもあれば，民間の団体もある。1989年以降それらはすべて財源確保のために競い合ってきたが，それはここで論じる問題ではない。問題なのは文化エージェントの依存関係が不明瞭だという点にある。つまり，複数の協力団体がそれぞれ異なる予算，資源，政策に縛られながら一つのプロジェクトないし協力関係を発足させようとすると，たいへん込み入ったことになりかねないのだ。この問題に対して二つの取組み方がある。一つは非常に複合的でシステマティックな取組みで，複数の文化団体の財務を一元化することである。しかしこれはまだたんなる理想として語られているだけで，スロヴァキアの全般的文化問題の議論にはならない。もう一つは，町内に文化協力活動に専門的支援をする使命を持った独立組織をつくるという案である。この「プロジェクト・エージェンシー」の特殊任務は，さまざまな文化団体やそれ以外の団体の間の諸協力を打ち立て運営していくことにある。その主要な活動として次のような点があげられる。

①　法律相談（文化セクターのビジネス関連問題）
②　プロジェクト・マネジメント（単一あるいは多元的プロジェクト）

③　資金探し（EUの構造基金，助成金など）
④　文化セクターに対する教育訓練

　このエージェントはこれらの活動によって，文化セクターにとって必要な調整役，資金探索役，教育訓練役を遂行することになろう。たしかにこれらの役は既存の文化センターに任せればいいという意見もありうる。しかしそうではない。1989年以降に権限や財政の面で多くの変化があって，文化センターのイデオロギー的，創造的独立がもたらされたにもかかわらず，実際には組織的な変化はまだなされていないといわざるをえない。文化センターは次のような状態にある。

① 　年度予算にあまりに従属している。
② 　組織構造は旧態依然で適切な人材が欠けたままで，柔軟性と創造性を持続的に保つことができない。

　二つの町の労働市場分析によれば，もう一つの問題が浮かび上がる。雇用不安である。これはブラチスラヴァ県以外のスロヴァキアの大部分の市や町に共通する問題である。文化セクターは1989年以降，なんら適切な行動をとることなく，雇用不安の問題を引きずってきた。デヴィッド・スロスビーの文化描写からいえば（Throsby 2001），文化財と文化活動の諸特性は，ブレズノでもB・Sでも満たされえていない。職員は失敗を恐れると創造的，決断的な行動をとれない。二つの町での文化活動の運営者との面接聴取からは，彼らが日常の意思決定において皆リスクを避けていることがみてとれた。

　二つの町における文化の質に関して，文化センターや雇用状況だけを責めるのは公平でないだろう。交響楽を演じるには指揮者や楽器以上のものが要る。それは聴衆である。より正確にいえば，芸術家ないし「創造的階級」（Florida and Tinagli 2004）だけではなく，一般の人びとが必要なのである。二つの町には人的資本が必要とされている。政策分析，面接聴取，部分的には観察から，望まれる職種群として次のようなものがあげられている。

ブレズノの場合
―熟練したツーリスト・ガイド
　・個人的動機
　・言語能力
　・深い知識
―市民による個人的・集団的イニシアティヴ
　・指導者，提供者
　・市民団体，クラブ
B・Sの場合
―熟練したツーリスト・ガイド
　・個人的動機
　・言語能力
　・深い知識
―文化マネジャー
　・ノウ・ハウ
　・指導力

　さらに二つの町に必要なのは，現実的な質を持った文化生活を促すような能動的コミュニティである。そのようなコミュニティを保証するためには，とくにB・Sの場合がそうだが，文化指導者は相手が地元民かツーリストかを問わず，ハイ・シーズンの文化ツーリズムから通年的な文化プログラムへと，文化の内容を移行させることを考えるべきであろう。

　今日スロヴァキア社会に浸透しつつある極度に多忙な生活スタイルに対抗しうる唯一の手段は，規則性の原則である。人びとが文化機会を求めるのに使う時間は，ますます少なくなっている。文化行事が明らかに非効率的なかたちで提供されている場合に，とくにそうである。もし文化生活に向けてより多くの観光客を魅了しようとするならば，宣伝ポスターも，インターネットのウエッブ・サイトによる宣伝も，その方法としては最適ではない。マーケティングは今日ではますます直接的で対個人的になってきている。多くの面接で聴き取れ

たことは，二つの町が提供する多くのアトラクションのうち，旅行エージェントの「製品」として現実に実施されるのはごく一部に過ぎない。

　B・Sの下町は1989年以降，人口が着実に減っているが，それはホテルや民宿など小規模なツーリズム・ビジネスにとって好条件である。この点はB・Sの地域文化エリートとの面接聴取でも，しばしば指摘されている。彼らは皆，下町地域の再活性化を願っている。B・Sの下町には45以上のパブやバーやカフェがあり，ブレズノにはその約半分の数のものがあって，文化の再活性化（ミュージック・バンド，アマチュア演劇，ビジュアル・アートなど）に広大な空間を提供している。週の曜日に特定のテーマを設けるのもよいスタートとなろう（たとえば月曜はジャズの日，火曜はカラオケの日，水曜はコメディー演劇の日，等々）。地方メディアをもっと活用するとともに，文化「製品」の規則性と透明性をもっと高めることが，この二つの町にとって強く望まれる。

　この二つの町におけるSWOTダイアグラム[4]の分析は，文化の計画と開発へのマネジメント的接近の評価に，もう一つ価値を付け加えてくれる。SWOTはいまやあらゆる種類の制作文書の不可分な一部となっている。PHSRの作成者たちは自分たちの発見と提言を要約するのに，それを使おうとしている。

　B・SのSWOTダイアグラムはPHSR全体と同じ特徴点を示している。それは非常に詳細にわたっており，洗練されている。それはいくつかの領域に分けられており，その一つはツーリズムと文化である。それをここで述べると数頁をとることになろう（Múdry 2006：92-97）。他方それは，SMART[5]の目的にすぐに移し替えられるようなマネジメント関連の情報を提供していない。このSWOTはブレーンストーミング的なアイデアであって，具体性を欠き，そして不適切なコメントがなされている（たとえばその96頁）。次のような点に基づいてSWOTダイアグラムが再構築されることが望まれる。

① アイデアをいくつかにグループ分けして（プロモーション，ツーリスト・ガイド等々），次のフォロー・アップのための単純化した図式的説明をつくりだしておく。

② これまで間違ったとらえられ方をしていた諸機会を，より適切に具体的

に特定する。
　③　弱体とされた問題領域を分解し，SMART の対象を諸機会と関連づけてつくりだす。
　④　パーソナルな関与を避ける。
　ブレズノの場合，SWOT ダイアグラムは性急で安直につくられたかにみえる（kol. 2004：50）。ブレズノにおける文化政策にとって，新しい徹底的な SWOT 分析の開発と精巧な仕上げが，最優先課題である。

5．結論に代えて

　文化アイデンティティの問題は今日，文化指導者にとって最大の挑戦事である。コミュニティと芸術家，あるいはコミュニティと文化指導者を結ぶ「見えざる紐帯」は，いまや明らかに失われている。文化はコミュニティからのフィードバックなしには生きつづけられない。反対に，生気ある文化生活は社会的学習をもたらすもののはずだが，それも「インターネット社会」における人びとの間の距離化で急速に失われている。仕事や買物のような日常的な活動がすべてインターネット経由でできるようになるのは，時間の問題である。文化行事での集いが，おそらく，人びとの間の社会的相互作用をもたらす最後の機会の一つであろう。
　いずれにせよ絶対的に確言できるのは，文化の開発計画，政策，戦略というものは，専門家によってつくられるが，それを規制するのはコミュニティからのボトム・アップである。二つの町では文化マネジメントの専門職化への肯定的な傾向が出ているが，コミュニティの側からの活動の生成がみられない。それゆえ，あらゆる可能なかたちでコミュニティを巻き込むことが，21世紀の最大課題として残っている。
　文化開発の将来の成功の鍵は，「地方政府」と「文化エージェント」と「コミュニティ」の三者絡みの専門職化である。人びととその文化ニーズに近接した，地域レベルの独立したプロジェクト・エージェンシーを打ち立てることに

よって，スロヴァキアにおける文化セクターの専門職化に有意に寄与することになろう。文化開発への投資は必ずペイ・バックするにちがいない。早晩，文化は経済的にグローバル化した世界において，もっとも有力な位置をなすものの一つに数えられるようになろう。

1）いつもは政治的宣伝の道具として。
2）Program hospodárskeho a sociálneho rozvoja の略称で，地域開発戦略として広く知られているもののスロヴァキア版である。
3）B・Sの文書の作成者たちはそのタイトルに「環境」を付し，開発優先順位で環境問題が重要であることを強調している。
4）Strengths-Weaknesses-Opportunities-Threats の略語。広く知られまた使われている経営手法で，内部的（SW）と外部的（OT）の観点からプロジェクトを規定する枠組として用いられる。
5）Specific-Measurable-Achievable-Realistic-Time specific の略語。戦略的経営の手法で，マネジャーが広範なビジョンを目標へと変換するうえで役立つとされている。

参考・引用文献

Berg, B. 1998, *Qualitative Research Methods for the Social Sciences,* Boston: Allyn and Bacon.

Čukan, K. 1998, *Infraštruktúra kultúry na Slovensku,* Bratislava: Národné osvetové centrum.

Evans, G. 2001, *Cultural planning, an urban renaissance?* London: Routledge.

Florida, R. and I. Tinagli 2004, *Europe in the Creative Age.* Retrieved October 12, 2007, from Creative Class Group: http://creativeclass.com/rfcgdb/articles/Europe_in_the_Creative_Age_2004.pdf

Hagoort, G. 2003, *ART Management: Entrepreneurial Style,* Delft: Eburon.

Kajanová, Y. 2007, Regionálna hudobná kultúra na Slovensku, in: *K pocte Alexandra Moyzesa a L'udovíta Rajtera,* Bratislava: STIMUL, pp. 77–108.

Karas, F. 1987, *Organizácia a riadenie kultúrneho života,* Bratislava: Obzor.

kol. 2004, *Program hospodárskeho a sociálneho rozvoja mesta Brezno,* Brezno: Útvar rozvoja mesta.

Malíková, M. 2001, Spoločensko-kultúrny život mesta, in L'. Falt'an (ed.), *Podoby lokálnej demokracie v Banskej Štiavnici,* Bratislava: Sociologický ústav SAV, pp. 104–135.

Múdry, P. 2006, *Program hospodárskeho sociálneho environmentálneho rozvoja mesta Banská Štiavnica,* Banská Štiavnica: EKOTRUST.

Nižňanský, V. (ed.) 2006, *Decentralizácia na Slovensku. Bilancia nekonečného príbehu* 1995-2005, Bratislava: Úrad vlády SR.

Throsby, D. 2001, *Economics and Culture,* Cambridge: Cambridge University Press.

Yin, R. 2003, *Case Study Research: Design and Methods,* London: Sage Publications, Inc.

Zimmerman, M. and K. Kissová 2007, *Zápisnica zo zasadnutia komisie kultúry dňa 16. 10. 2007.* Retrieved October 25, 2007, from Banská Štiavnica: http://www.banskastiavnica.sk

【付　録】

1．英文レジュメ

　　SYSTEM TRANSFORMATION AND THE SOCIAL CHANGE OF LOCAL COMMUNITY:

　　A Time-Series Study of Small Towns in Slovakia

2．面接聴取記録［1］1991－92年調査

　　Ⅰ　ブレズノ町の調査
　　Ⅱ　バンスカー・シチャヴニッツァ町の調査
　　Ⅲ　関連資料

3．面接聴取記録［2］1997－98年調査

　　Ⅰ　ブレズノ町の調査
　　Ⅱ　バンスカー・シチャヴニッツァ町の調査

1. 英文レジュメ

SYSTEM TRANSFORMATION AND THE SOCIAL CHANGE OF LOCAL COMMUNITY:
A Time-Series Study of Small Towns in Slovakia

Edited by
Akihiro Ishikawa
L'ubomír Falt'an
Yoshimoto Kawasaki

Contents

Introduction Objective and Method of the Research (*A. Ishikawa*)
Chapter I Overview of the Towns Researched (*L'. Falt'an*)
Chapter II Enterprises in System Transformation
(*Z. Šťastný and A. Ishikawa*)
Chapter III Changes and Re-formation of Community Life (*A. Ishikawa*)
Chapter IV Emergence of Tourist Businesses and Civic Actions
(*Y. Kambara*)
Chapter V Culture and Community in Transition (*M. Šimčík*)

Introduction Objective and Method of the Research
(A. Ishikawa)

A collapse of the socialist regime in USSR and East-European countries led not only to the transformation of an institutional framework at the macro-society, but also the profound change of the situations in daily life at the micro-society of those countries. The focus of our research was left on local community as the mezzo-society that mediates the macro-and the micro-level of society.

The socialist state enterprise played a significant role at the mezzo-level of society by guaranteeing people's job and life. It provided employees and their families with a variety of in-house welfare facilities and services under the full employment system. Privatization and market economy, however, deprived the enterprise of job security and welfare practices, and people's life had to be rebuilt individually outside the enterprise. Then, what would mediate in post-socialist society the newly set-up institutions at the macro-society and the individualized people's live? Could the local community take charge of the intermediate? Would the civic initiatives for local development emerge there in the place of the state command and control? Our research started from a concern with those questions.

Two small local towns in Slovakia were studied: Banská Štiavnica and Brezno. The investigation in these towns was carried out three times repeatedly. First was in 1990-92 (transformation period), then in 1996-98 (post-transformation period), and lastly in 2004-2007 (globalization period).

Three kinds of method were used: (1) document collection from regional and local institutions, (2) interviews with local key persons and selected inhabitants, and (3) a questionnaire survey over inhabitants regarding their perception of community changes. Samples for the questionnaire survey were numbered around 300 in each town at each of three periods.

This project was performed in cooperation between the Institute of Social Sciences at Chuo University and the Institute for Sociology at the Slovak Academy of Sciences.

Chapter I   Overview of the Towns Researched *(L'. Falťan)*

This chapter, consisting of two parts, deals with the socio-spatial processes of small towns in Slovakia during the period of social transformation at the end of the 20th century. The first part of this chapter provides an explanation of the relevant theoretical background for our understanding of the situation of small towns in the context of current global changes. It points to crucial factors that have determined the role of small towns in the present. These factors and their effects were consequently compared in case studies of two Slovak small towns: Banská Štiavnica and Brezno. The author draws on the presumption that historical contexts represent especially important aspects in the current developmental processes of small towns. Historical contexts have in many cases had direct effects on the development of small towns and therefore have to be taken into account in order to understand the present situation of small towns.

Banská Štiavnica and Brezno have had specific developmental trajectories with certain similarities, as well as differences, in their histories. There is one common feature about these two towns. In the past, their economies were both based on mineral resources and mining. This similar original condition has later intertwined with different developmental pathways. Banská Štiavnica began to play an important role not only in mining, but also as a center of technological innovation and mining education.

Its supra-regional and international significance was evident. The status of the town was reflected also in its demographic growth and the construction that left many architecturally important buildings. At that time, Banská Štiavnica was either the birth-place or residence of many important figures from the field of technical sciences. In contrast, Brezno was only of local and regional importance. Despite their similar original conditions, these two towns provide examples of very different ways of engaging in global developmental processes.

Ultimately, both towns remained small. During the era of intensified industrial processes (from the end of the 19th and throughout the 20th century) they experienced a strong promotion of industrialization. Nevertheless, they remained separate from the main regions of urban development in Slovakia.

In the period of the socio-political change since 1990, both towns were confronted with serious problems due to the economic decline of their industrial base. The fact that the economic depression has also affected the broader region in which the towns are located makes the situation even worse. These circumstances prompted different strategies of economic survival and diverse perspective development plans. Banská Štiavnica links its development possibilities with tourism, drawing on its rich cultural and architectural heritage and scenic natural surroundings. At the same time, it attempts to become a center of local, but also super-local and international cultural activities. Despite problems connected with its industrial basis, Brezno remains a small industrial town and regional service center. However, unlike Banská Štiavnica, it has not managed yet to successfully utilize its natural local landscape and the pre-existing centers for summer or winter sports in its surroundings nor to become an important service center for tourism.

Chapter II Enterprises in System Transformation
(Z. Šťastný and A. Ishikawa)

In the socialist time, both towns were highly industrialized with large-scale state enterprises.

In Brezno there were three big works: Mostáreň Brezno (a construction machine producing), ESPE Piesok (general machine producing) and Železiarne Podbrezová (steel and iron producing), all of which absorbed around 80% of economic active population in this town and the surroundings in the socialist time. After the collapse of socialist system and the decay of COMECON market, those enterprises faced serious situations for survival. Mostáreň Brezno kept 3,800 employees in 1991, which decreased to 1,000 employees in 1998, and finally disorganized into small-scale private firms afterward. ESPE Piesok had 3,500 employees in 1989. In privatization the works became independent firms, and the main body of the enterprise, where were 1,750 employees in 1989, decreased their number to 600 in 1997 and then disappeared. These two dismissed the employees largely, and at the same time abolished in-house welfare service functions. Only Železiarne Podbrezová has succeeded in survival by adapting itself to the new economic environment and keeps providing social and cultural services to employees and inhabitants.

In Banská Štiavnica was a large mining establishment that provided job to male workers. Another large firm was Pleta of textile industry that employed a great number of female workforces. However the mining establishment ceased its activities and got disorganized, while Pleta in Banská Štiavnica decreased employees from 1,300 in 1990 to around 900 in 1991, and then it was divided into three small private firms. The division of engineering in the mining establishment became an independent firm to develop a market in West Europe and Africa, but decreased the number of employees from 750 in 1990 to 120 in 1997.

On the other hand there emerged a number of new small private businesses in both towns and absorbed a certain amount of workforces that were pushed out from the former state enterprises. Due to a lack of business experiences and skills as well as a shrink of domestic local market, however, many of them failed and disappeared sooner or later. In spite of this fact, the number of those businesses as a whole has steadily increased. Among others, medium-scale construction firms recorded a remarkable growth by extending their businesses to national and international market. They absorbed a noticeable amount of workforces in local labor market.

Besides, there has been an increase of the workers who are engaged in casual work in western countries, as an effect of globalization of labor market.

In accordance to those trends, the mono-industrial structure of both towns has changed to a multi-sector one, including a service industry such as tourist businesses, particularly in Banská Štiavnica.

Chapter III Changes and Re-formation of Community Life
(A. Ishikawa)

In spite of a large-scale dismissal at former state enterprises and an increase of unemployment, the majority of people did not flew out but preferred to stay in their home towns during the 1990's.

Our time-series questionnaire survey revealed the changing pattern of community life reflected in inhabitants' perception, as follows.

(1) After the decay of the socialist system there emerged a conspicuous increase of economic differentiation among inhabitants, which, however, is not so remarkable in the 2000's. There has been an increase of people who identify themselves with the middle class regarding their living standard. Inhabitants' life seems to have improved and stabilized more or less in comparison to the situations in the time of system transformation.

(2) On the contrary, their working life has deteriorated. Although income has increased, job has become unstable, working time has made longer, troubles at work take place more frequently, and human relations in the workplace have got worse.

(3) Neighborhood relations have become estranged all the more. A social vacuum in local community seems to be larger.

Those above illustrate a general trend from the beginning of the 1990's till the mid of the 2000's. While economic life of individuals has been recovered and then improved, working life as well as neighborhood life seems to be alienated. People do not have interests in voting at local elections. NGO/NPO that had sprouted up like mushrooms after a rain in the first half of the 1990's mostly disappeared in a short time.

On the other hand, we noticed some cases of civic actions for local development in the third phase of our research in the mid of the 2000's. Those activities are promoted by an increasing possibility of the access to information by means of media and internet on one side, and an ever-standing strong sense of local pride and identity on the other. Formation of the civic association for the project of tourism development is a case as such.

Chapter IV Emergence of Tourist Businesses and Civic Actions *(Y. Kambara)*

Since the fall of the "iron curtain" between "Western" and "Eastern" Europe in 1989, a number of tourists have been able to cross the border. Similar to other central and eastern European countries, the Slovak tourism industry has been increasing these two decades. In Europe, tourism developed in fact after the Second World War, in relation to the remarkable growth of middle classes. Tourism is one of the most important industries in post-industrial society, among others in Europe.

The Slovak tourism industry is faced with a serious problem resulted from the previous socialist principle of tourism development. At that time, huge projects were implemented in order to develop mass tourism. Currently, any local municipality was not able to afford to renovate infrastructures for tourism due to the long economic depression that followed a breakdown of the socialist system. However some local communities started a struggle for tourism development by mobilizing potential tourism resources in combination with the business activities of small enterprises. It is one of the important prospects for regional development of rural areas. This chapter displays such a struggle in the case of Banská Štiavnica and Brezno.

Although there are differences between Banská Štiavnica and Brezno in terms of tourism attractions, tourism has been emphasized in both towns as an important means for the regional economy. Banská Štiavnica is a historical mining city whose historical center and mining technical remains were inscribed in the World Cultural and Natural Heritage List by UNESCO in 1993. Since then, Banská Štiavnica has developed as a tourism city remarkably. In addition, many kinds of festivals (not only a traditional mining festival, but also music and cinema) and events are held during the tourist season. However, tourists have only a short stay, usually stopping only to see main sightseeing spots. Against this, tourism development plans are now oriented to combine the sightseeing in the town with the recreation in surrounding mountains and lakes for a long stay tourism.

Brezno used to be a town of forest-related economy and was industrialized with large-scale manufacturing in the socialist era. In recent years, people have suffered from a long economic depression due to the closure of several factories. In Brezno, tourism industry is relatively new, yet visitors to the tourist information center have increased favorably. The possibilities for tourism are great in Brezno, thanks to its highlands surroundings for cycling, hiking and golf in summer, and skiing in winter. However, Brezno has a problem similar to Banská Štiavnica. Visitors to this town are only for a short term tourism.

Both towns have had to consider the alternative ways of development, not depending on large-scale investment projects, because it is surrounded by mountains and nature reserves. Already basic tourist infrastructures (accommodations and traffic transportation) are well maintained. There remains one question of how to relate tourism development directly with regional revitalization by mobilizing small local businesses (restaurants, accommodations and shops).

In Banská Štiavnica, local entrepreneurs and the public museum associate themselves for tourism development and, besides, they organized a common program with the municipal government. Further, Banská Štiavnica has several active associations dedicated to the protection of nature and the tourism development. Some activists of natural preservation are also leaders of tourism development, interested in alternative tourism.

Based on their consensus in those associative actions, tourism development has contributed to the activation of the community.

On the other hand, Brezno does not have active organizations nor associations for tourism development, although this town and surrounding villages in this region hold many cultural and sporting events. Even the tourist information center cannot gather all information necessary for visiting tourists. Some of those do not feel any benefit from the tourist information center.

Tourism development may influence not only on the regional development, but also on the living conditions of inhabitants. While public administrators have enough decision-making power on the plans for development, the role of community associations is indispensable for local development. The case of Banská Štiavnica seems to present a new tendency where people try to improve the conditions of their community for "the vitalization of civil society".

Chapter V   Culture and Community in Transition
(M. Šimčík)

In the Communist time arts and culture were considered (and managed) as a national prerogative. The process of liberation, that started in 1989, and that is now being reinforced by decentralization, was supposed to change this perspective and to shift our attention back to what is most important on culture, namely to people. People as individuals, however, are now confused, atomized and not able to identify themselves with their community. On the other hand, culture might play a significant role as an integration tool for building a stable, participative and initiative society.

Particularly local culture would be able to play this role much more than a global, anonymous culture.

For vitalization and revitalization of local culture the most important concept would be cultural planning. This term is crucial as a connecting point for bringing interests of all groups involved in cultural life of a given local society and as a conceptual framework covering all of our recommendations for discussing the managerial perspectives of local culture. Cultural planning stands for the allocation of resources and the distribution of public subsidy and facilities for a range of designated and prescribed cultural activities and forms such as theaters, galleries and museums, and the support of artists and cultural workers, including education and training.

We raised three research units: "community", "local government" and "cultural agencies". The focus of our research was laid on "community".

In years after the collapse of socialism and also during following period of transformation of the economy and society, people were quite disappointed with supply and variety of cultural events in their community. Today, however, people are obviously satisfied with quantity and variety of events. Apparently, the actual "cultural supply" seems to be sufficient. On the other hand people are now asking for better conditions like nicer and more attractive cultural venues that would be more appropriate for cultural activities and would finally lead to a better cultural experience.

In this context we look into what and how the local government does for the enrichment of local cultural activities. The document of PHSR (Program of Economic and Social Development) of Banská Štiavnica and Brezno serve as a mirror for administrative perception of each town, especially in context of today and tomorrow. Our analysis leaves a focus on this document, a chapter of which was prepared by the town's culture center in co-operation with an outsourced private company.

Last but not least, we are absolutely confident that cultural development plans, policies, strategies or whatever we call them should be created by professionals but regulated bottom-up. There is a positive tendency toward professionalization of cultural management in both towns, but there is no sign for rising activity from the side of community. The task of involving community in every possible way, therefore, remains one of the biggest challenges for the 21st century.

Editors and Authors

Akihiro Ishikawa: Professor Emeritus of Chuo University, specialized in industrial sociology and Centro-European studies

Ľubomír Falťan: Vice-President of the Slovak Academy of Sciences for Social Sciences, Humanities and Arts, specialized in sociology of regional development

Yoshimoto Kawasaki: Professor of Chuo University, specialized in political and urban sociology

Zdenek Šťastný: Retired Senior Research Fellow of the Institute for Sociology of the Slovak Academy of Sciences, specialized in economic sociology

Yuko Kambara: Post-graduate Student of Arts and Sciences of the University of Tokyo, specialized in cultural anthropology and Centro-European studies

Martin Šimčík: Assistant for the Cabinet of Maroš Šefčovič, Vice-President of the European Commission in Brussels, specialized in cultural management

2．面接聴取記録［1］1991－92年調査

Ⅰ　ブレズノ町の調査

（Ⅰ）政治・行政　（Ⅱ）産業　（Ⅲ）文化　（Ⅳ）町民

Ⅱ　バンスカー・シチャヴニッツァ町の調査

（Ⅰ）政治　（Ⅱ）行政　（Ⅲ）産業　（Ⅳ）文化

Ⅲ　関連資料

（Ⅰ）スロバキア共和国内務省大臣秘書室におけるインタビュー結果

（Ⅱ）スロバキア市町村協会（ZMOS）の組織と活動

（Ⅲ）スロバキア市町村協会の声明書（1991年3月）「自治の栄光と苦悩」

（Ⅳ）スロバキア市町村協会会長兼事務局長とのインタビュー結果

付録　2.面接聴取記録［1］1991-92年調査　*127*

I　ブレズノ町の調査

（I）　政治・行政

1　ブレズノ町役場職員の話

(1) ブレズノ町の行政機構

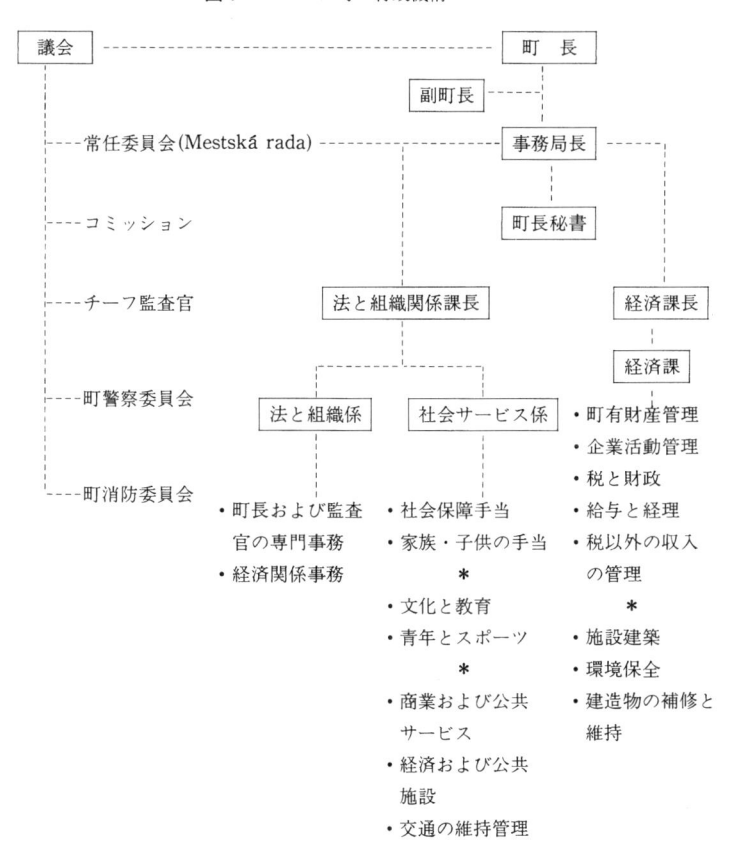

　ブレズノ町の議会と行政の機構はつぎの図のとおりである。

図1　ブレズノ町の行政機構

```
議会 ─────────────────────────── 町　長
                                    │
                                  副町長
                                    │
  ├── 常任委員会(Mestská rada) ─── 事務局長
  │                                 │
  ├── コミッション                町長秘書
  │
  ├── チーフ監査官      法と組織関係課長      経済課長
  │                         │                 │
  ├── 町警察委員会                           経済課
  │                    ┌────┴────┐
  │                 法と組織係  社会サービス係    ・町有財産管理
  └── 町消防委員会                              ・企業活動管理
                    ・町長および監査  ・社会保障手当    ・税と財政
                      官の専門事務   ・家族・子供の手当 ・給与と経理
                    ・経済関係事務        ＊         ・税以外の収入
                                    ・文化と教育        の管理
                                    ・青年とスポーツ       ＊
                                         ＊          ・施設建築
                                    ・商業および公共   ・環境保全
                                      サービス       ・建造物の補修と
                                    ・経済および公共     維持
                                      施設
                                    ・交通の維持管理
```

(2) 行政のメカニズム

　町長ならびに町議会議員は住民の直接選挙によって選ばれる。町長は議員であってはならない。町長の報酬は議会によって決定される。いまは，毎月6,000コルナである。

　行政組織は議会によって決められるが，職員は町長によって任命される。

　副町長は議員のなかから，議会によって任命される。

　議会直属の監査官は，議会の同意を得て町長によって任命されるフルタイムの仕事である。町の行政が法に従っているかどうかをチェックするのがその主たる職務であり，その地位は行政から独立している。現在は1名であり，1990年の11月に任命された。彼の前職は，ブレズノ町のモスターレニ工場の経理担当職員であった。

　かつての地方行政の機関であった人民委員会（Národný výbor）の機能のうち教育，社会保障，医療サービス，雇用と失業対策および経済活動からの徴税事務が，新しく設立された国の地方局（Local state office）と労働局に吸収されたために，自治体の事務はいちじるしく制限された。町長のやることはあまり残っていない。

　町役場の建物は，国によってつくられ，国の所有であったが，いまは自治体の所有になっている。

　地方の政治と行政は，かつての集権化体制から分権化体制へと変わったことは事実である。しかし，国と地方との新しい財政制度は1993年まで制定されないので，財政自治権はいまのところ名目だけである。地方行政のシステムについても西ヨーロッパ型に移行させる努力がなされようとしているが，1993年まではこれも無理だろう。財政面での国への依存体制はいまも続いており，中身は昔と変わらない。

(3) 行政職員と行政事務

　行政職員の数は，町長と副町長および事務局長と2名の課長を除いて，町長秘書2名，法と組織係9名（そのうち5名は現業労働者），社会サービス係5名，経済課のうち8名が経済活動の担当で，4名が建築土木の担当者である。そのすべてが旧人民委員会の職員であった。なお，旧人民委員会の職員の半数は国の地方局に移動した。もちろちん，その給与は国から支払われる。

　職員の研修システムはない。

　行政事務の処理のために，2台のパソコンが導入されている。おもに，町民の戸籍と証明事務に使われている。

　新しいシステムのもとで，職員の仕事の量が急激に増大している。1つには，移行期にともなう現象として新しい法や規則が次から次へとつくられるので，その内容の検討で忙しいこと（たとえば，昨年は約600の法律が，今年にはいってからも約300の法律が新しくできた），もう

1つは議員の要求が多くなってきているうえに，議員のなかには新しいシステムについて知らない人がいるので，それを教えることに多くの時間がとられる。

(4) **財政のシステム**

　社会主義体制下の旧システムでは，ほとんどすべての権限と決定が国に集中していた。予算は地方財政を含む国全体の予算として上で決められ，人民委員会には補助金のかたちで国から配分された。社会保障関係と医療保障の予算が大きかったが，それも上で決められた基準に従って，上から支給された。人民委員会自身の財源は，犬税や過大住宅からの徴収金，あるいは公共施設の利用料程度で，その割合は予算全体の0.5%前後にすぎなかった。
　インフラストラクチュアの整備と充実の財源も基準に従って上から与えられた。ただし，セルフプランニング（自己計画）の部分は申請をして認可されれば，国から別の財源として支給されたが，その場合にも40%の住民負担が義務づけられた。ブレズノ町では，保育園が自己計画でつくられた。この自己計画の財源はイレギュラー・ファンドと呼ばれた。また，国から地方への配分は権力政治がからみ，政治ゲームの舞台となった。
　新しい法によれば，地方自治体は必要とあれば，住民税であれ固定資産税であれ，法にもとらないかぎり，新税制を導入できるが，現実には住民には金がないのでどこの自治体も新しい税制を導入できない。実際に新しい税制が導入されるのは，1993年以降になる。それまでは過渡的な措置になるだろう。
　いまは過渡期のシステムであるが，医療や社会保障のような基幹事務は国の地方局の管轄になったので，その経費は純然たる国の予算として地方局の事務所におりてくる。自治体の福祉関係の業務はその足りない部分を補う程度である。とはいっても，急激な変動下にあって，生活困窮者が増加しているので，緊急対策的な費用の支出が増えている。たとえば，老人年金，障害者手当，片親世帯手当等は国の支給であるが，貧しい人達の臨時生活資金や貧しい年金老人の食料費補助等は町の給付になる。年金老人の食料のばあいは食堂を用意するが，IDカード持参の老人の食費補助は，価格の60%である。失業者は別の取扱いになる。
　公共施設の建設事業費については，基本的に国から支給され，その後の維持費は自治体の負担にになるのが原則になっている。しかし，1990年前の計画では，国からの配分は50%であった。ブレズノでは600万コルナの半額にあたる300万コルナが配分される予定であった。だが，国は支払ってくれないので，建設事業がとまってしまっている。
　新しいシステムでもかつての自己計画と同様に，申請によって建設補助金が配分される制度がある。インフラの整備，文化施設の建設や墓地の造成などがその対象になるが，認可されても金は国からおりないのが実情である。それどころか，過去から継続の事業にたいしても国の金はおりてこない。なお，この決定が政治ゲームであることは以前と変わらない。

事業経費とは別に，新しい法によれば，自治体の基礎的ニーズを満たす費用，たとえば，公共施設の維持や補修等の経常経費も，特別補助（unproposed grant）として申請できるが，ブレズノ町の今年の認定額50万コルナもまだおりてきていない。

現在のブレズノ町のインフラの整備状況は，ガス80～90％，上水道100％，電話25％，下水道0％である。

チェコ・スロバキア共和国の1人あたりの月間平均所得は，1991年3月の統計によると，2,700コルナである。

町の予算編成は，経済課の課長が素案をつくり，町長と協議の上，議会で討論，承認される。

地方交通（ブレズノではバスだけ）は連邦の経営であるが，まもなく民営化されるだろう。しかし連邦の経営ではあっても，スロバキアの約2,830の自治体のうち34の大都市は，地方交通を自治体自身で運用できるために，国からおりてくる補助額は残りの多くの中小の市町村と大きく異なる。ブレズノ町は後者に属する。ちなみに，今年度の予算では，34の大規模都市には，公共交通のためだけに年間総額30億コルナが与えられるのに，残りの市町村にたいしては，交通以外のインフラの整備も含めて，年間総額わずか7.7億コルナにすぎない。これは許せない矛盾である。いまは，バスの運賃は全町内1コルナ（距離は短かい，平均3km）に迎えられているが，いまの補助制度では，近く値上げになるだろう。なお，ブラチスラバは3コルナだが，乗車距離がはるかに長くても，同一料金である。

(5) 議会のシステム

議会の定員は人口の規模によって決まる。ブレズノ町議会の現在の定員は42名である。選挙区は7つに分かれている。旧制度では，町域の変更はなかったにもかかわらず，定員85名で，選挙区も85に分かれていた。すなわち，社会主義体制のもとでは，各選挙区定員1名で，ほとんどのばあい候補者も共産党推薦の1名だけであった。現在は7選挙区であるが，最大選挙区で11名の定員，小さい選挙区では，定員2～4名である。

議会の議長は町長が兼ねる。旧制度では，首長には議員のなかの代表者がなった。

議員は無給である。ただ，他の自治体では，涙金程度の報酬を出すところもある。

議員全体の会議，すなわち本会議は通例年に4～5回開かれる。

重要な審議は，議員のリーダー格の13名で構成される常任委員会（Mestská rada）でなされる。常任委員会のメンバー構成は，議会の政党勢力が反映される。旧体制のシステムにおいても，いまの常任委員会と同様のメストスカー・ラーダ（Mestská rada）と呼ばれた執行機関としての役割を果たす委員会があった。そしてその権限は絶大であった。いまの常任委員会は，議会のもとにおかれ，権限も議会によってコントロールされている。

コミッション（komisia）は，旧システムのもとでも存在した。議会にたいするアドバイザーの役割を果たす専門の機関である。

監査機関は議会直属であり，行政が法に従って行われているかどうかをチェックする。新しい法律によって設置が義務づけられている。プレズノではいまのところ1名だけ監査官がおかれている。

議会に付属する町警察委員会も新しくつくられた独立の機関である。職員は議会によって任命される。警察は本来国の仕事であるので，町の権限は公けの秩序の維持に限定されている。現在の人員は5名であるが，変動下にあって町の治安の乱れが予想以上に大きく，人員が絶対的に足りないのが現状である。

議会に直属の消防委員会は過去にもあった。その歴史は200～300年まえに遡る。アマチュアのボランティアによって組織されるが，仕事の中心は防火活動である。プロの消防は国の所属になる。

(6) **町議会および町長選挙（1990年11月）**

7選挙区42名の定員にたいして立候補者は105名であった。7選挙区の有権者総数は14,872名で，町議会選挙の投票者はそのうち7,099名であり，投票率は47.73％であった。他方，同日に行われた町長選挙の投票者は7,078名であり，投票率は47.49％であった。どちらかの選挙に投票した人の数は7,580名であり，それは有権者全体の50.97％にあたる。投票率は，町の中心部では相対的に高く，7割前後であったが，中心部からはずれた新興住宅地では，商店等の施設が乏しいために住民の不満が大きいにもかかわらず，あるいはそれゆえに投票率は低くなった。

この投票率は，共和国議会の選挙よりも高く，また他の市町村とくらべても低くない。地方選挙の投票率は全体的には，大きい市ほど投票率が低くなる傾向がみられた。なお，この地方選挙ははじめての自由選挙であった。

町議会議員選挙の政党別の候補者と当選者数ならびに得票率はつぎのとおりである。

表2　プレズノ町議会議員選挙の候補者数とその結果

	候補者数	当選者数	得票率
VPNとKDHとDS（三者提携）	42	23	54.76％
KSS（SDL）	34	14	33.33％
SNS	11	5	11.90％
Gypsy Public Initiative	17	0	0.00％

（1名不明）

VPN（暴力に反対する公衆）とKDH（キリスト教民主主義運動）およびDS（民主党）の三者は提携して選挙にのぞんだが，当選者の内訳は，VPN17名，KDH 6名であった。KSS（共産党）は選挙後分裂し，いまは，SDL（社会民主主義左派）を名乗っている。Gypsy Public Initiativeは，候補者は17名立てたが，得票数は0であった。SNS（スロバキア民族党）の当選者5名のうち1名はいまの副町長である。

町議会議員選挙では，所属政党よりも，候補者の個人的人柄と能力および市民との個人的つながりが重要であったとおもわれる。

表3 ブレズノ町会議員一覧表

	氏　名・性　別	政党	前議員	常任委員	職　　業
1	MUDr. Eva Káčerová（F）	KDH		○	医者
2	JUDr. Maria Stathovcová（F）	VPN	○		個人の法律家
3	JUDr. Zdenko Roštár（M）	VPN		○	役所の法律家
4	Jozef Sámel（M）	VPN			モスターレニ工場のマイスター
5	Ing. Dušan Švantner（M）	SNS		○	エンジニア
6	Ing. Emil Lukáč（M）	SDL		○	中等学校教員
7	Ján Brounč（M）	VPN			家畜所有の豊かな労働者
8	Viera Karaková（F）	SDL			文化新聞の発行者
9	Ing. František Baka（M）	SDL			エンジニア
10	Ing. Ján Kandera（M）	VPN	○	○	エンジニア
11	MUDr. Karol Makovník（M）	KDH			医者
12	Anna Skalošová（F）	VPN		○	小学校長
13	Ján Borovič（M）	SDL		○	中等学校の教員
14	Ing. Ĺudmila Hollá（F）	KDH	○		チーズ製造エンジニア
15	Ing. Otto Zingor（M）	VPN		○	モスターレニ工場エンジニア
16	Ing. Ivan Hvizdák（M）	SDL	○	○	モスターレニ工場経理部長
17	Ing. Anna Buzgová（F）	VPN		○	地方局副局長
18	Helena Fašková（F）	SDL			小学校教員
19	Alojz Kompánek（M）	VPN			モスターレニ工場のマイスター
20	Ing. Anton Jurša（M）	SDL		○	モスターレニ建築デザイナー
21	MUDr. Viola Budovská（F）	VPN			小児科の医者
22	Ing. Jozef Guĺ'ovič（M）	VPN			工業中等学校の教員

23	Ing.Janka Mihalovičová (F)	KDH	○	KDHの政党職員
24	Jaromír Balcár (M)	SDL		アイス・スタジアムの館長
25	Ing. Vladimír Faško (M)	SDL		モスターレニ工場営業部長
26	Ing. Vilma Pacerová (F)	VPN		会社の経理担当？
27	Ing. Ivan Kol'aj (M)	SNS	○	ブレズノ町副町長
28	Ing. Ján Gréner (M)	SNS		モスターレニ文化会館館長
29	Ing. Emil Caban (M)	VPN		国の地方局都市計画担当職員
30	Igor Šugajda (M)	VPN	○	自動車修理の自営兼運転手
31	Jozef Muránsky (M)	VPN		モスターレニ図書館長、翻訳家
32	Jozef Pančík (M)	VPN	○	モスターレニのマイスター
33	Zuzana Daxnerová (F)	VPN		不明
34	Pavel Palacká (M)	SDL		モスターレニ？の労働者
35	Ján Zat'ko (M)	SDL	○	協同組合の運送部門責任者
36	Milan Golian (M)	SNS		土地所有の大きい農民
37	Štefan Kirka (M)	SDL		農民
38	Ján Krnáč (M)	KDH		工場勤務？の兼業農家
39	Jozef T'ažký (M)	KDH		不明
40	Milan Juroš (M)	SDL	○	モスターレニのマイスター
41	MVDr. Elena Mál'usová (F)	SDL		協同組合の獣医
42	Ivan Vlček (M)	SNS		不明

また町長選の結果は表4のとおりであった。候補者5名はすべて男性であった。

表4 ブレズノ町長選挙の候補者とその結果

	党派	年齢	得票数	得票率
当選A	(無所属)	52歳	2594	36.65％
B	(無所属)	32歳	2023	28.58％
C	(VPN)	30歳	1454	20.54％
D	(SNS)	43歳	935	13.21％
E	(無所属)	46歳	72	1.02％

当選した現町長は、旧体制下でもブレズノの町長であった。そしていうまでもなく前共産党員であった。

候補者Bは，VPNの党員であったが，無所属で立候補した。かつての共産党員ではなく，体制の変革直後には，副町長の地位にあった。いまは，国の地方局の環境・建設部門の長の地位にある。

候補者Cは，国営農業協同組合の法律担当者であった。選挙で敗れたのち，短期間だけ副町長の地位にあったが，これは現町長の政治的配慮であったといわれる。しかし制度が変わり，町議から副町長が選ばれるようになったため，SNSの町議が現在の副町長になった。候補者Cは，いま国の労働局（地方局とは別の国の支局）の長である。

候補者BとCはともにVPNの党員であったが，当初はVPNの候補者は1名だった。しかし共和国レベルのVPNの分裂がこの町にも波及した結果，候補者が2名となり，1人は無所属からの立候補となった。

候補者Dは，ブレズノ町の大工場モスターレニのエンジニアであり，候補者Eは前町議会議員で共産党員であった。

町長選の結果を左右した要因としては，年齢，行政の実務経験，キャンペーン中の町民とのつながり，および個人的人気が重要だったようにおもわれる。血縁と金は重要ではなかった。VPNの候補者が敗れた理由の1つは年齢が若かったことだが，全国的にみても首長選ではVPNは苦戦している。全体的には首長にはKDHと旧共産党の当選者が多い。

(7) 近隣協議会

新しい法律によって，自治体のなかに，居住区ごとに近隣協議会をつくることが認められた。ブレズノ町の場合その地区は7つに分かれており，選挙区に対応している。7つの地区はそれぞれ独自の協議会をもつことができるが，地区の合同が行われ，実質的には6つの協議会がつくられることになる。法によれば，いくつかの地区が合同して1つの協議会をもつことが認められている。

しかし，いままでに近隣協議会がつくられた地区は1つもない。1991年の3月と7月の2回，近隣協議会を設立するための話合いの機会が市役所の呼びかけで設けられたが，設立に必要な50％の出席者数に至らず，どの地区でも設立することができなかった。住民の5割どころかどこの地区でも参加者は数名から10数名にすぎなかった。その理由は，住民が議員だけで十分であると考えていたからだとおもわれる。しかし，改革による矛盾の山積からどの地区でも生活上の問題が噴出してきたので，いまから数日後の9月の11日から16日にかけて，再度協議会設立のための住民集会を行う準備を進めている。町役場も今回はいたるところでそのための広報を徹底している。しかし政治不信が蔓延しているので設立にこぎつけられるかどうかはわからない。

近隣協議会の基本的役割は，地元の問題を住民自身で討議し，問題の解決に必要とあれば，

地元出身の町議や協議会の長をとおして町役場にアクセスすることにある。いってみれば，住民と町議あるいは住民と役所のあいだの仲介者としての役割である。とくに新しいシステムでは行政が町役場と国の地方局の2つに分かれたので，住民は困惑しており，正しい情報を住民に与えることが大切だが，そのためには近隣協議会の役割が一層重要になる。また住民がものを言う制度も必要だろう。

近隣協議会の委員は，立候補ではなくその地区出身の町議がリストアップした地元の積極的活動家のなかから，住民総会の参加者による選挙で決定される。また長もその時に選ばれる。公的な財政権や行政権は与えられていない。

なお，7つの地区の名称は以下のとおりである。
① Centrum mesta č.1
② Centrum mesta Sídlisko Juh
③ Centrum mesta Sídlisko Západ（以上① ② ③は町の中心部である）
④ Miestna časť Mazorník（学校がなく，子供は町の中心部に通学）
⑤ Miestna časť Podkorenová（農村部で協同組合中心）
⑥ Miestna časť Rohozná（農村部で個人農山中心）（⑤と⑥は合併の予定）
⑦ Miestna časť Zadne Halny（20年前から合同しているBujakovo地区を含む）

(9月2日：川崎嘉元)

2 スロバキア民族党（SNS）のブレズノ支部リーダーで町会議員の話

今年の2月からブレズノ地域の党のリーダーになった。ブレズノ町に民族党の支部がつくられたのは，1990年であるが，設立前に意見を同じくする人々が集まり，話合いの結果として支部の結成に至った。その後意見を異にする人が党を出たりする一方，新規の加入者もあったので，メンバーの構成は当初と異なってきている。いまは，党員数は基本的には30名前後である。しかし，党への支持者は多い。この地区の前のSNSのリーダーは党を去った。しかし，本人は党に満足していたと思う。

SNSの基本政策は，① スロバキアの独立とりわけ経済的自立，② すべてのことをスロバキア自身の手で決定すること，③ 外資企業は我国の経済の発展には関心がなく，利益の追及だけなので，自立できる輸出企業を自前で育てることである。また，市場経済は，マフィアグループをつくりだし，彼らが金融・財政を自分のものにするのでよくない。つまり，国民や国家のためではない個人の利益追及に陥り，金銭至上の精神を蔓延させる。国際貿易については，ソ連（過去の体制のソ連）との連携が大切であり，ソ連に製品（たとえばクレーン）を売るべきであるのに，いまの政府は何もしない。また，ソ連も西側志向では困る。

前回の町議会議員選挙の時点での党員数は20名であったが，選挙前のミーティングでは50名も集まり，また選挙のキャンペーンにも成功した。マス・メディアの利用も試みたが……。他の政党は党員数は多いが，選挙ではさほど大きな支持を得なかった。町長選にも1人候補者を出したが落選してしまった。その理由は，十分な対抗政策を提出できなかったことにある。

今は，来年の共和国レベルの選挙の準備に入っている。選挙前にこの地域で政策要求を含めた大規模なキャンペーンを行う。すでに1カ月前に，サッカー場で大規模集会を開いた。そこでは，スロバキア分離主義のための文化プログラムが用意され，共和国議会選の候補者があいさつをしたが，若者が多く集まってきた。SNS（スロバキア民族党）としては，20％の得票率を期待している。

マス・メディアは，SNSのことをナショナリストと報道するが，かならずしもそうではない。他の政党との連携もよく，浮き上がってはいない。

SNSのブレズノ町会議員は自分を含めて5名である。町議会の多数派はVPN（暴力に反対する公衆）とKDH（キリスト教民主主義運動）であるが，VPNの2名は連邦主義者なので，ソリが合わない。また，KDHには，お年寄が投票している。ブレズノ町が抱えている問題は大きい。とりわけ重要なのは，教育と，水の浄化装置である。水の浄化装置の導入については，町のすべての政党と政治家が約束したにもかかわらず，町はなにもしないし，またなにもできない。このため市民のあいだに町政にたいする不信が広まっている。たとえば，この地域で近隣協議会（district committee）設立のための住民集会がこの前開かれたが，わずか6名しか参加しなかった。今の市民の関心は食物だけである。

この地域における私企業の発展は勢いづいているが，国営や公営の企業には望みがない。工場の1つは10月には閉鎖されるだろう。モスターレニはこの地域一番の輸出企業なので，生き延びるだろう。私自身はいまでもモスターレニのクレーン製造部門の設計部長の地位にいるが，モスターレニはいま，特別の注文に応じた生産の体制をとっている。

新しい地方自治は，財政のシステムに問題があり，町に金がなく町はなにもできない状態である。来月は，町長の給料さえ払えなくなるだろう。もちろん市民にも金はないので，税金などとれっこない。現在の町長の評価は……（無言）。

国の地方局（local state office）が最近つくられたが，市民はその場所も役割も知らない。市民が働いてお金をかせいでも，払ったお金は国がキープしてしまい，地元には還元されないので，働く意欲も失われてしまう。

共和国議会は，定員120名のうちSNSの議員は17名にすぎないが，今後はKDHとの連携が楽しみである。

(9月3日：川崎嘉元)

(付　記)
(1) このインタビューは4名のスロバキアの社会学者と一緒に行った。インタビューの途中で，調査員がSNSの政策をどうおもうかと逆に質問され，調査員の多くがそれにたいして批判的意見を述べたために，その後激しい論争になってしまった。通訳もそれにまきこまれてしまったため，論争の中身は断片的にしか理解できなかったので，叙述からはずした。
(2) 社会学を専攻しているスロバキアの大学院生（通訳者）のSNSにたいする一般的イメージはつぎのようなものである。「SNSは89年の政変後に設立された。共産党のかくれみの的政党で，ファシストのイメージに近い。スロバキアの独立を主張するが，最近は若い人たちをひきつけつつあるので，すこしイメージチェンジしようと努力している。しかし，政策に中身は何もなく，なんにでも反対し，ただスロバキアの民族的自立を主張するだけである。金のかかった新聞を発行しているし，キャンペーンも大々的なので，ソ連の秘密警察とつながりがあるのではないかと噂されている。」

3　ブレズノ町議会直属の監査官の話

　私のポジションは，新しい地方自治法によってつくられた。仕事は町の政治と行政が法に従ってとり行われているかどうかをチェックすることである。議会からも町長からも独立した機関である。ブレズノではいまのところわたし1名だけであり，昨年の9月に任命された。フルタイムの仕事だが，給料は高くない。それ以前はモスターレニ工場の経理技師であった。行政機関のほか工場の活動などの規則にも関与するほか，市民からの訴えがあれば，調査，勧告もしなければならない仕事なので，将来的には人数が増えるだろう。

(1) **町と市民との関係**

　1カ月か2カ月に一度町議と町民の懇談の会がひらかれる。また毎日15名から20名の市民が町長のところにくる。市民の要求は，金銭の支給，建物にかんする苦情と要求などが多い。ジプシーは家もなく，仕事もなく，金もない。町長のところにしばしばやって来る。仕事をくれという要求が多い。

(2) **町　議　会**

　町議会選挙の時には，VPN，KDH連合とコミュニストが2大勢力であったが，その後にVPNがVPNとHZDS（スロバキア民主運動）に分れ，HZDSが独立のクラブをつくっているので，いまは事実上3つの勢力に分かれている。分裂の直接の原因は，VPN所属の共和国首

相が解任されたことによるが，いまはVPNを離れた前首相メチアルの人気がこの地域では高く，彼を支持する議員がHZDSをつくった。HZDSはセパレーティストではないが，スロバキアのナショナル・プログラムを重視する傾向が強い。前首相もことあるごとに，反チェコ的発言をしていた。それが彼の人気を支えていた。これにたいして，VPNは連邦志向の強い改革派の集まりである。連邦議会では，チェコの民主フォーラムとスロバキアのVPN，KDHが連携して与党の立場にある。

(3) 市民生活

ブレズノの町部では，近隣の関係は，子供のあそび仲間以外にはみられない。村部では，たとえばお葬式には200名から300名が集まる。知り合いは皆集まる。村には金はないが，連帯感は残っている。貧しい人にお金を援助したり，家の修理のときなど自動車を貸してあげたりする。

病院はこの地域には1つしかないが，各工場に診療所がおかれている。病院は共和国の保健省の管轄になる。
　　　　　　　　　　　　　　　　　　　　　　　　　（9月4日：川崎嘉元）

4　ブレズノ町長の話

現在の町議会での重要な議論は予算についてであり，今年の終りまで予算について激しい議論が続けられるであろう。

環境問題では，水の汚染がひどくなっている。水をきれいにする機械がなく，とくに家庭排水の汚水処理施設がないので困っている。

また各家庭が支払うエネルギーの代金が高くなっていて，将来大きな問題になるだろう。

かつては，建物も住宅も国がつくり，国によって所有され，家賃も安かった。いまは，町がつくることになっているが，町には金がない。エネルギー料金だけでなく家賃も高くなってきており，50%の人が家賃を払えなくなっている。

観光開発については，冬と夏の両シーズンとも快適な観光地としての条件があり，アコモデーションも整備されているが，客が来ない。環境破壊，とくに製鉄工場の煤煙が問題である。汚染者支払の原則はまだない。

公共交通については，近い将来新しいバスステーションをつくり，他の都市との連絡網を改善する必要がある。

周辺の村々の首長とは懇談会を開いて意志の疎通をはかっている。またスロバキア市町村協会にも加入している。そのメンバーは自治体の首長である。またその役割は自治体と国のあいだの仲介である。
　　　　　　　　　　　　　　　　　　　　　　　　　（9月4日：川崎嘉元）

5 国の地方局（ブレズノ地域管轄）女性副局長兼財政部長の話

　地方局は1991年1月からスタートした。その仕事の多くはかつて人民委員会（ナーロドニー・ビボール）に属していたものが移管された。地方局は共和国の内務省の管轄下にある国の機関である。地方局の設立と多くの業務のそこへの移管については，ブレズノ町長は強く反対していた。

(1) 仕事と職員

　ここの地方局は，ブレズノ町だけでなく周辺の村27を含む合計28の町村にまたがる広域（郡に相当）の行政機関である。28の町村のうち17の町村の首長がかつての共産党員である。

　行政組織は，財政部，広域行政，社会保障，環境と建設などに分かれる。社会保障関係の仕事はおもに手当の支給であり，ブレズノ町にあるオフィスが担当する。ブレズノ管轄域を越えるさらに広域にまたがる福祉業務もあるが，それはこの県の中心都市であるバンスカー・ビストリッツア市の機関が司どる。ブレズノ地域の広域行政としては，私企業の育成と管理，情報のシステム，地方交通，市場とツーリズムなどが重要な課題である。

　職員数はブレズノ町の事務所勤務者だけで60名であり，そのうち行政職員は47名である。看護婦，運転手，清掃員を含むと105名になる。なお，他の村のなかにも，支局員として職員がおかれている。職員の約半数はかつての人民委員会から移り，残りの半数は新しく採用された。人民委員会から移ってきた人の多くは，過去の体制のもとで秘密警察のメンバーであり，秘密警察から金をもらっていたと推察される。

(2) 地方局長の選出

　地方局の長は国から給与をもらい，内務省の大臣に任命されるにもかかわらず，その選任は，当該地域の全町村長の選挙にゆだねられる。ブレズノ地域の地方局長の選挙は今年の1月に行われた。候補者は，現局長と現副局長（インタビューの本人）とKDHに支持されたもう1名の3名であった。副局長の本人は，VPNの支持を受けたが，自分の意志というより他から祭り上げられたというのが本当のところである。投票の結果は，現局長17票，本人9票，もう1名は2票であった。現局長は非政党員であるが，共産党に関係する首長の強い支持を受けた。17票はかつての共産党員首長の票である。ブレズノ町長も彼を支持した。しかし地方局の仕事がスタートした今年の4月に彼は病気で倒れたので，副局長の私が事実上局長の仕事を代行している。

　28の町村のうち17名のかつて共産党員であった首長はマフィアと呼ばれるグループを作って，裏で連絡をとりあっているようだ。そのリーダーが誰であるかは，答えたくないし，誰に

も語れない。でも誰もが知っている。彼らは，共和国レヴェルのモンスター達とも連携しているようだ。局長の代行をしている私のことを，かつて秘密警察であった職員も，またマフィアのメンバーも監視している。用もないのに旧共産党員町長や職員が私の部屋に顔をだす。私は法に従って仕事をしているが，時々邪魔される。しかしこのところ，ブレズノ町長も私のことを尊敬しはじめたようだ。町長といえども地方局の仕事には簡単に口を出せない。

　局長代行としての私のいまの課題は，どのようにして正しい情報を手にいれるかである。マフィアの監視網のなか，私への電話でさえかならず秘書室をとおしてつながる状況では正しい情報の取得は難しい。バンスカー・ビストリッツァや他の機関で友人が働いているので，他のルートから正しい情報を得ている。

(3) 町議会と政治の動向

　私は，経済と技術の専門資格をもっており，旧体制下でも共産党員ではなくても一生懸命に働いてそれなりの地位を得てきた。ただし，14～15年前に一度研究の仕事を止めさせられて，労働者にさせられたことがある。

　私は，いまブレズノ町の町会議員であり，常任委員会のメンバーでもある。13名の常任委員のうち，VPNの4名だけが町長に反対する立場にある。KDHは右から左まで立場をふらふら変える。町の行政機構が町長の権力基盤になっている。

　ビロード革命後の一番大きな変化は新しい政党ができたことだろう。しかしいまでは，市民は保守的になりつつある。コミュニストはいまなお強く勢力を残存している。KDHは村部で支持されているが，宗教的オリエンテーションが強く，政治的役割ははっきりしない。しかし支持は安定している。VPNは革命直後には人気があったが，その後分裂したこともあって，次第に勢力を弱めている。SNSはここではそれほど強くない。TTT（Trend for the Third Thousand years）と呼ばれるエコロジーの政党があるが，右翼的である。とはいってもSNSほどではない。

　町議会内部については，町会議員はどちらかというと政党本意ではなく，個人の立場で行動する。したがって町長の支持派でもときには町長に反対することもあるし，私個人も問題によっては，若いコミュニストと連携することもある。KDHの議員は町長にもVPNにも反対するが，日和見である。KDHのリーダーは私のことをいつも抑えつけようとする。町議会のなかに，新しい動きがある。それは分裂したVPNの一部と非政党化しつつある議員のあいだで独立のクラブのようなものをつくろうとする動きである。

　町会議員の8名はブレズノ町の大企業モスターレニ社の社員だが，居住地もちがうので，連携の動きはみられない。しかし，一般的に旧い人たちは保守的で，若い人たちは改革志向的にみえる。

(4) 地域社会での人々の生活

　共産主義のもとでは，町のなかではとなりに誰が住んでいるかもわからなかった。とくに国のアパートメントや，協同組合のアパートに住む住民のあいだでは，近隣関係はなかった。それでも，後者の住民の場合には，ときどき住民自身がお金をだしあって共有財産の修理を行うようなことはあったが，国のアパートのばあいには，安いコストで建設されたボロアパートだったにもかかわらず，修理もされないままに放置されていた。そのうえ，人々が集まれる共同の施設もなかった。

　村では少し事情がちがっていた。家族，親族，隣人のあいだで話合いの機会もあった。しかし話の中心は，住民の共有財産にかんする事柄ではなかったか。その根っこには土地の共有化後も強く残っていた私有意識がある。農民はあの土地は自分のものだったという気持ちを強く残している。だから，財産意識が人々の話題のきづなではなかったろうか。もちろん郷土愛も関係していたかも知れないが。しかし，工業化政策によって，農業が衰退し多くの村人が町にでるようになり，そのようなつながりも稀薄になり，環境も破壊されてしまった。ホルナ・レホタ（Horná Lehota）という伝統的に歴史的資産が多く，教養の高い住民が多く住んでいた村も，いまでは人口わずか300人しか残っていない。

　住民のあいだに人間関係がなくなっても，コミュニスト・ファミリーだけは別であり，彼らは町と村をとおして独自のきづなを維持していた。それは，幅広く強い政治的連帯であった。裏を返せば，少しでも異端の意見をもつ人間はそこから排除された。そして外国に移住する人間がいれば，その家族も排除された。革命後は，コミュニストの連帯は弱まった。そしていまは，外国に移住した人間に頼ろうとしている。これは，奇妙なコミュニズムではなかろうか。それでも，外見は分離したようにみえても，隠れて連帯を維持しているグループもある。50年のあいだに人々は個性と道徳を失った。

　旧体制のもとで，ブレズノ町域には，28の近隣協議会があった。私自身興味も関心もなかったので，その基本的機能も役割も知らない。たぶん政治的役割しかもたなかったのではないか。住民の自発的な協議会ではなかったし，住民にとっては要求のチャネルにもなっていなかったようだ。役員の選挙も共産党が準備した候補者が自動的に選出されたのだろう。ふつうの人間は関心ももっておらず，会合があっても参加しなかったとおもわれる。

　私の個人的体験では，若かりし頃は，教会の神父や学校の先生と話をしたことが記憶に残っている。しかし共産主義によって宗教が禁止され，学校の先生も党に気兼ねするようになり，個人的な話をすることができなくなった。そのうえ，みんなが自分のことしか考えないようになり，家で子供と話す時以外は誰とも親しくしないようになった。路上で立話をすることさえまわりを気にしなければならなかった。

　ビロード革命の後も人間関係にはほとんど変化はみられない。宗教が公けに許されるように

なったので,人のつながりの回復に役立っているかもしれない。とくにカトリックは社会的に良い立場にある。若い人たちに宗教意識が残っているのにびっくりしている。

(9月5日:川崎嘉元)

6 地方局(ブレズノ地域管轄)社会福祉部長の話

地方局の社会福祉業務は,基本的に,老人,家族,労働できない人,およびホームレス・前科者の4つのカテゴリーに分かれる。

(1) 老 人

老人福祉の主たる業務は年金の支給である。年金の受領資格年齢は,男性60歳,子供のいない女性55歳,子供のいる女性54歳である。この地区の受領資格者は現在655名である。1人あたりの平均受給額は1,720コルナ,夫婦2人の平均受給額は2,620コルナである。今年度の予算総額は,17,548,660コルナになる。

もちろん,1人あたりの受領額は退職前の所得によって異なる。しかし,現状では年金の受領額があまりにも低いので,近い将来変わるであろう。

(2) 家 族

正確にはこのカテゴリーは,家族および人口とよばれる。受給対象者は,まず親のいない子供と親が面倒をみない子供である。前者に該当する子供の数は165名である。教育費と食費の補助がその中心である。補助額は,国の生活最低基準に従っている。国の基準では,国民の最低生活費は,5歳以下の子供850コルナ,6～15歳の子供950コルナ,16～19歳は1,200コルナ,20歳以上の成人1,150コルナである。したがって,年金の受給額が1,150コルナに満たない老人にはその差額が補助される。第二の受給対象者は,子供ではなく,妊婦,学生,失業者,離婚者などへの食費や教育費の補助であり,さらに貧しい世帯の家計補助として大人1人につき400コルナの補助がある。アルコール中毒などで働けなくなった人は,別のカテゴリーであり,Productive feeと呼ばれる補助金が支給されるが,その対象者は少ない。なお,国の生活最低基準についてはいま値上げすることを連邦政府が考慮中である。

(3) 労働できなくなった人

この受給対象者は,事故などによって労働ができなくなった人々である。4月から6月までの人数は248名にのぼる。彼らにたいしては,交通費の補助やガス等の公共料金が支給される。受領にはIDカードが必要である。

(4) ホームレスや前科者

　このカテゴリーの人々は，Unsociable peopleとして一括されている。刑務所からでてきた人々で受給対象者になっている人は21名である。彼らには，毎週200コルナが支払われるが，ほとんど飲み代に消えていく。ホームレスはおもにプラハやブラチスラバなどの大都市での問題であるが，ここでも数は少ないが存在する。近い将来にこの人達の住宅が必要になる。ジプシーは家があってもなくても，事実上この問題の対象外である。

(5) 受給者の急増

　給付対象者の数は，体制の変化後，カテゴリーによっては急増している。第一のカテゴリーである老人の受給者は，ここ8カ月のあいだに10％増加した。第二のカテゴリーに該当する子供の数は，8月の1カ月だけで，22.5％増加した。第二のカテゴリー全体では，今年の1月から8月のあいだに216％増加している。第三のカテゴリーの労働のできなくなった人の数はほとんど変わらない。第四のUnsociable peopleに該当する受給者の数は8月の1カ月だけで，290％増えた。このように受給資格者の急増のために，国は毎月予算を組み替えなければならない。そうしなければ支払えない。予算編成会議のために毎月担当者がバンスカー・ビストリッツアに出張する。

　なお，このインタビューに協力してくれた社会福祉部長は5カ月まえに採用された。彼の見解では，革命後の基本的変化は，人民委員会という形式的な地方機関に所属していた事務が国の機関に移されたことだけで，予算額等をも含めて中身はあまり変わっていないとのこと。ただし国の支局の仕事を全体としてみると，労働局による失業手当の新設が目新しい出来事になる。

（9月5日：川崎嘉元）

7　ブレズノ労働局（労働・社会福祉省）長の話

　インタビューに応じてくれた労働局長は，法律の専門家で，競争公募によって，3カ月まえにいまの仕事に採用された。採用の決定は共和国の労働省の一部局によってなされた。彼はブレズノ町のVPNのリーダーであり，党の議長の地位にある。また，ブレズノ町の町会議員であり，常任委員会のメンバーの1人でもある。彼の意見によれば，労働局にはVPNのメンバーが多く雇用されており，局全体に改革の雰囲気がみなぎり，職員はアクティブであるが，ブレズノ町役場のなかは旧態然だそうである。

　失業にかんする法律は昨年につくられたが，失業手当の支給が開始されたのは今年の7月からであった。しかし失業者はそれ以前から急増していた。

(1) 失業者

現在の失業者数は管轄地域全体で，約3,800名であり，毎週200人ずつ増加している。失業者のうち失業手当受給のために登録されている人数は，今年のはじめから8月末までで2,189名だが，8月中に登録からはずれた者が115名いるので，8月末で正確には2,074名である。失業手当を受けられる者は，過去3年のあいだに合計で1年間以上就業していることが条件になる。失業手当は，失業前のネットインカムの65%が最初の半年間に支払われ，つぎの半年間は60%になる。ただし，最低保障があり，7月までは1,200コルナだったが，8月から1,580コルナになった。また失業者の家族員については，失業手当が家族1人あたりの最低生活基準に満たないときには，社会保障手当が加わる。

登録失業者は，7月の末には1,542名だったが，8月だけで647名にのぼった。登録失業者の内訳をみると，女性は1,081名で全体の52.1%を占める。登録失業者のうち労働者は1,247名であり，全体の約6割を占める。ジプシーは272名で全体の約13%である。ジプシーのばあい以前に働いていないので，失業者扱いにならないケースが多い。ジプシーの既婚女性は平均6名の子供をかかえている。登録失業者のうち学校卒業者（大学卒およびギムナジウム以上の卒業生）は553名で，全体の26.67%を占める。最近の傾向として，失業者は学歴の低い単純労働者から，4年間の中等学校を卒業した一定の技能をもった労働者にまで広がりつつある。

(2) 再雇用

失業者にたいして系統的に雇用先を紹介，推薦する体制はまだできていない。いまは，失業者を資格と技能別に区分することをはじめたところである。私企業のオーナーが事務所に人材を求めにくることもあるが，失業者は長時間労働を好まず拒否してしまうので困っている。国営企業は，求人数を事務所に届け出ることを義務づけられている。国が町や地方の労働局に予算をつけて，利益を生まない公営事業に現業労働者を雇用する努力を行っているが，金額も十分でなく，焼け石に水である。

(3) 職業再訓練

1991年1月から「資格再取得コース」と呼ばれる職業再訓練のシステムがつくられた。国からの補助金によって，75%の所得保障を受けて，1年のあいだ再訓練コースを受けることができる。2年目からは，失業者と同様の取扱いになり，はじめの半年が65%，つぎの半年が60%の所得保障となる。いまは，参加者は少なく，将来にむけての計画的段階にとどまっている。

企業内においても，企業が雇用者の配置替えのために，いま働いている労働者に新しい職業訓練の場を用意するときには，国から補助金がでる。

なお，1991年の2月から，私企業主の育成のために，労働者が私企業主になるための訓練を

受けるときには，1年のあいだ100％の所得保障がなされる法制度がスタートした。
　（以下の記録は，ブレズノ町内を歩きながらのインタビューによる。）
　ブレズノ町の中心部にある広場の周りは一等地であり，建物はコミュニストによって専有されていた。しかし，法によって，1948年以前の所有者に返還されることになって，コミュニストは外に出て，すでに一部で私有化がはじまった。以前の所有者にはユダヤ人も含まれるが，彼等を含めてかつての所有者は簡単には戻ってはこない。そのため，広場の周りの一部はジプシーに不法占拠され，かつての一等地はスラム化しつつある。夜には人影も少ない。
　いまの地方局が使用している建物は，まえは保育所であった。1961年にこの地区の広域行政はバンスカー・ビストリッツアに移されたが，それ以降保育所として使われた。今年から，広域行政の一部と人民委員会の機能が地方局に統合されたが，国がこの施設をもとの所有者から購入してそのための事務所にした。国の方針では，地方局の職員各自にコンピュータを与える予定になっている。
（9月5日：川崎嘉元）

8　ブレズノ町役場職員（建築技術者）の話

　今年の2月からブレズノ町職員として働きはじめた。
　町は町営の住宅を建築する計画をもっているが，インフラストラクチュアを整備するたの資金がないので，計画は宙ぶらりんの状態にある。個人所有の住宅を建てるために，300名の市民が町にたいして土地の購入の申請をしているが，法的手続が不明瞭かつ複雑なので，まだ許可がおりていない。
　私自身は改革に積極的なのだが，町長は新しいことや新しい技術がわかりたくないし，若い技術者の意見に影響されたくないようにみえる。町長とはなんとなくうまくいかない。協調的な関係になっていない。
　昨年の10月に建築デザイナーの会合がブレズノでひらかれ，ブレズノの問題が討論された。その時にブレズノが早急に解決すべき課題として，交通体系と新しいシティセンターの建設が提起され，セミナーは計画図案まで用意した。それを町長にみせたところ関心を示さず，ほとんど無視された。
　コミュニストは町の中心部の広場を解体して，新しいビルディングをつくる計画を別に用意していたが，どうもキャンセルされたようだ。
　私はここで約6カ月間働いてきたが，いままで何をしたらいいかわからなかった。いまようやく，何かを変える必要があることがわかってきた。何を変えたらいいのかは，これから考えるつもりだ。
（9月5日：川崎嘉元）

（Ⅱ） 産　　業

1　労働局での話

　私的小企業は1991年4月から始まった。
　ブレズノ町では私的小企業は主として小売業の分野で進む。電子製品，食品，自動車修理，貿易，レストラン・パブ，ディスコなど。クリーニング店は町全体で1軒のみで，ほかに美容院や理容院があるが，概してサービス業が少ない。小売業のほうが短期で大きな利益を期待できるが，サービス業には投資が必要。外国語学校などへの関心は低い。この地域では外国人と接する機会が少ないから。
　小企業を開業するには国家機関の県事務所で許可を得なければならない。県事務所は衛生，建物，道路事情，技能資格を考慮し，それが町にとって必要かどうかの判断（この判断は町議会の常任委員会が行なう）を踏まえて許可を出す。その際，資本金の大小は問わない。ただし銀行に開業資金の10％を持っていることが必要である。その資金の出所はチェックされない。実際にはだいたい家族で資金をためて開業している。
　小企業家の前職は，工業関係では大企業の工場労働者だった者が，そこからはじき出されて開業したケース（たとえば機械工場で働いていた者が金属加工業を始めるとか，繊維工場で働いていた者がレース編みの自営業を始めるなど）が多いが，小売業には誰でも参入し，義務教育しか終えていない者でも容易に開業している。
　1990年にモスターレニ社が旧コメコン市場を失って輸出が振るわず，人員整理を行なった。離職者の一部は私企業を始めた。他の一部はドイツ，オーストリア，スイス，イタリアなど外国へ出稼ぎに行なった。技能のある労働者が外国に出て，技能が低い者が地元に滞留する形になっている。もっとも学歴や技能が高い者でも外国に行くと不熟練職種で働いている。
　小企業の発展は住民の需要への対応，納税などで地域にとって意義があるが，小企業家は地域にとって何が必要かということに関心がない。ブレズノ町には小企業家の団体はない。バンスカー・ビストリッツアには商工会議所があるが，ブレズノにはない。ブラチスラバには私企業の中央団体がある。
　ブレズノ郡はブレズノ町と周辺27カ村から成り立っている。その人口は全部で7～9万人。小企業は2,000。そのうち3分の1は専業だが，あとの3分の2は副業的経営。最大の私企業は小売業で従業員25人の企業，製造業で従業員40人の機械工場（パーツの製造・輸出）。売上が小さいところで競争がある。かつては国有企業が蓋えない分野に小企業の発展の余地があっ

たが，いまでは小企業間，小企業対国有企業，小企業対協同組合の競争関係が形成され，小企業は開業後存続するのが難しい。また，顧客の支払能力も低下している。たとえば建築物修理業は，顧客たる国営建設企業から支払いを受けられず，従業員に給料を払えないでいる。

チェコ・スロバキア全体で私企業は30万を数える。

(9月3日：石川晃弘)

2　私企業（レストラン経営）での話

業主は48歳の既婚女性，小卒。ブレズノ町出身。前職はレストランの主任（vedúci）。

1991年6月に開業。自己資金と金融機関からの融資とで資本を準備し，競売に出ていた物件を入手して開業した。いまのところ，夏のいいシーズンだったので事業は快調，利益も上がっている。売上は月30万コルナに上る。ただし家賃が高い。レストランの広さは約100㎡で32席あり，家主は年10万コルナを要求している。法律の規定では1㎡当り年190コルナとなっているが，これにくらべてここの家賃はかなり高い。家主はこのレストランのほかに食品店も持っている。もし彼女自身がそのオーナーだったとしたら，彼女の手には月50万コルナは残るはずという。これから家賃をいくら上げられるかが不安の種である。

レストランの労働力は彼女の母と娘だけだから，労賃コストはかからない。家計はもっぱらレストランからの収入によっている。将来労働力を増やそうと思うが，いまはまだ具体的な考えはない。もしこの事業に失敗したらまたもとの仕事に戻るつもりだ。

娘は2人いて，そのうち1人がレストランを手伝っているが，もう1人はこの仕事に無関心。母は25年間レストランを個人経営してきた。現業主の彼女はその手伝いをしていた。夫はモスターレニ社で職長（mistr）をしているが，あと1カ月で退職する予定。レストランの方はまだ小規模で人手は母と娘で十分だから，夫はレストランを手伝うかどうかはまだ決めていない。息子はズヴォレンとバンスカー・ビストリッツァの間にある村のホテル（250室）を年1万コルナ払って借りて，従業員40〜50人を抱えてその個人経営を行なっている。夫の父は個人商店主である。

町役場はわれわれを支援するというよりもむしろ，われわれの事業を阻害している。重税がそれである。税は利益に対してではなく売上に対してかけられている。われわれは納税によってだけでなく，営業を通して（販売者および購入者として）町と住民に貢献している。町当局は資産があってもビジネスに手を出すべきでない。国家行政の地方機関は私企業のためによくやっている。

来週近隣協議会の集会があるが，考える暇もなければ関心もない。

(9月3日：石川晃弘)

3　農業協同組合での話

　耕地面積は6,500haで，そのうち800haは他の3つの村に属している。400人の農業従事者は，おもに牧畜に従事し，乳牛，豚，鶏を飼っている。生産額の50％は非農業部門の生産（マトン加工など）である。設立は1956年で，1978年に改組された。

　昨年の売上は3,000万コルナ。そのうち24％は健康保険，15％は税金に支出されている。

　メンバーの12％がTHP（事務職か技術職）である。

　私有化は，現在協同組合が所有している土地をかつての所有者の家族が取り戻そうとしている。現在ブラチスラバに住んでいる人も権利を主張し，土地の替わりに金で払えと要求している。組合の活動メンバーは，私有化を望んでいない。

　将来の見通しは厳しい。私企業との混合になるだろう。また今後は牛肉に特化してゆくことになるだろう。

（9月3日：渥美　剛）

4　ESPE「ピエソク（Piesok）」での話

　ブレズノから約8キロ西にある機械メーカー。鉄板の切断機・ベンディングロール機・型どり機のための機械と，建物内温水供給装置を製造。

　1789年に国有工場として設立され，その後今日まで国有のまま。当初は鉄線や鉄製家具を作っていたが，1963年から金属成型を始める。

　1990年の実績では60％が輸出。主な輸出先はポーランドと東独だった。ほかにイラク，エジプト，イラン，サウジアラビア，シリア，アルジェリア，ベネズエラ，スイス，オーストリアなど。1991年3月には南アを訪問し商談。輸出は機械輸出公団（在プラハ）を通じて行なっている。

　コメコン市場の解体が売上に響いている。原料輸入も外貨事情からたいへん。

　1991年2月アメリカの会社と協力し，品質・安全保証の点で西側の標準的水準にあわせるべくコンサルタントを受け，設備装置の改善をしている。

　当社の全支出に対する研究開発費の比率は5％。ちなみに外国では7～15％という。

(1)　雇用と就労

　従業員の3分の1が職員（THP），3分の2が労働者。約1,000人が新製品開発に従事し，彼らはサテライト企業のためにも働いている。

　あちこちの村に4つのサテライト工場を持ち，それらを含めて従業員は3,500人，当工場だ

けだと1,800人を数えていたが、これらのサテライト工場は1990年に分離独立し（国有のまま）独立企業形態をとり、それにともない当工場もサテライト工場なしの独立企業となった。

当工場には1989年当時1,750人の従業員がいたが1991年9月現在では1,500人となり、250人減った。そのうちの100〜150人はポーランド人とウクライナ人だった。これからの雇用削減の対象となるのは、①事務職、②時間を守らない人や技能の低い人やよく働かない人、となろう。

コメコン解体後の売上不振から雇用減となり、従業員は現在、1989年にくらべて28％減となった。その内訳は保育園廃止に向けてその関連職務からの43％減、職員（THP）33％減、労働者17％減。1991年末の従業員は1,300人となる。したがってここ2年間で500人減という計算になる。

雇用削減の第一歩は①サテライト企業の事務系職員の削減、②定年後も働いている人の退職、第二歩は①定年2年前の人が退職できるようにする、②働き振りの悪い人や業績の低い人を解雇する、という措置をとる。1991年末までに100人解雇の予定。

退職金にかんしては通常、給料2カ月分の額が支払われることとなっているが、当社ではこれにもう3カ月分上乗せして5カ月分を与えている。

最近は業績不振のため、2週間前から土日のほかに金曜も休日にした。

当社はこの地方最古の訓練校を持ち、その修了者はこの地方一帯に散らばっている。この訓練校は経済省の傘下にあり、年に70〜100人の修了者を出している。

(2) 福利厚生

社宅として3つの建物を有している。そのうちの1つはブレズノ町内にあり、150室を備えている。家賃は無料。

工場内に食堂があり、昼食と夕食をとれる。従業員の70％が利用。材料費分だけ利用者負担で、光熱費分や人件費分は会社負担。

保育園もあり、他社の従業員もここを使える。ただし昨今の会社の業績不振と私有化対策で保育園は廃止の方向にある。

保養所が山にあり、72のベットが備わっている。他社の保養所と交換利用をも行なっている。ただし昨今は利用者が減り、がらがらの状態。

従業員の90％はバスまたは自動車通勤。大部分はバス通勤。交通費の50％は会社が支給。70キロの遠方から通勤している者もいるが、70％の従業員は10〜15キロ圏内の通勤者。従業員の約半分はブレズノ町に住む。なお、ブレズノ町の住民（経済活動人口）の60％はブレズノ町外で働いている。

(3) 経営と労使関係

現企業長はもと会計部長だった。1989年9月に企業長に選出。各部門の代表者（過半数は共産党員でなければならなかった）によって選挙。2人の候補者があり，選挙の結果彼が当選。同年11月の政変の後，彼は一旦VPNによって職を解かれる。そのあと，企業長のポストに3人の候補者が出る。候補者は会社の将来展望と方針について語らされる。それを8人の諮問委員会で審査（4人が経済省から，残りの4人は社内から。社内の4人のうち2人はVPN，1人は組合代表，1人は監査役会から）。そこで現企業長が再選。

監査役会が企業の重要意思決定機関で，組合委員長はこれにオブザーバーとして参加できる。

従業員の97～99％は組合員。

給料総額の2％にあたる金額を経営は社会文化フォンドとして備え，組合がそれを使って福利厚生・文化活動を行なう。文化会館の運営，給食，保養・旅行，スポーツなどにそれが使われる。

現在雇用削減が行なわれているが，これにかんして経営側が雇用削減対象者リストを作り，それを組合幹部に提示して組合側の意向を問う。組合側からは反対の意見が表示され，目下労使交渉中。具体的な交渉内容は，①夫婦でここで働いている場合，どちらか1人に退職してもらう，②定年間際の人に定年前退職をしてもらう，などで，妥協点を煮詰めている。

労使関係は概して悪くない。

(4) 企業と地域

当工場と町との関係は深い。

ブレズノ郡（1町27村）の住民の所得の98％は工業からで，当工場の持つ意義も大きい。したがって工業の不振は住民生活にもろに響く。

当工場は保育園や保養所やスポーツ施設を地域の他社の従業員にも開放してきたばかりでなく，ビル暖房，コンピューターサービス，病院建設でも町に貢献してきたが，今は業績が悪化しているので，町への援助も低下している。

当工場は公害を出していない。

企業長は人民委員会のメンバーだった。

(5) 私有化と今後の方針

1992年1月からの私有化第一歩に向けて目下そのためのプログラムを策定中。株の構成は以下の通り。従業員10％，クーポン36％，国3％，外資（米）51％。

清掃業務，給食業務など，いくつか周辺業務はすでに分離し私有化。その分，当社本体の従

業員数は減った勘定になる。

今後の方針として，①今までの事業を継続し，それを基本としながら多様化を図る，②品質・安全保証の水準を西側並に持っていく，③外国の同業他社にくらべて従業員数が多いのでこれを削減していく。

(9月4日：石川晃弘)

5 国営機械工場「モスターレニ・ブレズノ (Mostáreň Brezno)」での話

1949年設立。架橋, 電力装置などの施設建設を行なう。

1955年からさらに多様な事業を行なう。

現在，建設用パネル製造，発電所からの送熱システム，セメントや化学物質の輸送システムなどの設置を行なう。エコロジー対策事業にも着手。

1990年8月時点の従業員数3,800人，うち女子800人。年に10％ほど動き，定着率は高くない。

1989年11月に労使間で対立が生まれたが，これまでストなど深刻な労使紛争はない。労使協定ができている。監査役会に組合委員長がオブザーバーとして参加している。

ここはスロバキア共和国の国有工場で，企業長 (Generálny riaditel') は省によって指名され任命される。企業長の下に経営委員会（マネジメント・ボード）が置かれ，これを構成するのは人事，技術，営業，経理，投資，生産，品質管理の各部長である。このほかに監査役会があり，ここで企業の業績を監査するとともに，将来計画も策定する。これを構成するのは各部門の従業員代表計5人と経済省から任命される外部者4人（経済省，銀行，貿易公団，研究開発機関から）である。私有化後にはこの仕組は変化する。

調査時点では私有化の計画策定過程にあり，1991年末までにその計画を仕上げる。それから実際に私有化への第一歩を踏み出す。政府の私有化プログラム（法律化された）にそって動く。すなわち1992年1月1日から私有化第一歩，7月1日から第二歩に入る。当社の場合，まず第一歩として企業を2つの株式会社に分割し，第二歩としてそれぞれをさらにいくつかに分社化する。私有化にあたって外資を期待しているが，所有の45％は市民のクーポンに期待している。

私有化後の労使関係は組合がどんな哲学を持つかによるが，労使は分極化していくと予想される。

社内には，モスターレニという名称の民族舞踊団がある。また，会社は町の中に文化会館を持ち，その内部には劇場や映画館があり，一般市民もそこを利用できる。さらにこの会社は町の中の諸文化活動に財政援助を与え，1990年にはそのために120万コルナを出した。この金額

は私有化後には減らされる見通しである。1991年にはすでに文化会館の中に自主独立組織を作り，それが独立企業として文化活動を行なうこととなり，会社自体はそこに50万コルナの補助をしただけである。

(9月4日：石川晃弘)

6 鉄鋼メーカー「シュベルモベー・ジェレジアルネ (Švermové Železiarne)」での話

1840年設立。当初から国営で，鉄道用レールを製造。ブレズノの西約6キロにある。本社もここ。

それ以前からも小規模に鉄が作られていて，半農半鉱の職人・労働者が地域に形成されていた。今も従業員の多くは半農半工である。

1968年に新工場ができ，そこで冷延で鋼管の製造を始める。

スロバキア国家の時代にドイツのコンツェルン (KONZERN HERMANN GÖRING WERKE) がここを安く買ったことがあるが，その時期を除くとここは一貫して国有であった。大戦中ここは空襲で破壊され，そのうえ機械装置の一部をドイツやチェコに持っていかれてしまったが，戦後急速に復活し，モスターレニもここが作った。

この企業の最盛期は1985～86年。当時は年に2回ソ連に行けば事が足りた。ソ連からは国家が媒介となってガスと石油が来た。ソ連が解体して今は共和国ごと，企業ごとに交渉しなければならない。そのうえ新しいセンターがたくさんできて，しかもそれらが対立しあっていて，A社からB社へ行くのにもいちいち異なるセンターへ行かなければならない。

1991年になってからはソ連市場が崩壊し，新しい道が求められている。

目下株式会社への脱皮を準備中で，私有化プロブレムの第二歩へ向かっている。今，米独合弁のコンサルタント会社と協力して私有化を準備している。1992年には私有となる。ただし1991年9月現在，株式のありかたの具体案はまだない。

(1) 雇　用

ここはバンスカー・ビストリッツア県の中で最大の鉄鋼工場で，50キロが通勤圏で，従業員は46ヵ村から通勤している。

1991年1月初めに5,565人いた従業員は8月末には4,885人，9月初めには4,850人になった。約700人減である。1月初めの従業員のうち1,050人が職員，ほかは労働者，9月初めには830人が職員，ほかは労働者である。

削減された従業員の90％は定年後も勤続していた人や定年2年前の人（58歳以上）で，定年前退職の人は私企業に個人業主として流れた。残りの10％は働きの悪い人たちで解雇の対象と

なった。

　雇用削減の原因はソ連市場が駄目になって仕事がなくなったことにある。1990年の生産高は79,000トンでそのうち38,000トンがソ連へ輸出されたが，1991年は8月末までにソ連へ輸出されたのはわずか9,000トンにすぎない。ソ連とは契約があったのに，ソ連側は支払いをしてくれない。ソ連は1990年に全世界から合計100,000トンの鋼管を輸入したがそのうち45,000トンは当社が輸出したものである。1990年の当社の輸出実績は対ソ連45,000トン｛注：さきの38,000トンという数字と合わない？｝，対ソ連以外の外国3,000トンであった。ソ連市場を確保すべく営業部長が月に1～2回ソ連へ出向いて交渉し，そのほかに社員を2～3人ソ連に駐在させて営業活動をしているが，事実上ソ連市場は解体してしまっている。ソ連は今外貨がないのでソ連との交易はバーターを工夫している。他方，西側への輸出も目指しているが，まだ経験がないのでたいへんである。なお装置の90％は西ドイツから入れた。

　当社の従業員の中には女子が多く，36％を占める。この近辺には女子の雇用機会がほとんどないので，ここに職を求める。そして3交替で働いている。より高い賃金を求めてである。しかし女子の雇用効率は悪い。

　これまで当社は生産機能以外にさまざまな機能を抱え込んでいた。ビル修理，山荘，運輸，清掃，警備，給食などである。今これらの機能を会社から分離し私有化している。かつてこれらは過剰雇用だった。

(2) **賃金と福利厚生**

　1991年前半期の利益は前年よりはよかった。だから，雇用は減ったが賃金は上げられた。1990年末の平均賃金は3,750コルナだったが，1991年になってからの8カ月の平均賃金は4,500コルナである。この8カ月間の物価上昇率は21％で生活費が上がっているから，賃金も上げざるをえない。

　福利厚生施設として，低タトラに保養施設が2つある。社宅，研修学校，保育園もある。文化サークルとして民族舞踊団，人形劇グループ，3つの音楽グループ，スポーツサークルとしてはフットボール，グライダー，スキー，テニス，ピンポン，ホッケー，ランニングなどがあり，その中には世界的水準のものもある。

(3) **地域社会との関係**

　製鉄の旧工場は大気汚染を出している。ここ4年ほどスモッグを外に出さない装置を使っているが，不十分である。1992年末までにスモッグ源を96％減らす装置を旧工場に備え付ける計画である。鋼管を製造する新工場には公害の問題はない。

　当社の傍にはアパート，スーパー，プール，サッカー場，文化会館などがあるが，これらは

当社が建て，村に寄贈したものである。また，ここの従業員の多くがブレズノの住人なので，ブレズノの病院にも寄付を出している。アパートは1,000室あり，そのメンテナンスは当社が行なっている。

町や村のガス配管は当社と役場との協力で行なっている。また，この工場で発生する熱水は住民の暖房用に送られている。

こうして当社はこれまで従業員や地域住民の社会政策に関与してきたが，私有化後はこれらの活動はコマーシャルベースになる。しかし，当社は企業の社会的貢献の哲学を将来も堅持する所存であり，たとえばスポーツグループの活動などは援助しつづける。

(9月4日：石川晃弘)

7　独立自営農家(A)の話

社会主義時代の40年間も一貫して独立自営農。父の代からそうである。家族構成は次の通り。

　　父（69歳）　　：農作業
　　母　　　　　　：農作業
　　長男（本人）　：農機運転。離婚して単身。
　　次男　　　　　：農機運転。既婚。妻は働いていない。
　　三男　　　　　：鉄鋼工場の労働者。農業も手伝う。既婚。妻は働いていない。

（初めは三男に逢って面接聴取を始めたが，間もなく長男が現われると彼は長男をたてて話しの主役を譲った。）

各人はそれぞれ別々の家屋に居住しているが，皆だいたい朝5時半に起床し夜9時頃（季節によって異なるが）まで働く。1日14～16時間働いている。日曜は休むことにしているが，草刈りの忙しい時には日曜でも働く。

常雇いはいないが臨時に手伝いを頼むことがある。

所有地は合計22haでこのうち13haは父の所有である。

トラクター新型と旧型各2台，計4台，トラック1台，コンバイン1台（200万コルナで購入）を所有。これだけの機械を備えている農家はスロバキアではほかにないだろう。なお，頼まれれば車の修理も内職として行なう。

現在62頭の牛を持っているが，目下乳牛50頭収容のための畜舎を建築中で，バイオガスも製造する予定である。

独立自営農とはいえ，肉やミルクを国営の肉工場やミルク工場に供出していた。これは社会主義体制下で国に対する義務だった。この義務を果たさなければ，生産手段を国に取り上げら

れるところだった。国は彼らの生産手段を国有化しようとして肉やミルクの供出量を高めに設定したが、彼らはそのノルマをこなして自分の土地を守り続けた。

社会主義時代には法律的には最大50ヘクタールの土地を私有できることになっていたが、生産手段としての土地を所有していると「敵」と見做され社会的に排除される雰囲気が作り出されていた。（そのため私有地の平均面積は15ヘクタールだった。）そのなかで彼らは父親の強い意志と一家の家父長的結束によって独立自営を守り通した。

1989年11月の「革命」があったとき、別にこれといった感慨はなかった。

最近は石油など経費が高騰し、他方ミルクや肉の値は上がらないので、状況は厳しくなっている。

政府は独立自営農家を補助するようになった。1990年には農業機械購入の場合その価格の20％分を政府が供与することとなり、1991年前半にはそれが30％となり、後半には50％となった。また、50頭の牛につき5,000コルナの補助が政府から出た。畜舎建設にも政府から補助金が出る。法律によると、畜舎を作る場合には生産手段は何でも購入できる。ただし問題は、誰でもそれを購入できる資金を持っているわけではないということだ。

当家の場合、今ではミルクを国営ミルク工場に販売している（供出ではなく）。肉なども同様である。農業協同組合との関係は一切ない。

（9月4日：石川晃弘）

8　独立自営農家(B)の話

1914年生まれ。妻も健在。夫婦とも農家出身。

1928年に親が倒産、10人いた子供のうち彼だけが残って立て直しを図り、今の土地を買って農業を継ぐ。1950年に土地の一部を協同組合に取られ、今の私有地は17haである。

彼はすでに年金を受給しているが、今でも農作業をしている。1日16時間働いている。農協は1990年夏1カ月休暇で日本へ遊びに行ったが、自分は夏中働きつづけた。主な仕事は子供がやっている。トラクターで仕事をするのは子供である。（トラクターは2台あるが、そのうちの1台しか使っていない。）自分では機械はほとんど使わず、手作業をしている。

社会主義時代の独立自営農はたいへんだったが、今は別な意味でたいへんである。飼料などのコストが高騰している。以前は国に売る羊毛の価格が1キロ当り150コルナだったが、今は30コルナになってしまった。

新政府ができてから独立自営農が見直された。農業省が独立自営農の経験と可能性について話しを聞きたいといって彼を招待しているので、来週ブラチスラバへ出かける。政府は自営農奨励金として彼に20万コルナをくれた。

共産党は信頼していないし嫌いだが，クラウスもいやだ。クラウスは自営農に重税を課した。町長や町議もだめだ。いい給料を貰って酒を飲んでいる。袖の下を用意しないとなかなか公的許可書など貰えない。
　新聞は「カトリツキー・ノヴィニ」がいちばんいい（といいながらその新聞をポケットに入れて仕事にかかる。なだらかな丘陵に牧場が広がり，所々に小さな森が見える）。
　いま1つ困ることは，鹿と猪が畑を荒すことだ。

(9月5日：石川晃弘)

9　私営建設会社（GUMAS）での話

　1990年5月設立。建設およびその関連事業。国有企業と協力している。
　具体的な事業内容は，ビルのデザイン，建築，インテリアなど，ビル建設に関わる一切で，学校の教室や食堂，化学工場の装置などをこれまで扱ってきた。エネルギー関連，たとえばヒーティングシステムなども扱っている。目下，ビルの新築や改築関連の仕事だけでなく，さらに事業内容を広げつつある。
　1991年9月現在の従業員数116人を数え，そのほかにパートや臨時の従業員もいる。従業員は事業拡大にともなって今後増える見通しで，5年後には200人くらいになるだろう。この地域の失業者を雇用した。前職に関係なく労働者を採用している。組長はその労働者の中から働き振りによって選抜している。労働者の年齢は，18歳から40歳までに散らばっている。賃金はその人の働き振りによって異なるが，利益の30％を賃金に当て，平均賃金は8,000コルナとなっている。個々人の賃金額を決める上で組長の役割が大きい。組長がグループ内の部下の労働者の賃金をその仕事と時間によって決めている。時給にして15コルナから19コルナの開きがある。労働時間は法律に依拠しているが夏は長時間労働になる。土曜，日曜に働くこともある。
　社長の前職は鉄鋼会社の営業部長兼副社長。国有企業の経営者の感覚では，私企業の経営はやっていけない。
　会社は町長やVPNの議長をも含めて8人の出資で設立された。資本金は400万コルナで，主として自己資金で始めた。資金需要は社長の前職のツテで集めて賄った。
　利益率は25～30％で，金額にして2,500万コルナ。来年は新機械を入れる。今年の利益は全部そのための投資に注ぐ。
　外資はなかなかこの町までは来ない。しかしアメリカの会社と協力する計画がある。
　組織は単純で，営業担当，建設設計担当，法律担当，経理担当，人事担当があり，このうち経理と人事はコンピューターを使っている。
　会社にとって今の問題は，電話，交通，コンピューター通信など，インフォーメーションシ

ステムの不備にある。

ブレズノ郡の中では大手の建設会社はここだけ。小さい会社は2, 3ある。町役場との関係は良好である。

社長は政治に関心がないという。「自由」に価値を置き，政府からの制約がないことをよしとしている。私企業は全企業の70%を占めているべきだと考えている。

(9月5日：石川晃弘)

10 消費協同組合「イェドノタ・ブレズノ（Jednota Brezno）」での話

前身は1876年にブレズノで設立。

イェドノタ・ブレズノは178店と52ユニットを持つ。その中にレストラン，食堂，ホテル（4つ：「ホテルテルガ」「ホテルブレズノ」「ホテルバラスカ」「モテル」）がある。スロバキアには消費協同組合はイェドノタという名称のものしかない。かつてはバンスカー・ビストリッツァの協同組合と一体になっていたが，民主化過程で分かれた。現在スロバキアにはイェドノタ名称の組織が全部で37ある。そのコーディネーション・オフィスはブラチスラバにある。消費協同組合，生産協同組合，住宅協同組合の連盟がプラハにある。イェドノタ・ブレズノの組合員数は4,500である。

従業員は1990年には1,800人（うち137人が事務系職員）いた。そのうち800人強がバンスカー・ビストリッツァ，1,000人弱がブレズノにいた。また1990年には全部で270店あり，そのうち92店がバンスカー・ビストリッツア，178店がブレズノにあった。これを組織的に分割したので，ブレズノの組織は今1,000人弱の従業員と270店舗からなる。事務系職員は102人いるが，これはコンピューター化によって減っていく。

消費協同組合は5人集まれば作れる。そしてイェドノタの傘下に入る。組合員の出資金は1990年までは100コルナでよかったが，1991年からは500コルナになった。年に出資金10%が還元される。

イェドノタの最近の変化は，①資金需要の増大から組合員当りの出資金を100コルナから500コルナに引き上げたこと，②協組の財産（2億5,000万コルナ相当）を組合員にクーポンの形で分けたこと（国有企業の私有化と同じかたちで）である。将来はどうなるかわからない。1991年10月に連邦政府が協同組合に関する方針を出す。

町には商店があるが村にはそれがないので消費協同組合が必要。村人が町にいちいち出て来なくても消費ニーズが充たせるように，利益よりも住民のために店舗の立地を考える。村のニーズを充すのが協組の目的である。取り扱っている品目は食料品が中心である。

協組と私有化の関係について，第一に，協組の建物を私営店に貸したり合同店を出したりす

ること，第二に，協組と私営店との競争を同一条件で健全なかたちで行なわれるようにすること，を考えている。しかし実際にはいろいろな問題がある。

　銀行融資がその１つである。協組は23％の利息で借り入れするのに，私営店は無利息というのは，明らかに不公平である。

　また，1991年１月から建物の賃貸料として，それを所有していようと借りていようとにかかわりなく，10万コルナ払わなければならなくなった。現実には自己所有なのに自分から借りるという形になっているので，この金額を自分に払う形になる。そしてその中から町税として20％を町に払うことになった。だから実際に協組から出ていくのはこの20％の金額だが，その分はやはり新しい負担になるので，それを価格に上乗せせざるをえない。もっともこの20％は連邦政府の方針で10％に引き下げられることになるだろう。

　今，町とこの協組との関係はよくない。政党の中で協組と関係が比較的いいのはスロバキア民族党，民主党，それからたぶんキリスト教民主主義連動である。連邦議会の議員で名前がTではじまる３人の人物が反協組である。

　協組はエコロジーに関心があるが，まだそれに関する知識の蓄積がなく，実践のプログラムはない。

　観光開発との関係では，この協組はホテルを持っているがČEDOKやタトラ旅行社との関係がうまくいかず，空席がでている。タトラに持っているホテルでは1991年の客の入りはよかった。人々は経済的理由や戦争などの理由でユーゴに行く代わりにタトラへ来たからである。東欧諸国，ソ連の経済事情が悪いので，新しいホテルなどを作る投資プランはない。

(9月5日：石川晃弘)

11　紙器会社での話

　会社は1906年に，株式会社としてブダペストの資本家によって設立された（当時本社はブダペスト）。板紙の製造からスタートした。1948年に国営化され，昨年国有株式会社になった。いまのところ政府が100％株を所有しているが，外国資本（ドイツ・オーストリア合弁会社）がこれらに参加する予定である。今，完全独立企業となる計画を作成中である。

　板紙を他の会社から買い，加工して紙器にするのが現在の主な事業だが，他にトイレットペーパーやティッシュペーパー，封筒等も製造している。

　従業員は210人。うちホワイトカラーが26人。人員はむしろ増えている。売上はまあまあだが，原料費が上昇している。昨年の売り上げは，1,000万コルナだった。今のところ，同じ工場の中で一部の原料を作っており，利益が上がっているが，完全自由化されると市場価格で原料を仕入れることになるので，利益が上がるかどうか問題だ。他の分野にくらべるとこの会社

の状況はよい方だ。全然首切りがない。

　新技術，機械を導入するには外国資本の参加が必要である。この会社で使っている機械の一部は会社ができた時からのものだ。

　会社の資産は2,000万コルナである。民営化するときには会社を原料供給工場と製品製造部門に分割することになる（この工場は紙産業のコンツェルンの一部門であり，今度独立することになるという）。民営化すると，健康保険，学校などで問題が出てくる。

　自治体に要求することはなにもない。失業が大変で毎日5～7人がここに仕事を求めてくる。従業員の通勤のため，直接バス会社に交渉した。役場は関係ない。

　この会社の地域における貢献は200人以上を雇用していることだ。

　国営企業に頼るより，民営企業に頼ったほうが，いろいろなサービスに関してよい。これから民営化し新技術・機械を取り入れても，従業員は減らさない方針である。

　以前はもっぱら国内に製品を供給し，ソ連，東欧には輸出してこなかった。最近オーストリアにティッシュペーパーを輸出（製品の25％）し始めた。来年からは封筒の3分の1はフィンランド，デンマーク，ベルギーへ定期的に輸出できるだろう。コメコンに依存していなかった企業は生き残れる。解体したのはコメコンであり，個々の国の経済は崩壊したわけではない。

　外貨は直接来るのではなく，国の輸出入公団を通じて，コルナになって入ってくる。また企業が直接外国と取り引きすることはできない。公団を通じて入ってきたコルナはこの会社でどう使ってもよい。国の規制はなく，新しい機械を購入しても構わない。

　全原料費のうち3％ぐらいが輸入に頼っている（オランダ，ドイツから糊を輸入）。

　企業の重要決定には労組も参加する（重役会にオブザーバーとして参加）。

　平均賃金は3,300コルナ。工場長の賃金は5,200コルナ。労働者の最高賃金は6,700コルナ（運転手やロボットを操作する者）。ホワイトカラーの最低が2,100コルナ。金額はいずれも税込みで，18～20％を税として支払っている。工場長の賃金が肉体労働者の最高より低いのは，この国では当り前。40年間労働者を優遇してきた。インテリ，医者，看護婦，教師の給料は低い（小中学校の教師は特に低賃金のため，みな女性になってしまう）。工場長になるためには共産党員でなければならなかった。工場長には給料以外にさまざまな特権があった。

　全従業員210人中，女性は143人（65％）。法律では月間労働時間は180時間とされており，土日は完全休日となっている。運転手など高給の人は休日も出勤するので，1カ月に250時間働く。またそれは重労働でもある。

　労働者の文化クラブは，小さな集団でやっているのはあるが，会社としては持っていない。労働組合が劇場に行ったり，旅行に行ったり，ダンスやコンサートの券を斡旋したりしている。合唱団やスポーツクラブなどもあり，会社がそれらを支援している。

　公害に絡む問題として，紙を作るときに粉が出るが，その回収が十分でない点が挙げられ

各機械に1人ずつついており，流れ作業となっていない。コンピュータは2台あるが，まだ使われていない。本社工場との協力でトイレットペーパーを作っている。機械はイタリア製で，技術もイタリアから持ってきた。封筒を自動的に作る機械はドイツから購入した。
　石油価格が上がってきているが，使用量が少ないから問題にはなっていない。

（9月6日：渥美　剛）

12　独立自営農家(C)の話

　丘の上の一軒屋。土地8ha。妻が主役。夫はバンスカー・ビストリッツアの建設会社で働いていたが，目下失業中。
　彼女は52歳。出身家族も農家。ここにすでに27年間住んでいる。息子が2人おり，前掲の独立自営農家(B)の息子の妻は彼女の娘。娘がもう1人いて，ブレズノでウエイトレスをしており，1日置きに8時から22時まで働いている。なお，彼女自身は小学校しか出ていないが，生活そのものが学校だという。
　12年間ブレズノの農業協同組合で働いていた。協同組合とは名ばかりで，実際は皆自分たちで盗むための組織だった。彼女は協同組合で陪審員の役をするなど，活発な活動家だったが，協同組合のチーフと喧嘩し，自分の親の所有地を取戻して，1991年春から独立自営農を始めた。
　農業機械としてはトラクターが1台と牧草用草刈機が1台あり，息子がそれを運転している。今所有している機械はもう古いので新しいものを必要としているが，高価でなかなか入手が困難。新しい機械は17万コルナもするから，個人では買えない。だから古い機械を修理しながら使っている。町には小農機メーカーはない。現在息子の家を建築中。
　社会主義下の集団化で土地の大部分を取られたが，家の近くは私有のままだったので，そこで牛を飼ってきた。町から遠く離れた一軒屋に住んでいるので，いちいち町まで買い物に行くわけにいかず，ミルクや乳製品を自給してきた。1980年に畜舎を建てた。夫が畜舎の建築会社で働いていたから都合よかったが，許可書が必要でそれをとるのがうるさかったので，ガレージの名目で建てた。自営農になってからさらに牛と豚を自己資金で購入した。銀行からは借金していない。今は牛が3頭おり，ミルク，バター，チーズを自家生産している。自営農を始めた当時，協同組合の飛行機が空から化学物質を散布したため牧草地がダメージを受け，木や果物もやられ，畜産上大きな損害を受けた。彼女は農薬を好まない。
　資産がいくらになるかわからない。建物だけで9万コルナ，牛など家畜をいれて50万コルナくらいか。

牛肉は屠殺場が農家に払う価格がキロ当り23コルナとなっているが、現実はこれと異なり、今はキロ当り18コルナにしかならない。ただし協同組合農民はもっといい条件で支払いを受けている。現在一般に生産者価格と消費者価格との間に大きな開きができており、食料品も同様である。

食料は今でもほとんど自給している。彼女は絨毯（じゅうたん）を編んだり民芸風のテーブルクロスを作ったが、その技能はセーター編みなどのかたちで娘にも引き継がれている。

かつては国家が協同組合を援助していたが、今は国家は自営農を援助しない。彼女は協同組合自体には反対ではない。協同組合にはいろいろな機能があり、その中には必要不可欠なものがある。重要なのは、国家が協同組合を上から作り統制することではなく、個人が自らを協同化することである。

町の自治体はよくない。あいかわらず共産党時代の幹部が今もトップの座にいる。町長の息子は協同組合の畜産部長である。トップ同士が一種のマフィアを作っている。法律家達も彼らとつるんでいる。彼らは一般の人達と接触しないし、そんな関心もない。ここに来る道をみればそのことがよくわかるはずだ。冬など子供が学校に歩いて通うのはたいへんなことだ。人里離れた所に住む家族では主婦が子供をバスでブレズノにつれていき、学校が終わるまで町で待ち、そしてまたバスで連れ帰る。こうした農家に自治体は何の配慮もしない。この地区にはスクールバスはない。

彼女はスロバキア民族党、キリスト教民主主義運動を支持している。さきの選挙の際には候補者が出るまえにすでに統制がなされていた。独立自営農民の自主組織（全スロバキア農民連盟）があるが、実際には現場レベルで何もしていない。個々の農家は自分の利益を自分で守らなければならない。

(9月6日：石川晃弘)

13　外国製品輸入商の話

以前2年間リビアで働いていたことがあり、そのとき貯た外貨が資本になった。帰国後公営企業のテレビ修理工になったが共産党員でなかったため役職につけなかった。その間内職でテレビなどの修理をして金が入った。その後失業し、自営業を始めた。

店は2軒あり、1軒は今日開店した。従業員は6人で、うち1人は妹である。妻は働いていない。

あらゆる物を商っている。輸入は自由で、会社同士でやれば関税は安い。トラックに乗り小さな町や村を回って、注文を取って売っている。日本から血圧計を輸入したい。スイスにあるパナソニックの支店にいき、パナソニックの製品を仕入れてきた。

元来国が建物を所有していたが，私有地のため売り出している。今のところ町から借りているという形だが，将来買い取るつもりだ。この店の改装に15万コルナを投資した。

　チェコ・スロバキアでは，販売はすべて独占によって行なわれ，値段も高くつけられている。国営企業は生産性が低く，しかも売れないものを作っている。外国では商品が大量生産で安く作られている。それを仕入れれば安く，独占に対抗できる。基本的物資については最高価格があるが，他の製品については自由価格で売れる。顧客は旅行者と町の住民の双方である。

（9月6日：渥美　剛）

(Ⅲ) 文　　化

1　フロン河上流域博物館（Horehronské Múzeum）副館長
　　エヴァ・シュヴァスドヴァー女史の話

　この博物館は，1960年に創立された文化センターである。町の中心部に位置しており，教会に隣接している。博物館の入り口正面は，第二次世界大戦の際にナチに抵抗したパルチザンの慰霊碑を含む小さな公園になっている

　この博物館は，かつては人民委員会の施設であったが，現在は文化省の所管になっており，将来的にはブレズノ町に移管され，町立博物館になる予定である。現在，職員は14名おり，年齢構成は，30歳以下が3名，31～50歳が11名となっている。町内に，地元の画家の絵画を展示するための別館がある。

　講演，ブレズノ町およびスロバキアの歴史郷土資料の展示，子供向けのお話し会などが主な活動である。ポップ・ミュージックやクラシック・ミュージックのコンサート，フォーク・ダンス同好会，児童教室（子供向けのスロバキア語教室や民話の会など），図画教室を主催している。町民の民謡，演劇，管楽器の同好会活動のための場所も提供している。毎日開館しており，1年間に6つの展示会を実施している。

　年間の来館者数は，1990年度では，15歳以下の児童がもっとも多く3,000人であり，青年層が1,500人，中年層が100～200人ほどである。これは，学校教育の一貫として，教員に引率されてくる児童が多数いることによる。ブレズノ町内の学校のみならず，周辺の学校からも多数来館している。

　また，この博物館はブレズノ町以外でも若干の活動をしている。1990年度を例にとると，バンスカー・ビストリッツア町で展示会を4回，近くの村で民話の会を4回，それぞれ開催した。

　現在のところ営利活動を行なってはいないが，将来的には年間予算（約120万コルナ＝約600万円）の20％程度を営利活動によってまかなうことを目標としている。

　副館長の判断としては，この博物館は，物的・技術的問題，財政的問題，組織・運営上の問題，専門職員不足問題，地域住民の無関心といった諸問題に悩んでいる事実はない。これらの問題は，比較的に良くクリアされていると思う。

　地方自治体，国の行政機関，文化省，コミュニティ内の他の文化施設や政党その他の組織，コミュニティ外の各種組織，町民との間には良好な協力関係があるが，教育省ならびにコミュニティ外の政党との間で協力関係を持とうとした経験はない。

バンスカー・シティアブニッツア町よりもブレズノ町の方が文化的水準が高い、と思う。

若者にはポップ・コンサートが、中年にはフォーク・ソングが人気があるが、町民全員の関心を惹いているというわけではなく、ある特定グループだけが関心を寄せているというのが現実である。

地方自治体による支援については、活動に支援はしてくれるが、歴史的建造物の保護に対する援助なので不十分だと思う。このような状況に対して、住民からの圧力がないので、変化が生じない、という点に不満がある。また、この町は工場町なので博物館活動をするのには必ずしも適切とは言えず、できれば他の場所に移転したいと思っている。この博物館が民営化されるのではないか、という不安がある。

この博物館の運営のための文化諮問委員会が創館当時（1960年）から存在し、地域の学校の教師や町会メンバーから構成されていたのだが、1970年に同博物館が郡（オクレス）から分離したので解散したままになっている。博物館は、財政にはタッチせず、運営に関するアイディアのみを提供してくれるような新たな運営諮問委員会を必要としている。現在、誰に依頼するかを準備中であり、準備室を庁舎内において検討しているところである。

(1) 町民の文化活動グループについて

自分たちで楽しむことを目的とし、時には結婚式に出席して演奏をするヴォランタリーな音楽愛好家グループがある。このグループは、カトリック教会と関係している。

女性のグループで、織布を作成・販売しているものもある。グループ自身の店舗はないが、この博物館別館の近くの土産物店で販売している。

プロの芸術家はブレズノの町内にはいない。アマチュア芸術家の住所録は同博物館が持っており、民俗的な作品をときどき展示してもらっている。博物館では、スペースの関係もあり収蔵してはいないが、展示の機会を与えている。

(2) モスターレニ文化クラブについて

モスターレニ文化クラブを町立にしようという考えも一部にはあるが、経営者をどうするかという問題や、現在雇用されている者を一部削減しなければならないことも予想されるので困難だと思う。

(9月3日：間淵領吾)

2　ブレズノ町立文化センター（Mestské Kultúrne Stredisko）館長　ヤロスラフ・シュリナー氏の話

ブレズノ町立文化センターは1978年に設立された。設置者は、当初は人民委員会だったが、その後、ブレズノ町に移管されて現在に至っている。職員数は20名であり、その年齢構成は

31～50歳が中心となっている。

　おもに児童および青少年を対象としたさまざまな活動を行なっている。それらを列挙すると，以下のとおりとなる。営利活動，宣伝普及活動，図書館活動，教育活動（語学教室，経営教室），出版活動（町内情報誌の出版・発行），町内ラジオ，レンタル・ビデオ，合唱隊，児童劇場，青少年劇場，リサイタル，ミュージカル，ダンス，フォークソングなど。

　なお，児童劇場には60名，児童合唱隊には130名のメンバーがいる。また，レンタル・ビデオについては，延べ4,000名の利用者がいる。

　毎日，何らかの活動がなされている。これらの活動に利用されている文化資源の種類としては，メンバーのオリジナルなもの，地域の文化，スロバキア民族文化，普遍的文化，が挙げられる。

　1991年度上半期の地域内活動状況については，館長として今年（1991年）8月に就任したばかりで，まだ1カ月しか経っておらず，不明である。

　地域住民の満足度については，15歳以下のこどもや年金生活者はどちらかと言えば満足しているが，青少年は大いに不満足であろう，また，中年層と精神労働者はどちらとも言えないのではないか，肉体労働者についてはわからない。

　なお，以上に述べた，同センターの活動に対する地域住民の評価については，就任早々，利用者を対象にアンケート調査をした結果に基づいている。

　センターでは，このアンケートに基づいて新プランをたててラディカルな改革を行なう計画であるが，まだ具体化はしていない。

　地域外での活動は，たとえばポーランドでの経験がある。地域外での活動は，近隣や連邦共和国内というよりも，外国の場合が多い。

(1) 団体の活動条件

　活動は，通常は，センターの施設内で行なわれるが，時には学校やスポーツ・スタジアムなども利用する。

　この文化センターには上部機関はない。財源は，独自収入の他，町からも資金をえている。また，営利活動として，美術品の販売がある。なお，営利活動によってえられた収入の50％は広告費用として消化されている。

　このセンターの抱えている問題としては，物理的・技術的問題（施設・設備）と財政問題が大きいが，組織的問題・経営問題や地域住民の無関心といった問題はさほどではない。また，人材不足や団体内の活動的メンバーへの無関心といった問題はない。

　他の組織との協力関係については，地方自治体，民間人とは良好であり，国の行政機関，地域内の他の文化団体，地域外（連邦，外国）の他の文化団体，地域内の他の組織とはふつうで

ある。また，文化省，教育省，地域内の政党，地域外の政党，地域外の他の組織とは今まで協力したことがない。なお，「地域内の他の文化団体」というのは，博物館，学校や，地域の工場の中にあるクラブのことである。また，「地域外（連邦，外国）の他の文化団体」とは，ブレズノ町と姉妹都市提携を結んでいるフラデッツ・クラロベ（Hradec Kralove）町（在ボヘミア）の「ノビー・ビゾフ（Nový Bydzov）」という団体のことである。

(2) 地域の文化的生活水準

地域の文化的生活水準については，バンスカー・シティブニッツアと比較すると，あちらはブレズノよりも歴史があるが，現代生活においてはブレズノの方が良いと思う。しかし，良くわからない。住民の間の文化生活は，映画などから受ける影響もそれほど強くない。人々の文化活動に対する関心は，強まってきている。プロに対するよりも，アマチュアのアクターに対する関心の方が高いと思う。

地域の文化的生活については，個人的には，どちらかと言えば満足している。

また，地方自治体は地域の文化的生活の発展を十分に支援していると思う。

地域の文化的生活水準を改善するためには，ホールが必要と思う。町立ホールがないからである。もしホールをつくるとしたら，多目的ホールがよいと考えている。

個人的には建築文化に関心がある。若者文化も大事だと考えている。これらの方面で，この文化センターは地域の文化生活の水準向上に対して貢献できると思う。

スロバキアの文化に関しては，西欧文化の影響によって，もっと啓蒙されなければならないと思う。これはブレズノに限った話ではなく，スロバキア全体の話だ。教育上の話でもある。

(3) 補　　足

町の中心部を交通規制し，文化の中心にするというアイディアを持っている。実際，オーストリアなどはそうしている。

また，この文化センターの中庭を改築して，文化的な品物を販売する店を開く計画を持っており，すでに町の建築係と話を進めている。来春には改築が始められる予定であり，町，文化センター，利用するグループの各々の資金負担の割合を話し合っているところである。芸術写真，絵画，日用品として使える民芸品などを売る店にするつもりである。それらの製作者は，ブレズノ周辺の村に住んでいるアマチュア芸術家を中心とし，ブレズノ在住のアマチュア芸術家クラブのメンバーも想定している。

町の文化を発展させるために，町長，同僚やこのセンターを利用するカルチャー・アンサンブルのチーフたちと相談している。また，他の文化施設の長との合同会議もある。

モスターレニ・ブレズノ文化クラブと競争するつもりでいる。モスターレニ・ブレズノ文化

クラブとこの文化センターを1つに統合するという案もあるようだが，良くないと思う。お互いに競争することで，町の文化が豊かになっていくはずだと考えるからである。

なお，今年（1991年）の10月11日（金），12日（土）にブレズノ生まれの国民的詩人ヤーン・ハルプカの生誕200年記念大会が，同文化センター，フロン河上流域博物館，町，マティツァ・スロベンスカー，モスターレニ・ブレズノ文化クラブとギムナジウムによって開催される。

(4) 回答者のコメント

ブレズノ町と周辺の村をあわせると，失業者が多数（約3,000人）おり，生活に余裕がない。また，1991年7月4日現在で約5,000人が団地に住んでいるが，その周辺地域は文化水準がきわめて低く問題である。

なお館長個人については，男性，大学卒（教育学専攻），既婚，スロバキア国籍，当該地域居住年数7年，無宗教，職業：同文化センター館長，雇用主：ブレズノ町，である。

（9月3日：間淵領吾）

3 モスターレニ・ブレズノ文化クラブの責任者の話

このクラブは，元はモスターレニ・ブレズノ社のものであった。法改正によって工場はこのような組織を持てなくなり，地方自治体（市町村）が所有することになった。しかし，この組織の伝統もあるので，町からも独立した組織として1990年に現在の形態になった。みずからの経済活動で採算をとろうと努力している。工場からも，国からも独立した組織として，町民すべてに開放している。建物の賃貸料を工場に払っているが，その金は従業員の厚生費の一環として戻ってくることになっている。

クラブの構成員は，雇用者32名（内訳：レストランなどの経済活動に28名，文化活動に4名），ボランティア200名（エンジニアとテクニカル・インテリゲンチャ）から成っており，その年齢構成は31～50歳である。

クラブの活動の種類は多岐にわたっている。それらを列挙すれば，映画（ブレズノ町で唯一の映画館，400席），フォーク・アンサンブル，フォーク・ミュージック，ブラス・ミュージック・バンド，モダン・ダンス，カントリー・バンド，ダンス，クリエイティヴ・グループ（絵画，陶器，楽器製造など）などである。また，若者向けのコンピュータ教室（教育省が所有しているレンタルのパーソナル・コンピュータが20台）も開催している。これらの活動は毎日行なっている。

活動に際して利用している文化資源は，メンバーのオリジナルなもの，地域の文化，スロバ

キア民族文化，普遍的文化，が挙げられる。ただし，他民族の文化は利用していない。

このクラブの活動に対する地域住民の満足度については，年金生活者は大いに満足しており，15歳以下のこども，青少年，中年もどちらかと言えば満足しているだろうが，精神労働者と肉体労働者についてはどちらとも言えない。中年層は同クラブの活動について，あまり興味を示さない。スロバキアでは，インテリゲンチャは文化に興味を示さない。

地域外での活動も，地域の近隣，連邦共和国内だけでなく，国外でも行なっている。

(1) 団体の活動条件

活動は，工場の建物を引き続き利用しており，賃貸料を払っている。このクラブの上部機関は，チェコ・スロバキア連邦労働組合である。財源は，以下の5種類である。

①工場のファンド
②従業員厚生費50万コルナ
　（＝賃貸料150万コルナ×1／3）
③独自の経済活動による利益
④町からのグラント
⑤文化省からのグラント

以上からわかるとおり，営利活動を行なっている。

現在，抱えている最大の問題は，誰もが問題を指摘するだけで，誰も資金を提供しようとはしないことである。

このほかに，財政にもやや問題がある。

物理的・技術的問題（施設・設備）については，以前は企業と組合が一体だったので問題はなかったが，現在は2つが分離してしまったので，建物や備品の所有権が複雑に入り組んでしまい，問題が生じている。

組織と経営についても，次のような問題がある。所長だけは工場の従業員の身分のまま，工場から同クラブに派遣されたかたちになっている。工場は，クラブ活動にともなう特別な経費を認めてくれないので，自分の部下たちはそろってユーゴスラビアに旅行に出かけているのに，所長である自分は出かけることができず，留守番をしている。

人材不足，団体内の活動的メンバーへの無関心，地域住民の無関心，といった問題はない。

なお，ボランティアのダンサーは，以前は民族文化をプレゼンテーションするということから無償で外国に行ってくれたものだが，今は金を払わなければ行ってくれないという問題もある。

他の組織との協力関係の程度については，文化省，地域内外の他の文化団体，地域内外の政党，地域内外の他の組織と良好な関係にある。

地域内の他の文化団体については，他の組織があまり利潤を生み出しえないので，ここが中心になってアソシエーションをつくり，文化活動に関する独自のプランを練っている。
　地域外（連邦，外国）の他の文化団体については，チェコ，フランス，ユーゴ，グルジア，ハンガリー，ギリシャ，ベルギーの文化団体と協力関係にある。
　地域内外の政党については，キリスト教民主主義運動，スロバキア民族党，社会民主主義左派が文化活動に熱心なので協力関係にある。文化は非政治的足りえないと思う。
　地域内の他の組織としては婦人団体など，地域外の他の組織としてはマティツァ・スロベンスカーと良好な協力関係にある。
　地方自治体との関係は悪い。また，国の行政機関や教育省と協力関係を持とうとしたことはない。

(2) 地域の文化的生活水準

　地域の文化的生活水準の主観的評価については，スロバキアのほかの都市と比べて，ここブレズノの水準は高いと思う。ほかの経済組織との関係も良い。文化団体が連合して将来計画を練っている。
　地域の文化的生活についての個人的満足度については，どちらとも言えない。
　地方自治体は地域の文化的生活の発展を十分に支援しているとは思わない。
　地域の文化的生活水準を改善するためには，どのような活動をここで行ない，どのような活動を外国で行なうかを決めることが大事だと思う。公共施設が不足しているので，充足させることも大事だ。
　したがって，このクラブは，若者のための文化センターをつくって貢献したいのだが，町は協力的ではない。考え方が保守的で，新たなアイディアを理解できないのだ。
　スロバキアの文化に関しては，文化省が解体しているので，スロバキアの文化活動を進展させることができないという問題があると思う。
　教育省は，文化を調査し，人々に歴史や伝統を教えるのが仕事のはずだが，その役目を果たしていない。今までは共産主義の歴史が中心だった。キリスト教民主主義運動が大きな勢力になり，変わっていくことを望む。　　　　　　　　　　　　　　（9月4日：間淵領吾）

4　ブレズノ中等技術学校長の話

　この学校は，1952年に創立された。創立当初は企業に所属する技術訓練学校であり，訓練期間は，はじめは2～3年，後に4年となった。1962年に企業所属の訓練学校からふつうの技術中等学校になった。

現在の校長（インタビューの相手）は，今年の9月に校長に就任した。したがって今日で赴任以来3日目である。しかしその前はこの学校の副校長だったので，学校のことは知っている。

　現在，学校は共和国の教育省の管轄下にある。したがって，学校予算の大部分は教育省からくる。ほんのわずかだけ学校独自の収入があるが，それは企業の要請に応じて，生徒の技術訓練の一環として部品等を製造する見返りとして，企業が学校に支払うお金である。将来この分野の経済活動を学校独自に拡大することになるだろう。アメリカの企業と提携して，工業デザインの作成に協力することを考えている。

　現在の生徒数は，4年次まで合わせて合計520名である。生徒はブレズノ町とその周辺だけでなく，バンスカー・ビストリッツアからも入学する。生徒のうち約3分の1は女子である。先生の数は40名で男女半々である。クラスの数は合計18である。

　1年次と2年次は基礎的な共通の課程を履修し，3・4年次で専門課程に分かれる。専門課程は，①エンジニアリング，②エンジニアリング・テクノロジー，③電子工学，④自動工学，⑤土木建築，⑥コンピュータ・システム，の6つからなる。しかし近い将来，この6つは，エンジニアリングと電子工学の2つに統合されるだろう。その理由は，あたらしい体制のもとで教育システムに大きな変化があり，あたらしい法のもとで，学校のカリキュラムの30％（とくに専門課程）が，労働市場の変化にあわせて学校が自由に変えられるようになったことにある。教育に使われるコンピュータは40台あり，4つの教室で利用されている。

　卒業生の進路については，大学に行こうとする者が約50％いるが，現役で入るのは難しく，浪人する者が多い。彼らは実質的には失業者である。進学希望者のうち最終的に大学に行ける者は90％くらいだろう。10％は仕事を探すことになる。スロバキアの技術関係の大学は，ブラチスラバ，コシツェ，トルナバ，バンスカー・ビストリッツアの4カ所あるが，一度に3つの大学に応募できる。もちろんなかには，法律や教育関係の大学を志望する生徒もいる。

　進学希望者以外の50％（約60名）は卒業後働くことになる。そのうち卒業後直ちに定職をもてるのは，いまでは4分の3だけであり，残りの4分の1は失業者として，パートタイムの仕事をときどきするか，国からの手当に依存せざるをえない。就職者の就業の場所は不明であるが，ブラチスラバまで出る者はほとんどいないだろう。就職者のうち男性のほとんどは多種多様な労働者になる。本校の卒業生はいろいろな仕事ができるはずである。しかし，デザイン・エンジニアに携わる者は残念ながら少ない。今は，自営のビジネスマンに雇われる者も出てきたが，その場合にも仕事は労働者のそれである。

　いまのところ工場は，新規の卒業生を雇用すると人件費が少なくて済み，利益から支払う税金が安くなるうえに，失業保険の支払いも少なくて済むので，中高年の労働者を解雇して，若い人を採用しようとしている。もちろんこれも会社の方針次第だが，若いエキスパートであれ

ば，雇用がより簡単であることは確かである。国は企業に中高年の人も雇用するように要請しているので，若い人優先のために中高年の失業率が高くなるのかどうかは，自分では分からない。女子の卒業生が就職する場合は，店員や行政の事務職員になる者が増えている。

忘れてはならないのは，男子の卒業生には，卒業後1年間の軍事教練が待っていることである。

なお，企業と学校との関係では，企業は教育省との協定により，2年次生徒と3年次生徒に対して，それぞれ2週間の訓練期間を提供することが義務づけられており，この期間が生徒の就職にとっては大切になる。

社会主義体制下にあっては，就職希望の卒業生に対して自動的に仕事が割当てられた。仕事先はその時にも学校が探してきた。企業での実習訓練はそのための重要な機会であった。もちろん，会社も学校に求人にきた。しかし生徒に仕事を割当てるときには，学校の成績や生徒の技術水準は重要ではなく，会社とのコネを含めてさまざまなコネクションが重要であった。そのため，自分の特殊技能を活かせない不本意な仕事につく卒業生もいた。

いまは生徒自身が自分で仕事を探すことになっているが，好きな仕事を探すのはなかなか難しいようだ。

生徒の非行については，麻薬の問題はないが，飲酒問題が少々ある。全体的には小さな非行はあっても，大きな犯罪はない。

この学校は完全に公共機関によって運営されており，入学試験も公共的になされるが，ブレズノ町内には，教育省の管轄下にありながらも，経費を企業が払って運営される企業内の職業訓練学校（2〜3年）がある。この種の学校の経営は，現在危機的状況にある。

（9月4日：川崎嘉元，間淵領吾）

5　ブレズノ町立図書館の司書シャデコヴァー・マルギタ女史の話

1953年に創立された町立図書館で，創館当時の蔵書数は94,000冊だったが，破損，政治的理由または重複により34,000冊が放出されて，現在の蔵書数は60,000冊となっている。

年間を通して平均すると1日当たり利用者は約30人である。夏場はこれよりも減り，冬場は増える傾向にある。

開館時間は，月曜日〜金曜日の午前9時〜11時30分と午後零時30分〜4時30分となっている。

児童書，詩集，専門書という3分類をしており，貸出期間は児童書ならびに詩集の場合は1カ月間，専門書の場合は2カ月間であり，ほかに誰も待機していなければいつまでも延長することができる。ただし貸出は，最初の数回のみ無料で，その後は一定料金を支払うことになっ

ている。

去年から今年にかけて図書代が上昇しているにもかかわらず，図書購入予算が固定されているため，1990年度の購入図書数は100冊であり，1991年度は50冊程度にとどまらざるを得ない見込みである。

なお，同図書館で貸出を受けられるのは，チェコ・スロバキア国民およびモスターレニ・ブレズノ社の工場で働いているヴェトナム人だけである。それ以外の人は館内閲覧ということになる。 (9月5日：間淵領吾)

6 ジヴェナ（Živena「民話とスロバキア伝統文化保護の婦人団体」）ブレズノ支部長パツェロヴァ・ヴィルマ女史の話

ジヴェナとは，民話とスロバキア伝統文化の保護のための婦人団体であり，全国組織である。

もともとは1860年に創設され，オーストリア・ハンガリー帝国の支配に抵抗して，スロバキア民族の文化の維持と自主・独立を活動目標とした団体であったが，1951年にスロバキア婦人連合という名称に変更され，政治色を濃くしていった。そちらは政治団体として現在も存在している。このジヴェナは，政治色を抜きにして，文化活動を中心に据えた婦人団体として1989年に再結成されたものである。

メンバー数は，ブレズノ支部の地域では全村にわたって会員がおり約130名だが，全国では何名いるのか不明である。会員は女性のみである。

ブレズノ支部では，会員の年齢構成が高齢化してきている。ブレズノは，オーストリア・ハンガリー帝国時代の民族運動の一大拠点だった関係で，ジヴェナの伝統も他の都市より強かった。その名残で高齢者が多いのである。

将来のためには若い女性を会員にすることが必要なので，ヨガ教室や料理教室といった若い女性に人気のある活動を行なって勧誘している。

われわれの団体の活動内容としては，そのほかに，伝統工芸，国民の祝日と婦人の日（ローザ・ルクセンブルクの誕生日である3月8日）に文化に関する集会を開催したり，母の日を復活する運動やエコロジー運動の一貫として各家庭のバルコニーに花を飾る運動を展開しており，家事に関する実践講座なども開催している。

資金源は，婦人からの募金と会員の納める年会費である。これらは1人年間10コルナであり，中央組織に集めた後に各地の支部組織に分配されている。ブレズノ支部の年間予算は4,000コルナである。

高齢の会員が作製した手作りのレースの敷布を販売して，その売上の10％を支部予算に繰り入れている。これを続けるために，若い会員を対象にレース編み教室も開催している。

予算が少ないので，他の組織と一緒に活動することにしている。どのような組織と連携するかは活動内容によるが，あらゆる組織と共同して活動している。

なお，ブレズノ支部には独自の事務所があり，2カ月に1回の割合でミーティングを開いている。

活動への参加者数は，単独の活動の場合は40名ほどだが，町との共催の活動の場合は多数になる。

政治運動や政党については，旧共産党以外のすべての政党と関係を持っているが，旧共産党の側が希望すれば何らかの関係を持っても良いと思っている。われわれは寛容である。

ブレズノの文化水準は非常に低いが，新たな町の組織が新たなものを創造していき，やがて水準が高くなると信じている。　　　　　　　　　　　　　　　　（9月5日：間淵領吾）

7　ガイディ奏者リビツァ・ラディスラフ氏の話

ガイディ（Gajdy）と総称される楽器には，大中小の3種類のものがある。最大のものは，ゲー・ドゥール（G-Dur）と言い，全長172cmに達する。中サイズのものは，フヤラ（Fujara）と言い，全長86cmである。そしてもっとも小さいサイズのものは，ピシティアルカ（Pist'alka）と言い，全長43cmである。

〔小サイズのものはリコーダー（縦笛）と同様であり，中サイズのものは尺八の音色に似ている。大サイズのものは，形態はバスーン（ファゴット）に似ており，かすれた高音から腹に響く低音まで，西洋楽器にはない独特な音色の楽器である【写真参照】 ― 著者注〕

ガイディは，バザ（baza，英elder，西洋にわとこ）の木の皮を剥いて削って作る。バザの木には，白い木と黒い木があるが，黒い木でなければならない。

歴史的には非常に古く，ルーマニアからスロバキアに伝わった楽器である。現在，ルーマニアでは使われておらず，スロバキアのみで使われている。

デザインは，各村に特定のものがあり，見ただけでどの村で作られた楽器であるかがわかる。

年間3本のガイディを作成している。自分で使用するものを作成するほかに、他人から依頼されて作成することもある。

私はプロの奏者ではない。ふだんは、モスターレニ・ブレズノ社で電気機械のマニピュレータとして働いている。同社にはフォーク・ダンスのクラブがあり、頼まれてときどき一緒に演奏することもある。

息子が3人おり、皆、ガイディを演奏することができる。町や工場の若者はこの楽器に興味を示さないので、息子たち以外には教えていない。

1939年生まれで、現在52歳である。自分の父親もガイディの奏者として有名だった。

作製した楽器そのものと演奏技術とを競う競技会がスロバキア各地で開催されており、何度も出場して優勝したことがある。今年（1991年）は、自分は出場せず、息子が出場した。

なにかの祝賀会など、文化的プログラムがあると依頼を受けて演奏している。

楽器は、秋や冬の夜に作成している。仕事はさほど忙しくないので、家に帰ってきてから、少しずつ作っていくことにしている。　　　　　　　　　　　　　　（9月6日：間淵領吾）

8　ホテル中等学校長の話

本校はその源を1925年の町立女学校（2年制）にまでさかのぼることができる。1925年に同女学校が開校され、その後、4年制の家庭科学校に、1968年にケイタリング専門学校になり、さらにテーブル準備の専門技術を教える学校になった。卒業生は、ホテルや病院などに就職したとのことである。1978年にホテル・マネジメント学校に発展し、翌1979年に現在のホテル中等学校になった。

生徒総数は約500名で、各学年3クラスになっており、4年制だが、今年入学した1年制から5年制になっている。夜間クラスもある。学生の60％は労働者家庭の出身者である。

教員は常勤と非常勤を合わせて全部で31名である。

毎年、卒業生は90名ほどおり、学業不振で卒業できない者が5名ほどいる。

本校はこの地域では人気が高く、入学希望者が多数いるため入学試験を実施しており、競争倍率は2倍である。

4日前（1991年9月2日）に校長に赴任したばかりなので、前任者（元共産党員で1968年から23年間、同校の校長職にあった）も呼んでおいた。私にわからないことは前校長に補足してもらう。なお、私は、本校の教員による初めての選挙で選出された校長である。革命後、本校から退職したのは元共産党員であった校長と教頭のみだったが、その後任には誰もがなりたがらなかったので、組合の提案により、全くの新人を外部から導入することになった。教員の中から選ぶとゴタゴタすることになるから、そのようになったとのことである。私は、それまで

はバンスカー・ビストリッツァの大学の観光学部で助手をつとめていた。

　カリキュラムは，タイピング，経済学，会計学，料理実技，国語，数学，外国語（独語・仏語・英語），物理学，公民・歴史，体育である。これらのカリキュラムのうち，教科書が変わったのは公民・歴史についてだけである。また授業は，月曜日～木曜日は午前8時～午後2時30分のあいだに45分授業が7科目分，金曜日は午前8時～午後12時30分のあいだに，各々行なわれる。土曜日と日曜日は休校である。

　卒業後の進路について本校は把握していないので確かなことは不明だが，約5％が大学に進学しており，その他の者は多分ホテルに就職しているものと思われる。

　多くのホテルが民営化にともなって人員を削減しているが，小規模なホテルが多数できてきているので，本校としては卒業生の就職先について心配してはいない。

　ブレズノの町内には，大きなホテルが1つ，小さなホテルが2つあり，町の周辺には中の下クラスのホテルが10ほどある。国際的に通用するレベルのものはないが，周囲は国立公園なので自然が保護されており，環境条件には恵まれている。新たにホテルを建築するのではなく，既存のホテルを改築すべきだと思う。緑の党が自然保護運動を進めており，ホテル建設に対して反対している。

　学校行政に関する問題としては，資金不足があげられる。料理実習の際の材料をはじめとして，すべてを無料で教えているために，財政が逼迫している。

（9月6日：間淵領吾）

（Ⅳ）町　民

1　町民Aの話（女性：31歳）

　町長選挙及び町議会議員選挙には参加していない。投票しても政治は変わらないから。町長は旧共産党員で，自分としてはこのような態度の変化を快くないと思っている。しかし人柄はよく，その点では救いがある。現在この町で強い勢力を持っているのはKDH。しかしどの政党も自分たちのために何もしてくれない。地方行政が重要になったといっても，その機能といった点では不十分。また地方自治にかんしても，どこに変化の可能性があるのかわからない。とりあえず市役所と住民の関係を改善してゆくことが重要だと思う。

　この地域の問題としては排水問題，夜燈の設置問題，学校への就学問題などがあり，最近ジプシーの問題も大きくなりつつある。また日々の生活も苦しくなりつつある。

　現在国立の病院で働いており，職場までは約30分かかる。将来私企業を始める気はないし，ここで働いているからこの地を去ろうとする気もない。この地には1980年から住んでいる。

　友人はたくさんいるが，一番大切なのは家族。

　自分が行った結婚式は規模が小さかった。この村では伝統的には200～300人の全村員が集まり，教会で祝福していたが，今ではこのような情景はほとんどなくなった。自分の結婚式のパーティーの際には，親密な付き合いをした友人を中心に呼び，職場の上司は呼ばなかった。また最近では，結婚パーティーの際に有志がお金を払うようになってきている。

（9月3日：園田茂人）

2　町民Bの話（男性：40歳）

　町長選挙には参加しなかった。自分たちのように［棄権した］人間が多かったから，旧共産党系の人間が当選してしまった。選挙結果にかんしては大変失望している。

　自分は以前共産党員であった。しかし，高級幹部用に別の店が設けられ，そこで西欧の品物が手に入れられるようになっていたのに嫌気がさして，1989年の革命以前に脱党した。

　この地域で影響力をもっている政党はない。また各政党とも民意とは無関係に代表者を決めており，問題が大きい。次回選挙があったら，VPNから分離したHZDSのメンバーを支持するつもりだ。

　現在ブレズノ市内に15分で通っている。国営企業の労働者で，将来ともに私企業を興す計画

はない。この地には1972年から住んでいる。

　組合は今でも映画のチケットを調達しているが，別の仕事がある筈だ。これは共産党時代からの悪弊でやめるべきだと思う。

　チェコ・スロバキアは戦前には世界有数の工業国家だったのが，戦後になって経済力を低下させることになった。今の人は，現在の日本人が持っている「勤労」とは何を意味するのかを知らない。また，自分としては外国との合弁を積極的にやるべきだと思っているが，現在いる古株の幹部には革新能力がないのではないかと心配している。

（9月3日：園田茂人）

3　町民Cの話（女性：21歳）

　町長選挙及び町議会議員選挙には参加した。その結果に対してはまあ満足している。次に選挙があったらKDHを支持するつもりだ。この地域で勢力を持っているのはKDH。共産党はいままで我々のために何もしてくれなかった。

　結婚式には家族と友人を100名ほど呼んだ。お金の貸し借りは両親と行う。夫の両親とも仲がよく，世代間のギャップを意識したことはない。

　KDHの中にも支援グループがあるが，堅苦しくてあまり利用する気にはなれない。日常的な頼みごとは，やはり両親に相談する。

　地域社会の将来に対してはむしろ楽観的に見ている。

（9月4日：園田茂人）

4　町民D（女性：40歳代後半）

　集合住宅に住んでいるが，近接する家族とはよく交流を行っている。

　現在末の子が小さく，面倒を見なければならないので仕事には就いていない。子供はこの子を含めて4人おり，末の子を除いてみな就学している。

　長女は教会の聖歌隊に入っている。革命後，宗教に対する信仰の自由が認められるようになったが，それ以前は，建前では宗教の自由が認められていたとはいえ，共産党から圧力をかけられる状態だった。そして学校の先生も教会に行くことを禁じていた。それがいやで学校に行きたくなかった。

　革命後，教壇から降りた教員もいたが，多くは「洋服を着替えた」だけだった。また現在使っている教科書は，依然として従来のままである。ただし，教える内容そのものは大きく変化した。

周囲の人々との関係は以前はよかったが，最近では収入をめぐる問題が表面化しつつある。たとえばよく話をする女性は寡婦であるが，現在十分な収入を得ていない。また保障は1年を限度としており，雇用の可能性がないので，次第に暗い雰囲気が漂いつつある。

しかし，従来の社会主義体制に戻りたいとは決して思わない。社会主義体制下にも不平等が存在しており，人々はこれに気づいていなかっただけだからだ。現在のシステムの方が，すべての人に公平に上昇の可能性が与えられている点で優れていると思う。とはいえ，依然として旧共産党系のメンバーが幅をきかせており，工場や役所で力を持っている。しかも周囲を身内で固めているようだが，これらの人々を一掃しなければならないだろう。

共産党員は真実を言う人を好まない。人々に嘘をつくよう教えるのだ。現在旧共産党員は現状を憂う発言をし，また事実人々のまえでそう言っている。彼らは権力の奪取を考えているようだが，人々は彼らを好んではいない。しかし，失業の不安があることが事態を流動的にしていることは事実である。

共産党員のこのようなやり方には，革命前から不快に思っていた。しかし，逮捕されることが恐くて，正直な意見は言えなかった。共産党は犯罪を西洋の影響であるとしてきたが，モラル教育を行わなかった体制側にこそ問題があったと思う。

共産党員の中にもさまざまな人がいたことは確かである。実際に労働者出身の党員も少なくなかったが，彼らは党に対して忠誠を表明することによってしか，出世することができなかった。また学校の教員の中にも真実を好むものがいたが，彼らは概して不遇であった。

現在，強制的に公共財として撤収されたものが，以前の所有者に返されつつあるが，これを利用するための資金が不足しているため，戻してもらったからといって必ずしも有効に利用されえないというのが実状だ。

（9月4日：園田茂人）

5　町民Eの話（男性：20歳代前半）

町長選では投票しなかった。その結果については全く満足していない。

この町で一番勢力を持っているのはKDHだろう。また，実際人々のために働いているのもKDHだ。

学校に通っている頃は，教師の言うことが絶対だと思っていたが，今は全く彼らの発言を信じていない。将来はいまよりは事態がよくなっているだろうと思う。いまの仕事が気に入らないので，失職したら西ドイツにでも行きたいと思っている。すでに友人のうち4人が西ドイツに行っているからだ。

（9月4日：園田茂人）

6　町役場の職員の話

　ブレズノ町には，6歳から18歳までの初等学校が5つ，ギムナジウムが1つ，会計・事務を教える学校が1つ，それに工場にある職業学校が1つの，合計8つの学校がある。教員は国家試験によって選抜されるが，そのうちの多くはブレズノ町の出身で，現在もブレズノ町に住んでいる。

　町民の約70％がカトリックで，10％がプロテスタント。残りの20％は無宗教。共産党下で無宗教となった者がいるからだ。しかし現在，宗教は民衆の間で力を持ちつつある。町政が特定の教会と関係を持つことはない。

　町政では，町長は最高権力者といった地位にはいない。むしろKDHとVPNの連合関係が機軸になっているといった感じだ。

　1カ月か2カ月に一度，議員と町民の間で懇談会が開かれている。また，町長は年に12回，町民と公式に意見交換を行うことになっており，約500人の町民がこの町役場にやってきている。ただし毎日町長に会いにくる者も15～20人おり，その多くがジプシーである。彼らは建物の改築要求からお金の無心，それに単なる無駄話をしにやってくるのだ。

　町には大きな病院が1つあり，すべての工場には簡単な治療のできる施設がある。

　日本の「町内会」に相当する公式な組織は存在しない。友人同士の非公式なネットワークはあるが，町では「相互扶助」といったかたちでは機能していないようだ。ただ郊外では労力の提供などの点で，はるかに密接な人間関係を持っている。

　街全体では，共産党員の比率は少ない。周囲の人間には共産党に対するしらけ意識もあり，今後共産党員が減少する傾向は加速するだろう。

（9月5日：園田茂人）

7　町民Fの話（男性：80歳代）

　この村には，1960年以前アマチュアの映画館があったが，この年ブレズノ町に吸収合併されることにより廃止され，それ以降文化施設は1つもなくなってしまった。また同時に，以前存在していた村役場もなくなった。

　1960年以前に共産党員がやってきて，自分が神であり自分以外の神を認めるなと言った。それからというもの，村の人々の人間関係は悪くなり，文化水準も低くなってしまった。

　共産主義は最初，雇用を創出することに成功していたため，大変よいシステムであると思われていた。以前には失業がひどかったからだ。しかし自分は，共産主義を信じなくなった。もともとここの人々は勤勉・倹約を重んじていたのに，共産党員は自分では働かないで，どこか

らか資源をもって来ればよいと思っていたからだ。

　今後村が再興するかどうかについては，あまり楽観的な期待は持っていない。外から犯罪者が流入しつつあり，治安状態も悪くなってきているからだ。

　昔は共産党員の子供でなければ高校や大学に行けなかったものだから，そのために党員になろうとしたものだ。

　実は自分は，第一共和制の時代からの共産党員であった。バンスカー・ビストリッツァの鉄道区で労働者として25年間働いてきたが，50年代には脱党した。党費をめぐってトラブルを起こしたからだ。

　1972年には無実の罪を着せられて監獄に入れられたこともある。検察からは禁固10年が求刑されたが，裁判では勝利を収めた。これを機に会社をやめ，それ以降は地下活動に専念。たくさんの子供を育てるにはむしろその方がよかったのだが，意を決するまでには大変時間がかかり，死にたいと思ったこともある。

　現在は年金生活者となっている。自分のように長い間働いた労働者が，全く働かないジプシーより生活の保障がされていないのには憤りを感じる。全く不公平だ。

　選挙にかんしては，最近になってやっと人柄によって投票すべきであると思うようになった。また選挙に行かなければ社会が変わらないことがわかったのも，つい最近のことである。

(9月6日：園田茂人)

8　町民Gの話（男性：20歳代）

　1年前にこの部屋にやってきたが，この建物は多くの人間が入っては出ていくので，環境が大変悪い。しかしここに永住する気もないから，部屋を修繕する気も起こらない。

　現在失業中なので，町役場にいって職を斡旋してくれるよう頼んでいるのだが，全く取り合ってくれない。以前は1ヵ月3,000コルナの賃金を得ていたのだが，失業証明書を書いてもらいに工場にいっても，800コルナ分の証明書しか書いてくれない。

　以前は殺人に対しては極刑が与えられていたのだが，現在はそうでない。犯罪が増加していることもあり，不安でならない。

　共産党時代には仕事もあったし，金が入ったのでよかった。再び共産党の時代が来てほしいと思っている。

　現在1部屋に18人が同居している。何か問題があったらここにやってくるものだから，人数が増えてしまうのだ。中には犯罪者も含まれているのだから，周囲でも喧嘩が絶えない。

　ブレズノ町の街中に人が住んでいない住宅があることを知っており，そこに移りたいと町役場に言っているのだが，国がこれを認めてくれないという。役人に掛け合っても，議論の相手

にもなってくれない。部屋の中にトイレもないのに、である。

　また人種差別もある。自分達が黒い顔をしているというので，偏見を受けている。その点でも昔の方がよかったと思う。民主主義を標榜するのなら，偏見の問題を解決してもらいたいものだ。

（9月6日：園田茂人）

II　バンスカー・シチャヴニッツァ町の調査

（I）　政　　治

1　民主党（DS）党首の話

　当町における町長は，旧共産党系の社会民主主義左派（以下SDL）から出馬して当選した。これに対抗してVPN, KDH，及び民主党も連携して対抗馬を擁立したが，結局旧共産党系候補者が200票余り得票数が多かった。その理由としては，当地ではインフレがひどく，人々は政治的なアパシー状態に陥っていることが考えられる。

　一方，町議会議員選挙については，VPNが勝利を収め，民主党も独自の活動を行った。選挙戦は，ブラチスラバにある事務所と連絡を取りながら行った。しかし選挙後1年たち，それ以降主だった活動をしていない。今後再開する予定である。

　この2年間，この地では問題が少なくなかった。たとえば税金の制度が確立していないため，私企業の人々は正式に税金を支払っていないといった問題がある。

　また，とくに民主党は歴史的な建造物を私有化するよう目標を掲げているが，実行困難な事情が少なくない。たとえば多くの建造物の所有者は国であり，これを払い下げしてほしいと思うものは，国の私有化委員会に対して申請を行わなければならない。その審査を経て私有化されるのだが，とくに歴史的な建造物の場合，国側がなかなかYESと言わない。たとえば現在赤十字病院として利用されている建物の場合，管理費を捻出するのが大変であるにも拘わらず，カナダ人が申請をしているとの理由からその申し出を却下しているのは理不尽である。そうすることが環境保全につながることを考えればなおさらのことだ。

　また，一方的に広告がでて，建物が売りに出されることもある。このような場合，もし買い手がつかなかったら，町の所有となる。多くの場合，建物を購入する際に資金不足のために銀行から融資してもらうが，自分の場合もそうだ［党首はレストランEsso Marinaのオーナー］。現在ではレストランの収益を利用して，アパートを経営するまでになった。しかしレストラン購入の際に借りたお金の返済に，月々3万コルナを当てている。

　これに対して周囲の人には，金持ちになることを批判する雰囲気がある。また週に3～4人程度求職にくる者もいるが，経営合理化のために多くの従業員を雇う気はない。現在は，妻と甥の2人を従業員にしてレストランを経営しているが，仕事そのものは午前7時から翌朝5時までと，長時間働かなければならない。ただ，経営パートナーとなっているもう1つの家族と労働時間は均等に割り振っているが。

　この地では「Štiavnické Noviny」と「Okno」の2種類の新聞が発行されている。前者は

旧共産党系の新聞で，内容的には現体制を支持するもので，批判精神に欠けている。

　住民問題としては，失業問題が大きいと思う。しかし事態は思うように変化していない。委員会の構成などを見ても，旧共産党員がほとんどであるからだ。またジプシーの流入に伴って盗難も増加している状況だ。

　この地域には250人のメンバーがいる。1964年の時点では民主党は一大勢力であったが，68年には非合法化され，共産党の管理下にスロバキア発展党として再編成されることになった。将来は，メンバーもより一層拡大することになるだろう。なお当町では私企業の所有主20名ほどの集団が結成されているが，民主党とは無関係である。

（9月9日：園田茂人）

2　キリスト教民主主義運動（KDH）党首の話

　昔に比べて現在の方が町民と町議会議員の間の距離は近くなっている。議会内の各種委員会は，新しく設置されたばかりということもあって，まだまだ学ぶべきことが多いが，これも徐々によい方向に向かっている。当町における大きな問題には，老人・医療をめぐる社会福祉の充実がある。また，行政機関の改組に伴う混乱は依然として存在している。

　現在私企業を興したいと申請している者は350名くらい。中には大変規模の小さいものもある。また露天商の中にはライセンスを持っている者も持っていない者もいる。前者は政府から保護を受けることができるが，後者はできない。しかし，地方税を払っていないため，多くの者は儲かっているようだ（新しい税法は1993年に施行予定）。この町にもベトナム人の露天商がいるが，彼らはアジアから安く品物を仕入れて高く売ろうとしている。その品質については保証の限りではない。社会主義体制下での友好関係によってやって来た彼らも，半年以内に帰国することが期待されている状態である。

　我々は現在，町のあらゆる活動を監視している。また一時的なワーキンググループを作って，地域問題を解決するよう努力している。そのための情報収集，情報処理のために，コンピューターの導入も検討しているところだ。

　当町は以前独立していた歴史を持っている。1961年を境に町の制度は変化したが，現在これをもとに戻そうとする動きがある。

　また当町には数千の歴史的な遺跡があるから，新しい観光の拠点としたいと考えており，ユネスコの機関に誘致を呼びかけているところである。とはいえ，なかなかうまく事態は進展しておらず，多くの若者が外の町に流出しているといった現状である。若者を引き留めるには農業よりもサービス産業の振興が効果的であろうが，その方面でも改善が必要とされている。その意味では，外国資本が観光開発に参加するのが唯一，最善の策であると思われる。町内には

20の小さな湖があり、観光資源には事欠かないが、小さな私営のコテージか工場所有の保養所程度しかなく、テントに住む以外に方法がないといった有様だ。加えて地理上のこともあり〔山奥に位置しており、移動が不便である〕、あまり観光客がこない。ブラチスラバにやってくる観光客も、なかなか当地まで足を伸ばしてくれない。

歴史的建造物の保護のために私営化するといった問題にかんして、現在外国人がそのオーナーとなる案が出されている。自分としては大いに結構だと思うのだが、なにぶん経験が浅いため、人々は疑心暗鬼になっている。いずれにせよ、外資導入による観光開発が重要な戦略である点は、強調してしすぎることはない。

ところで当地では、1989年の革命後10日して反共産党の動きが表面化した。VPNがまず最初に成立。その中には旧共産党員も含まれていたし、具体的な政策プランを持たない者もいた。その歴史的な会議には25名が参加したが、後に民主党、KDH、SNSが分裂・成立した。

1990年1月に初めての政党が成立。同年3月に鉱山の工場長が更迭された（しかし、その工場では依然として旧共産党員が力を持っている）。同年5月、議会で新しい議長が就任。この時点で、7つの主要な政党が出そろうことになった。

従来当地では、宗教集団の力は強くなかった。共産党政権下では自由な宗教活動ができなかったからである。具体的に言えば、宗教団体もミーティングを持つことは許されていたが、その際には必ず共産党員がこれに参加していなければならなかった。しかし自分個人について言えば、強い宗教心を持っており、現在教会内のコミュニティ・リーダーをしている〔センサスによれば、当町の10,466人のうち、カトリック人口が5,887人を占めている〕。

国政選挙後、町議会議員及び町長選挙が行われ、7つの政党から1～8人が立候補し、その結果（表7）のような議員構成となった。また町長は旧共産党員が当選し、副町長には連合グループのメンバーがなった。町議会議員選挙に際し、町民は候補者の所属する政党より、個人的な利害及び人柄によって投票しているようだ。

表7　B・S町における党別町議会議員の構成

SDL	9人（現在8人）	TTT	2人
KDH	6人	DS	3人（現在4人）
VPN	4人	無所属	1人
SNS	2人		

国政選挙ではSDLは15.7%（VPNは32.1%、SNSは22.0%）しか得票できなかったのに、町議会議員選挙で勝利してしまった理由としては、①旧共産党系の組織力が強かった、②国政選挙後にインフレがひどくなった、③若い人の多くが町議会議員選挙を棄権した、などが考え

られる。

　現在当町における党員は200人程度。これにシンパを加えると相当数に及ぶ。以前KDHはクラブ的な活動をしていたのだが，現在では徐々に組織化を考えるようになってきている。KDHの上層部で頻繁に会議が開かれているが，これに一般党員が参加することも可能である。このように自由な雰囲気が存在している。

　KDHはキリスト教のヒューマニズムと民主主義を基本的な信条としており，独自の政策プログラムも持ち合わせている。しかし現実には，その一部が実現しているにすぎないといった状態である。

　先述のように，工場内で選挙が行われたが，すべて旧共産党員を支持する結果がでた。その原因としては，労働者が失業することを恐れ保守的な行動をとるようになったことと，共産党員以外のリーダーを見つけるのが難しいといった現実があることが考えられる。とはいえ，革命前後で旧共産党員の活動様式も随分変化した。

　革命前，友人と世の中をどのように変えてゆくべきかという討論をしても結論が出なかったし，実際方法がなかったと思う。しかし［革命］後，KDHに入り，人々に生きることの意味を考えて欲しいと思うようになった。自分自身カトリックの信者なので，KDHに入るのは自然なことであった。

　この点にかんして言えば，自分の父親は1948年に共産党に入党し，1968年を境に教会に通うことに対して弾圧が行われるようになったけれども，脱党することなく教会に通い続けた。そのおかげで自分は大学に進学することができたが，これにより父親が党籍剥奪されることはなかった。どうも同じ共産党員であっても党からの評価が異なり，父親と同じ種類の行動をとって農場に送られた者もいたというから不思議だ。

　自分自身，子供のころ，学校で教わる「科学的社会主義」から正義を見いだすことはできなかった。概して言えば，共産主義よりもカトリック及び家族からの影響が強かったように思う。

（9月9日：園田茂人）

3　緑の党（Zelená strana）党首の話

　現在メンバーは4人のみ。VPNができてからは，これと共同歩調をとっている。当町では自然破壊が激しいために，この党を結成した。TTT（後述）とは別組織。

　革命の際には，必ずしも政治的なリーダーシップをとらなかったが，現在政策立案及び選挙時の政策プログラムの策定にあたっては，VPNと共同作業を行っている。町議会議員選挙の際には，候補を3人たてた（当選者なし）。町長選挙でVPN陣営が勝利を収めることができな

かったのは，選挙時におけるインフレ傾向が激しく，選挙民の間にアパシーが見られたからではないか。とりわけ町議会議員の選挙がそうであるが，人々は知っている人に投票するから，地元の人であるかないかが大きな要素となる。

現在当町における他党との共同戦線を考えている。党の本部はブラチスラバ市にあるが，手紙の往復を行っている程度の交流しかない。共通の問題を持っていないので，各地域の党支部が独自に解決策を模索しているのが現実だ。

議会運営にあたり，自然環境にかんするプログラムなどで，「命の木（tree of life）」及びTTTと協力することができたが，TTTの人は，我々を自然を好きなだけの，政策形成に資することのできないものと考えているようだ。これに意見の違いもあり，環境問題以外ではTTTとは協力関係を作りにくい。

エコロジー問題や古い建物の処分問題を解決することは，町長の裁量権の中にある。しかも議会はさほど力を持っていないので，その解決はなかなか難しい状況にあると言わなければならない。

町長は嘘つきだ。すべてのことがうまくゆくと口先では言っているが，結果は出ていない。人々は町長が無能であることをわかりつつあるが，「革命」を起こすには至っていない。

我々は，町民生活の一部を解決しようとしているにすぎず，全体に影響を与えようとはしていない。将来はKDHが最大の政党となり，民主党も今後大きくなるであろう。

西独の「緑の党」とは無関係の団体。外国の同種の組織とは連絡をとりあっている。しかし，その世界規模の組織の有無など詳しい情報は持ち合わせていない。

メンバーは30歳前後の大卒者がすべて。個人的には7年前からこの種の問題に興味を持つようになった。また，ミニコミ誌の「Okno」（発行部数700部）の刊行にも協力している。

原則的には，外国の資本が開発に使われることを否定しない。問題は，その使われ方なのだ。

自分はむかしからマルクス主義に対して懐疑的であった。大学の中には，マルクス主義に公然と懐疑的態度をとるグループ，公然とは批判的態度をとらないが実は懐疑的なグループ，およびそれを支持するグループの3つがあったが，自分は2番目に属していた。

もともとは，町役場の文化担当の役人であった。しかし，現在の町長に解雇されてからは無職の状態である。とはいえ，自分はこの地に骨を埋めるつもりだから，他で仕事が与えられてもこの地を離れる気はない。

町には活力がない。若い人が外に流出してしまって，残っているのはジプシーと老人程度だ。今後再開発をするにも，水道や電気といった［インフラの］問題が絡んでくるだろう。

（9月10日：園田茂人）

4 暴力に反対する公衆 (VPN) 党首の話

現在学校で,採鉱に関わる科学技術と,環境保護の授業を担当している。とはいえ,教えるべき授業の内容などでは,TTTとは意見を異にしている。

VPNの初代会長は女性であった。自分は二代目の会長に当たる。

町議会の再編成に当たり,共産党勢力を一掃しようと努力した。自分自身は1990年の8月にVPNの流れに参加した。

自分の父親は第二次世界大戦に参戦し,ソビエト軍と戦ったが,戦場で負傷した。1940年にはドイツ軍との戦闘に参加。ユダヤ人の強制収容に対して拒否する行動にでた。1945年には陸軍を解雇され,シベリア行きを命ぜられるが,その上司がユダヤ人で彼の「恩」を覚えていたため,結局助けられることになった。そして再び陸軍に入隊したが,1952年に再び解雇された。教会に行ったとの理由からであった。それ以降,父親は労働者となり,ビルの建設に従事するようになった。

自分はといえば,1958年にB・Sのギムナジウムに合格したが,父親の前歴が悪いといった理由から大学への申請書は却下された。そこで父親同様に一般労働者となり,工場内で「教育」を受けることになった。暫くして工場内のグループリーダーとなり,1961年には共産党に入党することになった。そして1963年には大学入学許可を得ることになり,その後小さな工場の幹部となった。1968年,ソビエト軍が侵攻してきた際には,これに抗議するポスターを作成した。そして兄とともに,共産党によって捕らわれの身となり,投獄されることになった。そして1969年には党籍を剥奪され,ポストも解任された。

1978年には工場から解雇通達が下された。共産党に対して異なる意見を述べたという理由で訴追されたのであるが,裁判の結果無罪が判明,後に工場に復職した。自分としてはその他の職に就きたかったのであるが,前歴ゆえに採用してもらえないといった有様であった。たまたま同年,職業学校の物理と化学の教師としての職を見つけ,1年のみの契約を行ったが,学校の校長は共産党員であったため,3日して解雇通告を渡された。そこでこの地域の教育委員会に対して窮状を訴えた手紙を書き,校長を脅迫するといった手段を用いた。その結果,翌年からは正式の教員として採用されることになった。大学で金属学を専攻していたというのが表向きの理由であった。そして,1987年に当町に居を構えるようになり(それ以前は,5時間かけて学校に通っていた),現在に至っている。

いままで共産主義そのものを信じたことはない。大学で物理学を勉強する際にもマルクス主義に対する「信仰」を表明しなければならなかったのは,大変ばからしかった。自分の態度がこうであるから,自分の子供たちは大学まで進学することができなかった。

1989年9月の革命の際,最初にゼネストに参加したのはこの学校の生徒であったが,自分自

身も反共産主義を唱った学校連盟のリーダーとなった。当時の校長は，マルクス主義を信じていなかったとの理由から，更迭されるに至らなかった。この町は小さいから，どの人物が共産主義を信じているかいないかは誰にでもわかる。

（9月10日：園田茂人）

5．社会民主主義左派（SDL）党首の話

　自分は1959年に共産党に入党し，採鉱夫として働いたが，現在は年金生活を送っている。10年以上共産党の指導部にいた。1989年，プラハやブラチスラバで集会に参加したが，参加者の意見を聞き，彼らの声に賛同した。確かに共産党の幹部は人々から離れていた部分があったと思う。一部の同志が頑くななまでに民衆の声を聞かなかったため，11月17日にゼネストが行われるようになった。これに参加するかどうかについて，採鉱夫仲間でも議論が起こったが，結局我々も参加することにした。そして朝と夕方のシフトの仲間が広場での集会に参加したが，そこでの町の委員会に対する批判の中には嘘も含まれていた。

　ゼネストを境にVPNが成立した。KDH，民主党などは後に成立したのだが，VPNは採鉱夫の一部を巻き込むものであった。そしてVPNの選挙人名簿作成の際に，旧共産党員も名を連ね，共同でアクション・プログラムを作成することにした。VPNの基本的な主旨に同意したのである。個人的には1968年から1989年に至る共産党支配に対して反省すべき点があると思っている。

　さて，ゼネストの2週間後工場内でも選挙が行われ，エンジニア出身の者を工場長として選んだ。これに対してVPNは変更するよう求めたが，我々は自分たちで独自に決めたことだとして拒否した。そして工場長が最初の工場内の活動委員会の委員長となり，自分は第二代の委員長となった。

　SDLが結成される以前，共産党のメンバーは719人いたが，そのうち採鉱夫は126人で，中には共産党員の肩書を変えようとしない者もいた。

　町では徐々に日常的な会議が行われるようになり，VPN，KDHなどとの協議が何度となく行われた。

　国政選挙については，1990年の1月からプログラム作成を開始し，旧共産党系の2人を選挙準備のための専従メンバーとして選出した。そして4月20日には，プログラムを完成させた。そしてこれをもって，他の政党との議論を6回ほど行った。

　我々の目的は労働者の立場を守り，失業に対する社会保障を充実させることにある。我々はこの点にかんして何度も他党と協議したが，どの党も我々のようなプログラムを提示することはなかった。

ブラチスラバにある党本部からは半年に1回1,200コルナで会議を開催するよう指示されているが，実際には1回の会合で1,600コルナかかってしまう。したがって絶えず資金不足に悩まされており，現在党員からお金を集めてこれを使用しているといった具合である。

　国政選挙の結果，旧共産党系が3位に食い込むことができたのは，当時の状況を考えれば予想以上の大成功であったと言えるだろう。

　そして地方選挙にかんして言えば，将来に対するプログラムで勝負しようと心がけた。また候補者の選定に際して，一般の労働者とよく話し合って決めた。

　町長選では1,586票を集めて勝利を収めたが，国政選挙後，VPNの力がなくなったのが大きな原因だろう。ただ自分は，我党が推薦した現町長及び町議会議員はみな人柄がよく，それゆえに人々から厚い支持を得たのではないかと思っている。それに引き換え，反共産党グループは，単に共産主義に反対しているだけで，魅力に欠けたものとなっている。

　実は自分自身，息子が教会で結婚式を挙げたとの理由から共産党から批判された経験を持っている。

　現在町が実行しているプログラムにかんして，多くの問題があることは指摘しておかなければならない。そもそも町会議員の間でも議論が絶えないし，町長も我々が担いだにも拘わらず，我々とは独自のプログラムを進めているといった具合だ。

　我々はさまざまな所有形態を認めている。競争が必要だから，必ずしも国営にのみ拘わっていない。しかし，組合に対する攻撃には断固立ち向かう態度を採っている。また，私企業が多くできることによって，悪い面が目だってきていることも事実である。カフェテリアのような不必要な店舗が多くなり，インフレが加速しているため，これを利用できる人が少ない。また最近派手な洋服ばかりが出回るようになり，実際に必要とされるものはなかなか流通しないといった有様だ。

　今後憲法問題など，中央委員会と連絡しながら議論を深めてゆくつもりだ。とはいえ，昨年（1990年）の8月以降，ほとんど会議らしい会議は開かれていない。

　将来の展望にかんしては，人々の意見をよく聞きながら決めてゆく必要があろう。今後は社会保障の充実に対する人々の願いが強いため，我々の勢力は拡大してゆくであろうし，メンバーも増えるであろう。

　外資の導入も，これが労働者の収入増加に結び付く限り歓迎だ。工場や産業も大いに発展させる必要があるからだ。

（9月10日：園田茂人）

6 町役場の選挙管理担当者の話

当町には3つの選挙区があり，登録及び投票は選挙区内の学校で行われる。選挙を監視する選挙管理委員会は，すべての党から1人あるいは2人の代表が出て構成され，町役場の担当部局と協力して選挙のための組織づくりが行われる。ただ今回の町長・町議会選挙の場合，革命後の最初の投票であったから，準拠すべき法律はなかった。

この選挙区は人口数に応じて作られ，現在では，第一区，第二区では12人，第三区では3人を限度に投票用紙にマルをつけることができる。

表8 B・S町にみる月別人口の変化

1990年12月31日	全人口	男 性	女 性	
	10,964	5,355	5,609	
流出人口		－14	－ 3	－11
流入人口		＋16	＋ 6	＋10
死亡人口		－ 8	－ 3	－ 5
出生人口		＋13	＋ 8	＋ 5
1991年1月31日	10,971	5,363	5,608	
流出人口		－29	－13	－16
流入人口		＋18	＋10	＋ 8
死亡人口		－21	－11	－10
出生人口		＋12	＋ 7	＋ 5
同年2月28日	10,951	5,356	5,595	
流出人口		－15	－ 5	－10
流入人口		＋11	＋ 5	＋ 6
死亡人口		－ 6	－ 3	－ 3
出生人口		＋15	＋ 7	＋ 8
同年3月31日	10,956	5,360	5,796	
流出人口		－ 6	－ 1	－ 5
流入人口		＋21	＋ 5	＋16
死亡人口		－13	－ 9	－ 4
出生人口		＋13	＋ 7	＋ 6
同年4月30日	11,099	5,382	5,627	
流出人口		－22	－ 8	－14
流入人口		＋16	＋ 8	＋ 8
死亡人口		－11	－ 5	－ 6
出生人口		＋12	＋ 7	＋ 5
同年5月31日	11,094	5,384	5,620	
流出人口		－13	－ 6	－ 7
流入人口		＋22	＋10	＋12

死亡人口		-14	- 6	- 8
出生人口		+10	+ 8	+ 2
同年6月30日	11,099	5,390	5,619	
流出人口		-34	-17	-17
流入人口		+18	+ 7	+11
死亡人口		- 9	- 4	- 5
出生人口		+16	+ 6	+10
同年7月31日	11,010	5,38	5,618	
流出人口		-32	-16	-16
流入人口		+10	+ 6	+ 4
死亡人口		- 7	- 6	- 1
出生人口		+10	+ 3	+ 7
同年8月31日	11,071	5,369	5,612	

出典）B・S町役場総務課資料より作成

　現在台帳を整備しており，これは今後の国政選挙の際にも使われることになる。現行の法律では18歳の時点で選挙権が与えられることになっており，地域を移動しても，その移動先の役所に届出をすれば選挙ができる体制となっている。

　投票用のカードは，ボランティアに頼んで各家庭に配布してもらう場合が多く，中にはこれを無くしたといってくるものもいるが，数はさほど多くない。無くした場合には，身分証明書を投票場で提示することによって再発行することが可能である。

　今回の選挙では，［9月］23日の午後1時から午後10時，24日の午前7時から午後2時まで投票が行われ，同日の夕方には結果が明らかになった。

　選挙管理委員会のメンバーは誓約書にサインをし，委員が開票結果について報告書を作成。これに基づいて当落が明らかにされるといったシステムをとっている。国政選挙の場合にも基本的に同じ形態をとっている。

　なお，当町における最近の人口動態は（表8）の通りである。それ以前のデータについては，革命前後の混乱によって紛失してしまった。

（9月11日：園田茂人）

7　ジヴェナ（Živena「民話とスロバキア伝統文化保護の婦人団体」）のリーダーの話

　我々のグループは女性のみの会員による，非政党組織。スロバキア第一共和国の時に設立され，120年以上の歴史を持っている。1948年にはスロバキア女性コミュニティー（Slovak Community of Women）に改組され，現在も再編成の過程にある。

　個人的には1968年にスロバキア女性コミュニティーで働くようになったのが，現在の地位に

あるそもそものきっかけとなった。我々のグループは結成当時35人のメンバーによって構成されていた。自分は相当に年をとっているので，できればリーダーをやりたくなかったのだが，他者から推挙されて委員長をやっている。政治は我々の関与するところではない。

当町には3,000人の学生がいるが，文化会館がない。このような窮状を見て，文化活動を支援することにした。毎月バンスカー・ビストリッツア市でオペラなどの公演を行っている。わけても民俗音楽や民俗芸能のコンペの開催に力を入れており，今年（1991年）の6月にも「Sing, Sing」といったイベントを行った。当町の私企業主から100～200コルナ程度の寄付を貰うなど，スポンサーを見つけて開催にこぎつけた。またクリスマスにも特別のプログラムを持っている。

自然保護には興味があるが，それより当町の文化を守ること全般に興味があり，そのためには経済発展も必要ではないかと思っている。とくに観光を推進すれば，そのために民俗文化が保護されることにもなるので，大変よいと思う。

毎月会合が開かれており，町長や町議会議員とも連絡を取り合っている。ただし彼らが毎回出席しているというわけではない。町長は我々の活動に同調的で，活動を支援すべく部屋を確保するよう申し出てくれている。ブラチスラバにある本部とはよい関係を保っている。

我々の組織が民俗舞踊のようなグループを自前で持っているわけではなく，あくまでも支援することを第一義と考えている。

（9月11日：園田茂人）

8　マティツァ・スロベンスカー（Matica Slovenská）のリーダーの話

我々の組織は，1972年に活動が停止に追い込まれ，14年の後，1987年にシンパとともに再結成にむけての努力を開始した。そして1990年初頭に，正式に成立することになった。

本組織にはあらゆる階層からの参加者がいるが，どちらかというと若い人の参加は少ないように思う。

成立後，本部から人がやってきて2度ほど会合を開き，将来のプログラムにかんして意見交換を行った。

町には至急改装が必要な建物が多く，多額のお金が必要な状況にある。議会はこの点にかんして予算をつけるよう約束してくれた。このグループは町長や議員，一般の人々に広く支持されているのである。

我々は非政党であるが，敢えて個人的見解を述べるとすれば，SNSが一番我々の立場に近いであろう。

現在メンバーは100人程度。あらゆる政党のメンバーが属している。また多くの政党から会

合に参加するよう勧誘を受けているが，旧共産党系の集まりだけには参加したくないと思っている。ただ政党色をつけることに対しては，我々は大変警戒的である。本部とその点一致した見解を持っている。

今後我々の活動が活発になるかどうかは，国家の側の対応にかかってくると思う。実際，文化省がもっと「文化的」になれば，歴史的な建造物を保存することもさほど難しくなくなるであろう。事実，お金の問題は深刻である。

我々は，文化保存のために多くの外国の投資家に対してPRをしてきた。彼らの多くも，会議の過程では投資の可能性を示唆したのだが，実際にはなにもしていないのが現状だ。この原因についてはさまざま考えられるであろうが，個人的な意見としては，外国の投資家は我々の経済がもっと冷え込んで，歴史的建造物を購入する価格をより低くしようともくろんでいることが原因ではないかと思う。

(9月11日：園田茂人)

9 第三千年期の潮流（TTT）のリーダーの話

1989年の12月に設立された。設立の理由は，当町の環境破壊が激しかったため，これに対する政治的な配慮が必要とされていたから。革命以前の状況は今よりもひどく，当町が観光と工業を中心とした産業構成になっていたことから，どうにかこれに対応する必要があった。しかし我々は職業政治家ではない。我々のアイデアをまわりに受け入れてもらおうと努力しているだけである。

現在メンバーは少ない。人々の環境問題に対する認識の浅いことが原因であろう。

「緑の党」とは自然保護に対しては同じ立場をとっているし，実際共同戦線を組むことがある。しかし彼らは問題点を指摘するだけで，具体的な政策的提言を行っていない。また「自然に帰る」ことを考えているようだが，我々は開発に対しては否定的な態度はとっていない。ただ，その結果生じるであろう環境破壊をいかにして防止してゆくかを問題にしているのである。加えて，環境教育の重要性を認識している点までは一致していても，彼らが意識の覚醒のみにとどまっているのに対して，我々はそのための具体的な技術まで教育の対象とすべきだといった考えを持っている点で違っている。

我々はまた地域の問題に対しても関心を持っており，そのためのプログラムを作成している。すべての人間が自分の所属する地域の問題解決に対して資すべきであると考えているからだ。とはいえ，50％以上の人口が労働者である当町において，環境問題をテーマとしてゆくことには難しい点も多々ある。そこで我々は，学校での教育にとくに重点を置いている。すなわち，新しい学校を設立することにより産業転換を計るとともに，そこで環境教育を徹底するこ

とによって新しい動きをつくりだそうとしているのである。実際，議員に対して議会で通り易いプログラムを渡すことを計画しているところである。

　組織拡大の方策としては，地域センターを拡大することが一番だと思う。現在全スロバキアに500人のメンバーがいるが，これを増やすことも肝要だろう。いずれにせよ，組織の活性化が重要な課題であることは事実である。

　国政選挙の際にはVPNと協力関係を結ぶ一方で，国家規模の委員会を設立した。今後どの政党もエコロジー問題に対して関心を抱かざるをえないであろう。我々としては，どの政党であれ，環境対策に対して積極的な態度を持つものに対しては協力関係を持とうと思っている。町長は環境保護のためのプログラムを作成しており，実際，水の浄化にかんして国の環境省から予算を得ることにも成功している。

　町長の方針は基本的に支持している。彼も我々の活動に関心を持っているし，理解を示しているからだ。事実，以前よりも問題解決の方向に進んでいると思われる。しかし情報をあまりこちらに流してくれないといった点は問題だし，彼のやり方では環境問題は完全に解決されないのではないかと憂慮している。

　一方地方選挙にかんしては，VPNとの協力関係を模索したが，結局失敗。独自の候補を立てることにした。もしジヴェナ（Živena）やマティツア・スロベンスカー（Matica Slovenská）などのスロバキア・ナショナリズムを指向する集団がエコロジー問題に興味を示したとしても，我々は共同歩調をとるための努力をするつもりだ。ただ現在のところ，その成功の可能性はない。

　当町における最大の問題は失業問題。これが大きな人口流出の原因ともなっている。若い人が外に出ていってしまうのは残念なことだ。

　当町では採鉱の歴史ゆえに，水脈が切断されてしまい，水を丘の上から引かなければならない状態にある。しかしこの水も汚染されており，地下の水脈からポンプで組み上げなければならない状態にあるが，そのための機械を購入するだけの予算がないといった有様だ。

　革命前にエコロジー問題がすべての政党の関心事となったことがあるが，VPNを含め，結局真剣に取り組む態度を持ち続けられないのが現状。彼らがこの道の専門家でないからそれもやむを得ない。国の役人も視察にくる程度で，重い腰をなかなかあげようとしない。

　地方選挙の際に，もう少し集合住宅のある地域でPR活動を行えばよかったと思う。この層の関心を引くことができたら，もっと大きな力を結集しえたであろう。

　将来ともに，我々の勢力が後退することはないであろう。国にも環境省ができ，現在エコロジー教育も行われていることから，これらが人々の意識を変えてゆくことになるであろう。従来，人々は金のことに関心がありすぎて，なかなか環境問題にまで頭をめぐらすことがなかったことを考えると，大きな変化である。

今後とも町議会や共和国政府に対してさまざまな陳情を続けてゆくと同時に、できればスポンサーを探して財団を設立したいと思っている。

個人的には、子供のころから環境問題には関心があった。しかし全体主義的な雰囲気が強かった時期には、環境問題を言い出せないといった事情もあった。

いずれにせよ、今後とももっとも重要になるのは、いかにして人々の「心」を変えてゆくかであろう。

(9月12日：園田茂人)

10　暴力に反対する公衆 (VPN) 党首の話 (続)

革命以前の町長は、革命後町役場の役人をやり、現在は年金生活者になっている。彼は我々のシステムの犠牲者である。

彼は革命以前、家族・縁者の登用を行ったが、これは当時の常識であった。ただ、革命後に仕事のできるものはそのままの地位にとどまったが、そうでない者は解雇されることになった。

国政選挙の前には新聞やラジオで特集が組まれ、多くの人々の関心を引いた。それが結果として多くの投票を獲得することになった。そして国政選挙後も、地方選挙まで同様に活動を続けた。

VPNのメンバーの約30%は旧共産党系。彼らの中で民族主義的な動きを持つ者は脱退し、現在目だった政治活動はしていない。また旧共産党系のメンバーは、SDLに残るか、政治活動に参加しなかったかのいずれかであった。

町長選挙に敗北した原因は、人々が［主義主張ではなく］人柄で投票したからであろう。国政選挙の際には、そうではなかった。また町長選挙前にVPNが分裂騒ぎを起こしたことも大きな敗因の1つであろう。

町長の存在については、実はあまり知らなかった。私の回りで彼の人柄をよいという人間がいるが、我々には町長がよくなるよう監視する義務がある。以前はよく我々と対立を起こしたが、それは彼が全体主義的な態度をとることが多かったからだ。現在はずいぶんよくなっているが、願わくばもっと我々の立場に近づいてほしいと思う。

現町長は、その人柄ゆえに「長期政権」を樹立する可能性もあるが、そもそも民主主義とは複数の可能性の中から人々が選ぶ権利を有する体制である。我々としては、次回の選挙に際して別の候補者をたてるつもりであるし、それが民主主義の理念とも合致する。

従来は1人の候補者がたち、これに賛成票を投じないと犯罪者扱いされたものだ。前回の選挙がはじめての民主選挙であったが、まだまだ問題点もある。

我々の基本的な態度は経済の民営化を推進することだ。従来の国営企業が町営に変わったのは当然のことながら、広くサービス産業も民営化を進めてゆく必要がある。なぜなら従来の経営形態では負債が大きくなるばかりであるし、事実倒産に追い込まれた企業も少なくないからだ。現在、集合住宅の管理業務は町が行っているが、これも民営化した方がよいと我々は主張している。町長は税率を低く押さえようとしたが、結局国からの補助が得られなかったために、これを高くしなければならない状況にある。これを考えても、民営化の必要性は明らかだ。

現在の状況では、1年間のうちに就職口を見つけるといった条件で失業中の者が1,580コルナを貰っており、最低でも1,200コルナ貰えることになっている。ところが一般労働者の平均賃金が1,700コルナだから、これでは働く意欲が湧こうはずがない。教員の場合、最高給与が3,150コルナで、そこから700〜1,000コルナ差し引かれるから、これではモラールが低下するのも無理はない。

VPNからは何人か脱退者がいるが、そのうちの1人はSNSに移った。誤って脱退した者もいるが、こちらとしては出ていって貰ってありがたかった者もいた。

今後ともKDH及び民主党との共同戦線を続けてゆくつもりである。また、より一層民営化を進め、よい結果を出すことが必要であろう。ところが、工場長は依然として旧共産党系の人間が多い。新しい法案を通すことで、彼らに民営化の重要さを教えるとともに、彼らがいい加減なことができないようにするつもりだ。また彼らによる情報の独占状況を打破する必要もあるだろう。

観光開発を含め、今後とも一層自由主義経済を指向してゆくことが、よりよい社会を作ることになると信じている。我々には国家統制経済といった悪い思い出があるのだから。

(9月12日：園田茂人)

11 スロバキア民族党（SNS）党首の話

リーダーになってからまだ2週間しかたっていないので、党と町議会との関係についてはよくわからない。

ブラチスラバで中央組織ができてから、すぐに当町でも組織化がされた。成立後、具体的に他党との協力関係を模索するようになった。

最初は5人のメンバーしかいなかった（現在は23人）。成立後何度か会議をもって今後の戦略を検討した。国政選挙の時に第2位の得票率を獲得できたのは、中央の作ったプログラムがよかったからだからだろう。一般に中部スロバキアの人々は、国政指向が強い。

自分自身は忙しかったため、政党結成には直接関与していなかった。結成当時からシンパは

多かったが，実際にメンバーとして働いてくれる人は多かったとはいえない。したがって，町議会議員選挙では，2人しか当選させることができず，結果的に敗北を喫することになった。とはいえ，大敗北とは思っていない。というのも，我々はあくまで国政がもっとも重要であるという認識を持っているし，地方選挙では知っている人を選ぶ傾向が強いからだ。選挙にあたりマティツア・スロベンスカー（Matica Slovenská）の人たちとプログラム策定にかんして共同作業を行った。

　我々の主要な作業は，人々に対してSNSについての情報を流すこと。そして最終的な目標はスロバキアを独立に導くことにある。その点では，他の党と共通していない。とはいえ，党内でも独立にかんしてラディカルな立場をとるものもいるし，とらないものもいる。

　次回の地方選挙では15％の得票率を獲得することが目標だ。ただ，他の党との協力関係については特別考えていない。ただ国政にかんしては，民族志向の強い党（VPNから分離したHZDSなど）と協力関係を持とうと思っているし，もしKDHが分裂したならば，より民族指向の強いグループと共闘関係を樹立することは比較的容易であろうと思われる。

　リーダーは内部に設置された委員会のメンバーから選出される。

　当町の観光開発にかんしては，特別の反対はない。また経済的には極端な市場経済にも，極端な計画経済にも反対だ。混合形態を模索してゆくのがベストであろう。

（9月13日：園田茂人）

（Ⅱ）行　　政

1　B・S町役場，財政担当課長（Ing.Mr.Majersky氏）の話

(1)　本人の略歴

　今年の3月からいまのポストに就いた。しかし同時にギムナジウムで経済学を教える教師でもある。生まれてから20歳までB・S町に住んでいたが，その後はブラチスラバの工場で働いた。50歳になって再びB・S町に戻った。30年前のB・S町はもっと豊かで，多くの町村を後背地として抱えていた。いまは近隣の村は14にすぎない。1960〜70年代に近隣の若者は，仕事を求めてブラチスラバに去ってしまい，地域全体が衰えてしまった。その間，B・S町では仕事が創られなかった。

(2)　新しい税の体系

　法による新しい税のシステムは，租税と手数料の2つからなる。
① 租　税
　(a)工場の利益にたいする課税。年金等の支払に充てる国税であり，その一部（8〜12％）が市町村に来る。B・S町では年間で，200万コルナに相当する。
　(b)国営，農業協同組合にたいする所得税（？）。(a)と同様の国税であり，そのうちの13％が地方に来る。
　(c)私営事業主への所得税。基本的に(a)と(b)と同様のシステムだが，レートが低いことと，固定資産にたいして2年間の税金免除の利点がある。
　(d)個人住宅への課税。個人所有の住宅にたいして一定の規模を越えると課税される。
② 手数料
　毎年5月のはじめに地方議会で決定できるが，その上限と下限は国がきめている。B・S町では，スロバキアではじめて導入された，市内通行料という制度が今年の5月につくられた。実際に料金を徴収しはじめたのは，道路の迂回工事が終わった6月からである。この制度の起源は中世までさかのぼる。町の特権として周辺の農民が市場で生産物を売るために町に入ってくるときに徴収した制度（Mytoと呼ばれた）がそれである。B・S町は歴史的史跡に恵まれた観光都市であるうえに，山に囲まれた起伏の多い地形のために市街整備が難しく，旧い町並をそのまま保存せざるを得ないために，徴収の必然性がある。B・S町が導入してから他の市町村でもまねるところがでてきた。具体的には，自動車でB・S町の歴史的中心部を通過する

外国人や他地域の市民から，その入口のところで1回10コルナを徴収する制度である。B・S町を通過して個人所有の別荘や山小屋に行く人は年間100コルナ払えばよい。町内に工場をつくると，自動車4～5台の保有を想定して，年間200コルナを，また私営事業主は500コルナを支払う。

この制度は町の予算に計上されている国からの補助金がなかなか降りてこないので，財政上の緊急対策という意味あいをもっていた。

(3) B・S町の財政事情

今年度の総予算額は，1億1,500万コルナである。歳入の詳しい構成ははじまったばかりなのでよくわからないが，そのうち町独自の収入は1,500万コルナであり，残りの1億コルナは国から来る予定になっている。国からの1億のうち，申請特定補助金である史跡維持の費用900万コルナのうちの100万コルナと，同じく特定補助金のインフラおよび建築物の修理・維持のための費用1,200万コルナは国から降りてきたが，一般補助金のすべてを含むその他の費用はまだ来ていない。町独自の収入1,500万コルナは，おそらく1,200万コルナ程度にしかならないだろう。町民に課税できる権限はあっても，いまの経済状態では制度をつくっても金は入ってこない。通行料のような他の財源を考える必要がある。いま浄水の装置を他の町村や企業と共同で設置し，その利用税をとること（利益は期待していない）や，スキーのリフトの建設も考えている。インフレが進行しているが，予算の修正は考えていない。足りない部分が生じたら来年度分で補充する。そのためにも，繰越のための予備金をつくるつもりでいる。予算の編成時期は12月～1月である。

支出のうち，職員の人件費は年間総額250万コルナを予定している。町長の月給は5,800コルナである。

清掃業や町営食堂あるいは建物の基礎工事などのテクニカルサービスに従事する現業労働者は，利益を生む事業に就いているので，給料のかたちではなく，別に賃金が支払われる（？）。町の公営事業の民営化については考えていないが，よいサービスと安い価格なら考えられるかもしれない。町内に公衆浴場があるが，町有では利益が出ないので，いまは私企業に貸している。賃貸料を得た方が効率がよい。

(4) インフラストラクチュア

B・S町には都市ガスはない。地形上ガスがひけないので，共同のプロパンガスがあるだけである。プロパンガスの利用料は，1立方メートル2.4コルナである。プロパンを使わない家庭は，コークスや薪など自然燃料を使っている。

水道は，地元の水源と広域の水源がいくつかある。しかし自己給水している家庭もある。地

下水が流れているが，公共水道の方がよい。水道料は，1リットルあたり，工場で9コルナ，家庭で1コルナである。公共料金は国に支払われる。

電話の敷設は遅れている。電話の設置料は，工場で5,000コルナ，家庭で2,500コルナである。基本料金は50コルナであり，そのうえに通話料がかかる。

最近公共料金が高くなっているので，生活が苦しい。昨年はじめのブラチスラバの試算では，家庭の収入5,000コルナのうち公共料金は900コルナぐらいだったが，いまは1,600コルナぐらいになっている。家族の多くが働かなければやっていけない。我家では3人が働いている。私も役所と学校の2カ所で働く必要がある。

（9月8日：川崎嘉元）

2　B・S地方局，広域計画担当者（Ing.Ladislav Sombathy氏）の話

(1) 広 域 圏

今年の2月から，B・S町と周辺の14村をあわせて1つの圏域（Oblast'）がつくられた。わたくしの仕事は，この地域の発展計画を作ることである。この地域は，総人口約17,000人で，そのうちB・S町だけで約10,000人を占める。このB・Sとまわりの40のOblast'が一緒になってさらに郡に相当する広域の単位であるOkresがつくられている。その中心はB・Sではなく，ジアル・ナッド・フロノム（Žiar nad Hronom）市である。このOkres内の人口は合計約94,000人である。Žiar nad Hronom市の人口は21,000人であり，Žiar nad Hronom市を中核とするOblast'の人口は36,000人である。ことしの2月に新しくB・S地区のOblast'ができるまでは，B・S町はOkresに統合されていた。しかし，広域発展計画は，事実上さらにそのうえの広域単位である県に相当するKrajによってつくられ，その下のOkresは，単なる下請の機関にすぎなかった。Krajは西スロバキア，東スロバキア，中部スロバキアとブラチスラバの4つからなっていた。ここは，中部スロバキアに属し，中心はバンスカー・ビストリッツアであった。

(2) 広域計画

2月に誕生したこの地区の発展計画はまだつくられていない。というよりも作るべき担当者がいない。私がその担当になっているが，私は2カ月間の約束のパートタイマーでしかない。しかし，私以外に担当者は誰もいない。私個人の意見では，計画は短期と長期の2つ必要である。ここ1～2年間は変化が激しいので，短期計画が重要だが，将来的には，長期計画が重要になろう。現在の主たる課題は，雇用の維持と創出である。そのためB・S町は重要な使命をもっている。おそらく，この地域の産業発展は鉱山業の再生以外にないであろう。というのは，ここは交通の便も悪く，水利用の条件も悪いからである。

(3) 地域の産業の歴史

　B・S町の18世紀末の人口は約30,000人であった。18世紀前半から始まったスロバキアの産業化のもとで，B・S町では鉱山業が発展し，多くの鉱山労働者が生活していた。1762年には世界で最初の鉱業アカデミーがこの地に設立された。そのほかの産業としては，タバコの栽培と繊維産業程度しかなかった。

　しかし，その後人口は次第に減少し，第一次大戦直後の1918～1919年には25％の仕事がなくなっていた。25％の失業といえば，1989～91年の失業水準に匹敵する。現在B・S町の産業化には鉱山業の再生が不可欠であるが，その第一歩は金と銀の発掘であり，6年計画でそれを目指している。事実，1945年には，金と銀が発掘され，その加工業もあったと記録されている。1948年に社会主義体制になってから，金の国際価格が下がったこともあって，社会主義体制下では金は重要でないと判断された。1945年の大戦直後には，金は1キログラム7,000コルナだったが，その後下がったことはたしかである。でもいまは，1キログラム35万コルナになっている。

　社会主義下では，金と銀の発掘をやろうにも技術と機械がなかった。いまは，地質調査が省に相当する共和国地理院によって行われている。しかし，セクショナリズムのためにこちらには情報が入ってこない。鉱山業を民営化する計画はない。鉱山業の再生は2010年頃を目処にしている。

(4) 産業活性化計画

　マスタープランはないが，他の産業の活性化も考えている。繊維産業は私有化計画によって2年以内に私有化される予定だが，売却相手はまだいない。タバコ産業は来年の初めに，有限責任会社形態に移行する。名称は「スロー・タバコ」になるだろう。80％が国内消費用，20％がオーストリーに輸出される予定である。木材産業も同様の会社組織に来年からなるだろう。フランスが良い市場になるといわれている。

　自動車のバッテリー工場もアクシット（AKUSIT）という名称の有限責任会社になった。日本の「YUASA」を含む外国企業と関連をもっている。

　ポニトラン（Ponitlan）という名前の，80名の従業員を抱える靴製造の生産協同組合が25年前から存続している。鉱山業関係の機械製造業も来年には私有化される予定である。

　その他の工場としては，コシツエに本部があり，ビルの枠組をブリックでつくるスロバク・メタル・カンパニーがある。

　農業には約700名が従事しているが，国営農場が1つ，協同農場が3つある。国営農場のリーダー格の女性が音頭をとって，今年の10月からミルクと肉の製造工場をつくり，来年から有限責任の会社組織に移そうとする動きがある。農民は土地の私有化を望んでいないので，共同

事業の形態が生まれるかもしれない。

B・S町にはいま約450名の私営事業主がいる。そのうち90名が専業であり，残りは，他の仕事も同時に兼業している。450名のうち今年の7月以降に営業を開始した事業者は約140名である。従業員数はすべて1～20名のあいだだが，32名新しく雇用された。今後，私営事業主は増加していくだろう。

観光業については，博物館や宿泊施設などの公共施設で250名が働いている。各工場に所有されているコテージはまもなく私有化されるだろう。観光施設には，オーストリアとイタリアが関心をよせている。しかし，先立つものは史跡の再生だが，そのための金がない。また，インフラもまったく不備である。土地や建物が前の所有者に戻されても，このような状態では売却できないので，修理も行わない。そして町全体が観光資源として価値がなくなっていく。

(9月8日：川崎嘉元)

3　B・S地方局長（Ing. J. Čabák氏）の話

(1) 本人の略歴

地方局長に選ばれる前は，ブラチスラバの工場で7年間ケミカル・エンジニアとして働いた。行政についての専門知識はないが，まわりにアドバイザーが大勢いる。地方局長の選出にあたっては，ほかに2名の候補者がいた。B・S町長ほか14名の村長による選挙の結果，13票を得て選出された。私個人はKDHの党員兼B・S町会議員であるが，局長選挙では，旧共産党の現B・S町長も私を支持した。なお，B・S町の副町長は町長と対立する立場にある。

地方局の長官がこのように当該市町村長の選挙によって選ばれるのは，現行の法の不備による。なぜなら，地方局長は誰に責任をもてばよいのか分からなくなる。（自分自身は誰に責任をもつのかと尋ねたところ，最初はあいまいであったが，法規を参照して，内務省の大臣に責任をもつと答えた。）

(2) 行政組織

地方局の組織は法によってきめられている。地方局は自治体と地方の行政を分有する。したがって，町長と地方局長は対等の立場にあり，町長との対立よりも協調が大切である。地方局はおおまかにいえば，つぎの5つの部からなる。

(a)秘書兼総務課。この中には局長自身が統括する機関である秘書室のほかに，人事，エコロジーと環境，コミッショナー（市民の苦情処理や監査）としての役割に責任をもつ係等が含まれる。

(b)財政および地方交通課

(c)私有化推進課

(d)社会福祉担当課

(e)法制課。ここは，共和国選挙の準備，市民の登録等の事務が含まれる。B・S町内のオフィスに5名のほか14の周辺の村にも職員が配置されている。

雇用と失業にかんする業務は，この地域のOkresの中心地であるŽiar nad Hronom市にある労働局の管轄であり，B・S町のオフィスはその支局になる。

私有化と私営事業主にかんする業務は町役場も担当するが，私企業設立の許可は国の仕事なので地方局が扱い，町役場は地方局からの情報をもとに，みずからの税務等の仕事を扱う。なお地方局の仕事は，単に許認可だけではなく，たとえば新しい私営のベーカリーが5人の従業員を雇えば，ビルの建築に国の補助金がでるが，そのさいの事務手続も行う。また，銀行から無償で資金を借りるときの担保の斡旋等も行う。

(3) 行政職員

このオフィスで働いている職員の総数は33名である。そのうち約25％にあたる8名はかつての人民委員会の職員であった。残りの25名は別の会社で働いていたが，口述とペーパー試験によって局長自身が新しく採用した。皆それぞれスペシャリストだが，行政職員の経験はない。

各部課のチーフは全部で7名だが，そのうち重要な4つのポジションには資格が必要である。すなわち，内務省が組織する6カ月間の専門別セミナーに参加し，そのうえで試験に合格しなければならない。セミナーと試験はこれから実施されるが，現在のチーフもこの試験を通過しなければ，いまの地位を保てないことになる。

いずれにしても，職員の資格と訓練が不十分なので能力の向上が課題である。また，いまのオフィスはまえのナースリースクールなので施設面でも不十分である。そのうえ，オフィスの所有者は町役場なので，町役場に家賃を払わなければならない。町内通行料制度に従って，車の利用税も町に払う。いままで国の所有であった公共施設の多くが自治体所有に移された結果である。町と地方局のコンフリクトの1つの原因になっている。ただし，労働局のオフィスは国が購入したものである。それは町の中心部からややはずれた場所にある。このように，これからすべての面で新しいプログラムをつくっていかなければならない。

(4) B・S町の政治

町長と町議会議員選挙の結果をみると，コミュニストの勢力が強く生き残っている。その理由は，秘密の連帯が依然強く，選挙の時には家族が動員され，そのうえ企業内の共産党の力がいまなお強いからである。VPNは住民を充分に組織しておらず，動員力を欠いている。若い人達が少なくなっていることも保守的な勢力が生き残っている理由の1つかもしれない。選挙

権は18歳から与えられている。ただし学生等は親の居住地で投票しなければならない。(通訳の23歳の大学院生は、ブラチスラバの大学で研究しているが、親の居住地であるコシツェで投票しなければならないそうである。)

(9月8日：川崎嘉元)

4　B・S町役場　総務課長の話

(1) 町長・町議会議員選挙

昨年秋の最初の自由選挙の結果はつぎのとおりである。

a・町長選挙

4名の候補者と得票数は以下のとおりであった。

表9　B・S町長選挙の候補者とその結果

当選	1	リフネル	社会民主主義左派 (SDL)	1,520票
	2	バブロ	(VPN, KDH, DS推薦)	1,107票
	3	ゼロワ	(TTT)	577票
	4	カパベル	(チェコ・スロバキア連邦党)	156票

当選したリフネル氏はコミュニストであり、社会民主主義左派は元の共産党の改称である。旧体制下の町会議員で、文化担当の責任者であった。

次点のバブロ氏も前町会議員であり、開発担当の責任者であった。町長選挙では敗れたが、町議会議員に当選し、いまは副町長に任命されている。

3位のゼロワ氏は、学校の先生であったが、いまはTTT (Trend for the Third Thousand Years) の職員として勤務している。TTTは以前は共和国レベルでも存在したが、いまは解体し地方のレベルでのみ活動している。その立場は、西ヨーロッパの緑の党に近いとおもわれる。

4位のカパベル氏は、メタル製造の技術者である。

有権者数は7,202、投票総数3,514、そのうち有効投票3,330で、投票率は48.8％であった。性別、年齢別の投票傾向は分からないが、3つの投票区別の数字はつぎのとおりである。

表10 地区別にみたB・S町長選挙の投票数

	有権者数	投 票 数	有効投票数
①町の中心部	3,541	1,922	1,832
②新興地域（ドリューエニバ地区）	2,902	1,095	1,056
③昔の村部（ストニュアンスカ，シチェフトー地区）	759	494	472

　①の市の中心部には中高年者が多く住み，②の新興地域には，若い世代のニューファミリーが多く住む。新興地区は，商店も少なくインフラも未整備なので住民の不満が大きい。全体的には，若い人に棄権が多く，老人や工場労働者の投票率が高かったとおもわれる。

b・町議会議員選挙

　定員27名で立候補者は108名であった。そのうち女性候補者は32名で，当選者は15名であった。選挙区（上記の投票区に対応）ごとの定員と立候補者ならびに有効投票数はつぎのとおりである。（有権者数と投票数は町長選と同じ）

表11 地区別にみたB・S町議会議員選挙の投票数

	定 員	立候補者数	有効投票数
①町の中心部	12	44	1,831
②振興地域	12	50	1,040
③昔の村部	3	14	468

政党別の当選者数は下記のとおりである。

表12 政党別にみたB・S町議員選挙当選者数

1	SDL	8名	4	DS	4名
2	KDH	6名	5	SNS	2名
3	VPN	4名	6	TTT	2名
			7	無所属	1名

　当選者27名のうち前議員は8名で，常任委員会の委員は9名である。議会は毎月1回開かれるが，住民はオブザーバーとしてではなく発言の資格をもってそこに参加できる。当初は毎回30名前後の住民が参加していたが，次第に関心が低くなってきている。

表13　B・S町会議員一覧表

	氏　名・性別	所属政党	前議員	常任委員	職業
1	MUDr. Otília Zigová(F)	KDH	○		病院の医者
2	Ing. Juraj Čabák(M)	KDH	○	○	地方局長
3	Pavol Brnčo(M)	SDL			林業中等学校教員
4	Vladimír Auder(M)	SNS			私営事業主
5	RNDr. PhDr. Ján Novák(M) (チェコ人)	TTT		○	鉱業アルヒーフの専門職員
6	Peter Vrt'o(M)	KDH			退職した鉱山労働者
7	Gabriel Gubriansky(M)	SDL			町内通行税徴収官
8	Ing. Róbert Vavro(M)	VPN	○	○	副町長
9	Ing. Rudolf Valovič(M) (チェコ人)	SDL		○	林業中等学校校長
10	Ladislav Doletina(M)	DS			鉱業中等学校のボイラーマン
11	Ing. arch. Roman Rezníček(M)	VPN	○		地方局の課長
12	Ján Jakubík(M)	DS	○	○	退職した鉱山労働者
13	Jozef Konôpka(M)	TTT			鉱業中等学校の教員
14	MVDr. Ján Džugas(M)	KDH			獣医
15	PhDr. Jozef Labuda(M)	KDH		○	民族博物館の考古学者
16	Ing. Kornélia Kiovská(F)	KDH			マグネット製造会社の経理部長
17	Ing. Jozef Herčko(M)	SDL			木材製品会社ドジナの経理部長
18	Peter Koštial(M)	SDL			小学校の教員
19	Ing. Ladislav Bierčík(M)	VPN	○		地方局の財政担当課長
20	Ing. Ladislav Sombathy(M)	無所属			地方局のパートタイム職員
21	Ing. Marian Coplák(M)	VPN		○	鉱業中等学校の教員
22	Štefan Chríbik(M)	SDL	○		鉱山労働者
23	Ing. Jozef Fabian(M)	SDL		○	町営企業の経理課長
24	Jozef Cvečka(M)	DS			町の技術サービス担当職員
25	Michal Kašiar(M)	SNS	○	○	共同事業所の技能労働者
26	Roman Brnčo(M)	SDL			鉱業中等学校実験講師
27	Anna Adamská(F)	DS			私営事業主

(注)　12　Ján Jakubík氏は，病気で辞職したSDL所属の議員の後任である。

25　Michal Kasiar氏はかつては抗夫だったが最近できた有限責任会社に移った。
23　Jozef Fabian氏の勤務先である町営企業はいまは民営化されている。
15　Jozef Labuda氏は新しく発行された新聞オクノー紙のジャーナリストをかねている。

　改革派の新聞オクノー紙編集部によれば，改革志向という点で評価できる議員は，1，2，4，10，11，12，13，15，16，18，19，20，21，22，24，25，26，27の議員である。また，14と17の議員はいまはそれぞれKDHと無所属を名乗っているが，もとはコミュニストである。また23の議員は広域の上級共産党機関の幹部であった。3と9の議員はスロバキア共産党1991のメンバーであり，後者はその中心的人物の1人である。8のVPN所属の議員は副町長になってから，VPNからSDLと町長寄りに立場を変えた。
　議会は町長派と反町長派に分かれるが，積極的町長派のメンバーは3，9，23，26の4名であり，反町長派のリーダーは2，11，15，20，21の5名である。

(2) 行政組織と職員

　町の行政職員総数は39名である。新体制になって解雇された者は1人もいない。数名の職員が地方局に移り，3名が新規に採用された。職員のほかに，現業職と町警察の職員がいる。警察職員6名にたいしても町から俸給が支払われる。ただし，消防隊員はヴォランタリーなので町の職員には数えない。また，町内通行料の徴収人（ミトニークと呼ばれる）も職員に含まない。町の行政組織はつぎの5つの課からなる。

a・総務課（職員8名，現業員3名）

　業務の内容は，町民登録，一時的な社会保障，有権者および居住者の移動，人事，議会事務，議事の設定，町の建築物と道路の維持と管理，私企業主の登録，町長のアシスタント業務等である。現業職員は，運転手，清掃員，ボイラーマンの3名である。

b・ローカルサービス課（職員4名）

　業務の内容は，市場，観光，新しい住宅と公共施設の管理，商店の開店時間や町民への物資の供給の責任管理，地方交通（たとえば連邦政府の運営であるバス交通にたいする町民の苦情の仲介），農業の一部（私有地の利用や作物の許可，あるいは銀行融資の斡旋等の業務），たばこや酒の販売あるいはリクレーション施設の利用から得られる利用料の徴収と銀行への送金業務等。

c・都市計画と建設課（職員4名）

　業務の内容は，都市計画，環境保全，ビル建設，歴史的な史跡の維持と管理，映画館と劇場等。財政は町の予算でまかなわれるが，いまは金欠の状態にある。

d・財政と資産の管理課（職員6名）

　業務の内容は，市の財政，予算。

町は，No Money, No Development, No Experienceという3無状態である。町長と議会と行政機構の関係は，制度の変化（議会権限の強化）にもかかわらず以前とほとんど変わらない。ただし，旧制度のときには議会の執行委員会の権限は非常に強かった。いま町長，議会，行政機構のあいだの関係は良好である。

住民が町に苦情と要求を持つときには，4つの伝達ルートがある。それは，①直接町役場に来る，②町長に直接伝える，③毎月の議会を傍聴しそのときに発言すること，④議員の自宅を訪問することである。ただし，住民は議員と話をしたくても，議員は住民に関心がない。だから，住民と議員個人との関係はあまりよいチャネルになっていない。このほか，住民にとっては，新聞は重要な情報源である。近隣協議会はつくられても十分には機能しないだろう。

(3) 町議会

すでに述べたように，議会には住民の直接参加とそこでの発言が認められている。当初は30名近くの住民が参加していたが，住民の要望（たとえば道路の改修）にたいして議会はいつも金がないから無理という回答ばかりだったので，住民の関心は薄れつつある。参加した住民はたいてい1人1回は発言する。

住民の発言と不満の中身は，ほぼつぎのようなものである。①インフラとコミュニケーション手段の整備と改修，②医療サービス，③税金と利用料の値上りへの不満，④公共交通サービスへの不満，⑤町のサービス（たとえば，道路清掃のいいかげんさ）への苦情，⑥国の管轄である教育システムへの不満（たとえば，小中学校の新設や財政措置）。なお，道路の清掃については，住民の1人が民営事業化したいという希望をもち，事業に着手しつつある。

議会の常任委員会は，毎月1回開催される。通常は，議会開催の2週間まえに開かれている。出席率は80～100％である。常任委員会には住民の参加と傍聴は認められていない。議員の報酬は月に100コルナである。

(4) 近隣協議会

法によって設立が認められている近隣協議会をつくるかどうかの議論は，今年の1月に町議会でなされた。B・S町では，町の選挙区と同様の区域割にしたがって①中心部，②新興地区，③村部（昔は独立していた）の3地区で設立することができる。しかし，①と②の両地区では，その地区選出の議員の反対によって設立することができなかった。この両地区には，さまざまな問題が山積していることは皆が知っているが，議員が反対した理由はおそらくつぎのようなことではなかっただろうか。すなわち，議員はそれぞれ自分の仕事をもっており，そのために1日8時間は働かなくてはならないうえに，議員としての仕事もしなければならない。だから，できれば住民とこれ以上接触したくないのが本音である。しかも自分には十分な権限

と力もないことがわかってきたので，住民とこれ以上話をする機会をもっても両者にとって得るところはない。実際のところ，議員は疲労困憊している。

近隣協議会がつくられたのは第3地区だけである。それは今年のはじめにできた。委員会は地区選出の3名の町議と5名の住民から構成されている。開催の日時は決まっておらず，随時に開かれる。たしか先週の日曜日に開催されたとおもう。ここの近隣協議会は地区の文化会館を自主管理している。近隣協議会には町から年間5万コルナの補助金が支給されている。

(9月9日：川崎嘉元)

5　地方局社会福祉課長（女性）の話

(1)　本人の略歴

7カ月前に採用された。それ以前は，15年間学生寮の指導員として働いてきた。

(2)　福祉業務

1．老人福祉

老人にたいしては年金のほかに食料の補給，糖尿病患者にたいする特別の食料と薬の提供，身体障害者にたいする車椅子や全盲の人への点字本や杖や手動車の提供，さらにはこの人たちにたいする治療機関の紹介業務などがある。食料補給の対象者は現在70名前後であるが，毎月3～4名ずつ増えている。病気の人や身体障害者で補助を受ける人の数は，現在65名であるが，年金の受領者になることによってその数は毎月1～2名ずつ減る傾向にある。

2．家族福祉

家族福祉の対象者は，片親世帯や離婚世帯の子供（金銭，食料，衣服の支給），両親がいても教育を受けられない子供とその親，失業して親族や友人の援助のない貧しい人たちである。現在40家族がその対象になっている。毎月2～3家族増加している。離婚は，毎月6～7世帯の割合であり，最近急増の傾向にある。また，家族や親族相互扶助の精神は，共産主義体制下で崩壊し，同一家族内でさえ失われている。友人のあいだの友情も，秘密警察の恐怖政治のもとで解体している。

3．非社会化された人々

この対象者は，非行少年，前科者，ホームレスの人々である。現在の対象者は，前科のある人6名，ホームレスと非行少年15名であるが，多くの囚人が将来の対象者として刑務所にいる。前科のある人の関心はお金だけで，それも飲み代に消えてしまう。仕事や住居を与えようとしてもたいてい拒否されてしまう。

(3) 福祉の対象者

上記の福祉の対象になる人々の社会的カテゴリーはつぎのようになる。まず第一に鉱山労働者，第二に繊維労働者，第三にジプシーの人たち，第四に，失業のあとに離婚した主婦である。学歴では最低学歴の人たちになる。その社会的原因は，失業，退職，離婚，病気の4つである。
(9月10日：川崎嘉元)

6 エコロジー政党，TTT（Trend for the Third Thousand Years）のリーダーの話

(1) 本人の仕事と研究所

私はスロバキア科学アカデミーのランドスケープ・エコロジー研究所の所長であり，研究センターはこのB・S町にある。研究所の仕事はつぎのようなものである。

1 国際的なエコロジーにかんする共同研究の組織であるInternational Association for Landscape EcologyおよびAssociation of Environmental Technologyのメンバーとしての活動。後者の機関の副会長はこの研究所のメンバーである。この分野の研究では，スロバキアが東ヨーロッパの中心である。鉱山公害や環境技術については日本とも交流がある。

2 地方自治体や国の地方局の都市計画担当者にたいする環境セミナーの開催。今年の10月にはスロバキア全体の環境シンポジウムの開催を予定している。シンポジウム活動は27年の歴史をもっている。

3 研究所の研究成果の公表とさまざまなルートをつうじての政策への反映。たとえば，エコロジー教育の面では，われわれの提案を共和国政府が受入れて，自然科学系の大学で2〜3名のスタッフを抱える研究室がつくられるようになった。また，B・S町でも，すべての中等学校でエコロジーの教育が行われ，環境科学と産業の調和を追及するようになってきている。

4 この研究所が主体となってつくったクリンゲル（Klinger）という名前の旅行代理店の経営。シンポジウム等に集まってくる人々への宿舎や交通手段の手配を目的としたビジネス活動である。

この研究所のスタッフは外国人を含めて約40名である。研究所は1998年から博士課程の卒業生を世に送り出してきた。彼らが次第によい地位に就くにつれて，この国のエコロジー教育も徐々に充実していくだろう。

(2) 政党TTTの活動

TTTは1989年の12月に設立された。ビロード革命後に最初にできた5つの政党のうちの1

つである。政党の活動本部はB・S町のこの研究所であるが，政党活動はもちろん共和国議会にまで広がっている。共和国レベルではVPNと連携して主張を政策に反映させようとしている。環境省の副大臣はTTTのメンバーである。教育面における成果はこの活動から生まれた。スロバキア全体の党員数はまだ500名程度である。わが党と「緑の党」との連携も大切である。

環境保護については，共産主義のもとでも国の機関がモニター制度をつくっていたが，数値は完全に秘密にされていた。エコロジーにかかわる公けの活動は当時は認められていなかったので，この研究所もインフォーマルなかたちでしか活動できなかった。ビロード革命後に出来た政党も，共和国レベルであれ自治体レベルであれ，ほとんどの政党が環境とエコロジーの問題を無視してきた。そこで，スロバキア全体の都市計画の作成にわれわれの見解を反映させるためにTTTをつくった。

(3) B・S町の政治とTTT

昨年のB・S町長選にはTTTとして候補者を擁立した。B・S町は社会主義による環境破壊の典型である。そのためにすでに6年前からB・S町の環境保全のためのプロジェクトチームをつくっていた。したがって町長選の公約はこの町の修復であった。また，B・S町の環境問題にかんする住民教育とエコロジー志向型の職業の創出も訴えた。政策づくりにあたってはブラチスラバの研究所の協力も得た。B・S町のTTTメンバーは50名程度であるが，町長選では町のインテリが支持してくれた。しかしいまはこの町にはインテリが少なくなっている。町長選の時は他の町の労働者も支援に来てくれた。

現町長とは忍耐強い協調を心がけている。他の政党はコンサーバティブになっているうえに時間もないので，うまく協調できていない。TTTの立場は町議会ではあまりよいとはいえない。KDHは社会的プログラムにのみ関心をもっている。VPNは地方レベルではプライバタイゼーションにしか関心がない。DSがもっともアクティブで，TTTにとっては一番の協力相手である。

コミュニストの力が残存してきた理由の1つは，B・S町が他の都市から分離されていて，影響が及んでこないことではないか。地方選挙前に小さな会社はつぶれたが，大きな会社はまだ生き延びている。ここに多くのコミュニストが張り付いている。つぶれた小さな会社の従業員は不安に脅えており，コミュニストに依存するようになりつつある。コミュニストのグループや家族は全員投票にやってきた。

政治的な活動が軌道に乗らなくても，TTTは独立した運動を続けていく。外国からの支援もあり，独自のファンドもつくっている。

B・S町にとって環境問題はきわめて重要であり，環境保全のモデルケースになりうる町である。B・S町は2,000年間自然破壊を続けてきた。鉱山はどんどん深くなり，いまは地下800

メートルのところを掘っている。18世紀以前は自然的な環境破壊，18世紀以降は人為的な自然破壊がB・S町の歴史である。こうしてB・S町は地形そのものが変わってしまった。第三千年期を目指すTTTとしてはB・S町にたいして無関心ではいられない。

(9月10日：川崎嘉元)

7 新聞「窓」(Okno) の編集委員および編集長の話

(1) 新聞の刊行

わが社の新聞オクノー (Okno) は先週第1号が発行された。刊行は隔週である。第1号の発行部数は2,000部であった。政治的立場はインデペンデントである。オクノー紙は5人で発行されているが，社外にライターをかかえている。私（編集委員）は，オクノーに勤める前も，地方紙シュティアブニツケー・ノビニ (Štiavnické noviny) の記者であった。

(2) 地方選挙の結果と町の政治状況

町長選も町議選もSDLの勝利に終わった。コミュニストが勝っただけでなく，町役場の職員もSDL志向が強く，地方政治は昔と変わっていない。経済の民主化も停滞しつつある。

SDLが勝った理由は，1つは，反対党がよきプログラムをもたなかったことにある。もう1つは，多くの工場がSDL支持に傾いたことである。工場のブルーカラー労働者だけでなく，中級のホワイトカラーもSDLを支持した。私（編集委員）は1989年以来VPNの党員であり，個人的にVPNを支持している。VPNの党員や支持者には学校の先生などのホワイトカラーが多い。当初はVPNの党員にブルーカラー労働者もいたが，次第に党から離れていった。

TTTの党員と支持者はほとんどインテリである。TTTのリーダーはVPNに所属していた。その後VPNを離れTTTを設立した。TTTとVPNが連携すれば選挙に勝っていただろう。しかし両者の方針がちがっていた。VPNは町の問題にのみ関心と政策を集中させていたのにたいして，TTTはエコロジーの観点から，グローバルな問題にばかり関心をよせていた。

VPNはKDHとDSと連携しSDLにたいする強い対抗勢力になった。VPNとKDHのプログラムはほぼ類似している。いまは，KDHの力が伸び，SDLと互角に争える。KDHのリーダーもインテリであるが，支持基盤は社会の底辺に広がっている。DSの支持者はここでは多くないが，侮れない力をもつ。地方局のチーフの1人が，DSのリーダーである。DSには以前はコミュニストと連携していた人が所属している。

地方選の投票率が低かった理由としてはつぎのことが考えられる。

①選挙区の分け方がまずく，中心部の第1地区が大きすぎた。そこでの投票率が予想より低かった。

②政治的アパシーが蔓延しつつある。
③B・S町の歴史的伝統から来る町民の公共事にたいする無関心がある。1938年前には，この地方にチェコ人，ドイツ人，ハンガリー人，ユダヤ人が住んでいたが，彼らの経済的地位は高く（私企業主が多い），上級のインテリも多く，公共事全般を牛耳っていた。スロバキア人は地域のリーダーになれなかった。坑夫が多く，スロバキア人は抑圧されていた。
④第2地区の新興地域に住んでいる人は他から移住して来た人が多く，もともと地元への関心が薄い。

政治的アパシーについては，つぎのような事情がある。ここでは，すべての人がすべての人間をお互に知っており，誰かが積極的に事を起こそうとすると，その人間が自分達を抑圧するのではないかと心配し，その人間をねたみ，その人の足を引っ張ろうとする。誰もその人間を支持したりはしない。だから，すべての人が我が道をマイペースで歩もうとする。これが政治的アパシーにつながる。これはコミュニズムの産物というより，歴史的に形成されたスロバキア人のメンタリティに根ざしている。近隣協議会が2つの地区で作られなかった理由もそこにある。設立に反対した町会議員の無責任もここに由来する。

選挙で当選した町長が選挙後にVPNに支持された町長選の対立候補を副町長に選任した理由は，ビロード革命から選挙の時期まで2人は一緒に町役場で働いていた仲だからである。

B・S町周辺の14の村の首長選では，コミュニストへの支持は大きくなかった。首長の多くはVPNと連携したグループの支持によって当選している。SNSの首長もいるが，SDLは少ない。とはいっても周辺の村の首長はB・S町の町長に掌握されている。

「緑の党」もあるが，ローカルレベルではかつてのコミュニストが党員になっている。しかしグループとしての影響力の行使には成功していない。重要なのは，インデペンデントを自称する政治家はたいていかつてのコミュニストであることだ。

いまの町長はSDLであるが，町長もSDLもそんなに強い影響力をもっているようにはみえない。SDLのほかにかつてのコミュニストは今年になって「スロバキア共産党1991」という別の政党を結成したが，これもかつてのコミュニストの連携の場所になっている。B・S町でも5～6名いるのではないか。その1人は町会議員である。

かつてのコミュニストは政治的に分解しつつあるが，VPNも同様である。共和国の前首相でVPNのリーダーであったメチアルが首相を解任された後，「スロバキア民主運動」（HZDS）を結成した。彼はローカルレベルでは依然根強い人気を保っている。いまのVPNの全国リーダーはクチナである。

B・S町議会のなかは，町長派と反町長派に分かれている。全体としては，反町長派の方が2名多いが，議会を欠席する者もいるので勢力は拮抗している。共和国議会と同じような状況である。反町長派のうちアクティブな議員は5名，町長派でアクティブなのは4名である。

(ここで，オクノーの編集部による町議1人1人にたいするコメントがなされたが，それは町議会議員の一覧表の下に付け加えた。)

　かつての共産党の幹部はマフィアのような地下の連携ネットワークをもっているようにおもわれるが，その中核は，工場の管理職員と工場内の技術訓練中等学校の教員である。工場のディレクターはいまもその中心にいる。

(4) B・S市の社会的階層

　B・S町の住民は基本的に上位から下位まで4つの階層に分けられる。それぞれの階層にはつぎのような職業の人々が含まれる。

①上位。かつての共産党幹部と若者の共産党機関のリーダー，工場の経営者と上級管理職，中等学校の校長，医者の一部。

②中の上。熟練労働者（セカンドジョブが出来る），私営事業主（熟練労働者からの転職が多い），バスの運転手（タクシーはない），医者の一部，鉱山労働者の一部，協同組合の農民，理容業。要するにチップやブラックマネーを手にする機会の多い職業はここにはいる。

③中の下。ホワイトカラーと行政職員，不熟練労働者，国営農場の農民，鉱山労働者の一部。

④下位。ジプシー，ヘルプワーカー，パートタイムワーカー，退職者。

　私企業主の多くは，商品の流通や小売にかかわっており，技術による価値の生産や製造業にたずさわる者はほとんどいない。知っている限りでは5～6名であり，ベーカリーやテーブルの製造業が含まれる。製造業の民営化は将来に期待しなければならない。流通や小売には，ブラックマネーがつきまとう。

　共産主義体制では，インテリの給料は鉱山労働者やビル修理工より低かったが，いまもその状態は続いている。この地域でインテリとは，学校の先生，TTTのメンバー，建築技術者などを指す。

　しかし注意しなければならないのは，B・S町では人口の3分の1が学生や生徒であり，もう3分の1が退職者であり，実際に働いている人の割合は3分の1にすぎないことである。これからは失業者も増え，下位に属する人が多くなるだろう。このために労働者は不安な気持ちから共産党を含む左寄りの支持に傾きつつある。

(5) 地域社会の生活と連帯

　いま地域の住民のあいだの生活のためのネットワークはほとんど解体している。親族の関係は崩壊しており相互扶助もないし，葬式の時にさえ協力しない。もちろんその程度は地域によって異なるが，共産主義体制下の政治が親族のネットワークを解体したことは疑いない。家族のなかでさえ伝統的な人間関係は崩れている。たとえば，私（編集長）が住む地区では，若い

家族のうち正常な家族機能を維持しているのは2～3世帯しかない。妻も夫も家庭の外での自由恋愛を協定している。コミュニズムの影響に加えて経済的不安が家族解体を加速させている。地域の住民は不幸で寂しい孤立した集団である。選挙の時に多くの住民が左を支持するようになっているのにはこのような状況が背後にある。また，この状態が反ユダヤ主義の温床にもなっている。B・S町にはいまはユダヤ人はいないが，1940年頃には人口10,000人のうちその1割の1,000人程度がユダヤ人であった。私有財産の返却によって彼らが戻ってくることを住民はおそれている。選挙のキャンペーンとして反ユダヤ主義は絶大な効果をもつ。いま町では私的事業主だけが自由を謳歌しているようにみえる。彼らは反左翼である。しかし町長は町の経済発展にたいして積極的ではない。たとえば外国からビジネスマンが来て投資意欲をみせても，町長は彼らに何も売るつもりはない。

地域社会の連帯の核は崩壊しているが，そのなかでもいくつかの市民運動が生まれてきている。その1つは「木の生命を守る会」という名のエコロジーの運動であり，約10名が中心になっている。もう1つは「史跡保存協会」（GRADUS）という建築技師を中心とした10名ぐらいの町の景観修繕運動である。わがオクノー新聞社も，「天国のエージェンシー」という名の10名ぐらいの文化運動の中心になっている。1919年以降の共和国の時代には多くの地域組織があり，学校を中心にした地域団体も多数あったが，いまは，そのような恒常的な地域団体はほとんどない。

宗教はなかなか複雑である。カトリックが中心であるといっても，ポーランドとはちがってカトリックのなかにもいろいろな宗派があり，1つの宗教的あるいは政治的運動としてまとまることはない。ポーランドにローマ法王が来たときには，多くのスロバキア人も出かけていったが，日々の生活では彼らは教会にも行かない。しかし価値観の崩壊に直面して，宗教的信仰心が強くなってきているかもしれない。カトリックでは，60～70名の人々による「カトリック再生運動」がある。しかしその関心は公共的な事柄にはなく，私的な相互関係を取り戻し，生活の人間化をはかることにむけられている。KDHとも強い関係をもってはいない。

カトリックの他にも，「福音教徒」（EVANJELICI）と呼ばれるルター派の宗派が2つある。1つはJednota Bratska Baptistiであり，もう1つはCirkev adventistov 7. Dňaである。しかしこの宗派の人も政治的関心は弱い。

（9月11日：川崎嘉元）

8　中等技術学校長の話

(1) **本人の略歴**

B・S町の中心部から30キロ離れた田舎町で生まれた。いまはB・S町外のイリヤ村に住む

が，そこに戻って来たのは2年前である。父はイリヤに住んでいたがすでに死去し，いまは本人の母と妻の3人で暮らしており，子供はいない。コシツェの大学を卒業した。この学校の校長になったのは2週間前である。その前は6年間，林業技術中等学校で数学と生物を教えていた。そこの学校は人間関係が理由で首になった。詳しくいえば，前の学校に勤務していた1989年の11月にVPNの支援のもとに校長選出の新しい規則を提案したが，時の校長の権力が強くて成功せず，結局その校長が残任することになってしまった。そのうえ，新しいコンピュータシステムの導入を計画したが，導入されたコンピュータは校長の権限で他の人間が使うことになってしまった。つまりイノベーションが拒絶されたことが首の遠因になっている。新しく校長になったこの学校でも，イノベーションには抵抗がある。この学校の教師はSDLとKDHの支持者が多く，彼らがイノベーションに反対する。しかし政治的にはカメレオンのようなところもある。

校長の選出は紆余曲折の過程であった。昨年，数人の候補者をめぐってブラチスラバの教育省で選考が行われた。前首相のメチアルは若い革新的な人間を校長に選びたかったし，自分には教育省に所属する林業研究所のサポートもあって，自分が校長に内定した。しかし，首相が交替したために辞令が降りず長いあいだ待たされた。一時は他の仕事を探そうとした。国はどこか他の機関に就職させることを考えていたようだ。でも，結局は辞令が降りて，2週間前にここに赴任することになった。

(2) イリヤ村の概況

イリヤ村には約400名の人々が住んでいる。老人が多く，若い人は少ない。働いている人の大部分は労働者であり，B・S町内に職場がある。国営農場の労働者もいる。私営事業主は1人もいない。イリヤ村のなかで働いているのは20名ぐらいだろう。発展から取り残された地区である。

イリヤ村生まれの住人は多くない。B・S町内で働いていた人が移り住んできている。村の将来性がないので，在来の人の多くが外に出ていった。その結果，年寄りばかりが残った。住人の半分は老人である。

イリヤ村は山あいの村であり，インフラも整備されていない。小学校もない。1948年以前には学校もあったが。子供はB・S町の学校にバスに通っている。20分の通学時間である。ガスはない。公共水道は一部の家庭だけにひかれている。高地なので水道をひくことが難しい。電気はもちろんある。電話は20家庭にだけ置かれている。銀行もレストランもない。パブが1軒とナースリー・スクールが1つと村所有の小さな図書館が1つある。10年前にタウンハウスがつくられた。またイェドノタ（JEDNOTA）という名前の消費協同組合が経営する「よろずやの店」が1軒ある。最初の共和政の時代には商店は2軒あったそうだ。各家庭には家庭菜園

がある。「ウルバール」という名称の木材所有の組合がある。村の管理だが一部は市民に共有されている。ここから住民は冬場の燃料を得る。この組合もかつては共産党に解体されていた。

イリヤ村の村長は女性である。VPNに支持されたとおもうが，正確には分からない。村会議員はたぶん7名だろう。地方レベルの政治には関心がないので，投票にもいかなかった。村長は経験がないのでB・S町長の影響下におかれている。イリヤにはパルチザンの伝統が強く，その記念碑もある。しかしコミュニストの影響力は大きくなく，人気のある政治家はただひとり前首相のメチアルだけである。メチアルはかつてはコミュニストであったが，その後VPNのリーダーになった。老人と年金生活者に彼の支持者が多い。

（通訳の大学院生によれば，1990年の共和国議会選挙の結果，VPNとKDHとDSの3党が連立して政権をつくったが，そのときに首相に選ばれたのがVPNのメチアルであった。彼はポピュリストとして毎週TVをつうじて労働者に話しかけるような政治姿勢をとり，人気を博した。しかし経済改革が進むにつれて失業者が増大し始めると，反チェコ的な姿勢を露骨に出し，「チェコ人だけが仕事に就いている。本当に働いているのはスロバキア人であり，そのおかげでチェコ人は安い食料を手に入れている」といった発言を繰返してスロバキア人の支持を失うまいとつとめた。

メチアルはチェコとの対等の関係を求めたが，具体的政策をもたず，結果的にチェコに押されっぱなしの状態が続いた。経済面でも具体策がなく経済改革が遅れ，外国からビジネスマンが来ても提示出来るアイデアがなにもなかった。多くの外国人が落胆して自分の国に帰っていった。メチアルはただ反チェコ的発言によってのみ政治家として生き延びてきた。メチアルは首相の時にもソ連のKGBとつながりがあったといわれる。またスロバキアの秘密警察のメンバーでもあった。しかし共和国の大臣の多くもそうであったので，彼はその事実を威しに使って首相の地位を維持したのではないかといわれた。しかし，結局1991年の4月に首相を解任され，新しくKDHのチャルノグルスキー（Čarnogurský）が首相に選ばれた。彼は外国人に友人が多く，その政策は国際社会でのスロバキアの自立である。かれが首相に選ばれた背景にはスロバキアにおけるKDHの勢力の広がりがある。KDHはドイツの社会民主党との連携を強めつつある。）

イリヤ村はカトリック教徒が多く，信仰心も強い。老人は週2回日曜日と水曜日に教会に行く。ただし若者が教会に出かけるのは特別のセレモニーの時だけである。

(3) 学校の現状

この学校は，かつて企業のなかにあった4つの技能訓練学校と1つの理論訓練学校が統合されて，公共の中等技術学校になった。

学校がいま抱えている問題はつぎの4つである。
①共産主義時代からの遺産だが，行政職員の数が多すぎる。新しい組織をつくっていく必要がある。校長には人員整理の権限があるが，実験にたずさわる職員の首をきることは事実上難しい。
②いまの副校長3名は，前任の校長を校長候補として支持していたため，私の意に従わない。新しいスタッフに変えたいとおもっている。
③国から十分なお金が来ないという財政難もあって，学校としてビジネスを行いたいが，内部の支持が十分でなく，役所との関係をどのようにつくっていくかも課題になっている。
④企業のマイスターが講師をつとめているが，人によって能力がちがいすぎる。

企業のバックアップがなくなったが，卒業生の就職はやはり教科をどのように企業や私企業主の要請と結びつけるか，あるいはどのような連携を保っていくかにかかっている。16台のパソコンの利用も企業のプロジェクトとつながるような工夫をしている。

繊維産業で働いていた女性が失業した時に，学校の世話で働けるような事業所を学校自身が用意している。これも学校ビジネスの一環である。熟練労働者は失業してもビジネスマンになるような道があり，あまり心配はいらない。

かつての企業付属の学校のときには生徒にかかる費用は企業が面倒をみていた。いまは，国から生徒にたいして1人最低1,500コルナの費用がでる。生徒はステートチルドレンと呼ばれる。この制度は1991年の1月に発足した。

(9月11日：川崎嘉元)

9　KDH（キリスト教民主主義運動）B・S町支部のリーダーの話

(1) KDHの組織

B・S町のKDHのメンバーは約200名である。労働者，行政職員，インテリゲンツィアなど広い階層から構成されている。メンバーの大多数が40歳以上だが，大卒の若者も少数含まれる。地域別にみると，第1投票区にあたる町の中心部に多く，新興の郊外住宅地では少ない。メンバーの大部分はカトリック教徒だが，一部バプチスト派のプロテスタントやルター派の教徒も含む。この地区でKDHが設立されたのは1990年の2〜3月頃である。

党の財政は，党費，選挙の際の上級機関からの資金，自分自身の活動のための自己負担の3つでまかなわれる。

(2) KDHの政策

政策の中心は社会的ネットワークの再生である。そのための具体的活動としてつぎのような

ものがある。
① 不幸な老人や障害者のためのチェコスロバキア赤十字新家屋の設立。
② 人間的接触と人間関係の回復のための老人集会の組織化。とくに寂しい老人を対象にしている。
③ 子供を生み育てる重要性を認識させるための若い母親の教育。
④ 地区の教会と宗教学校を核とする若者のための社会教育。
⑤ 私個人は考古学の専門家なので、新聞オクノー紙を媒介にして、若い人達にB・S町の史跡や道路の名称の由来等を勉強する会も組織している。将来的には若い人達のための党組織をつくりたい。

そのほかの政策としては、VPNとDSとの連携を大切にすること、および上からの指示を忠実に実践することなどがあげられる。

(3) 町の政治状況

いま選挙をやったらKDHがどのくらい得票できるかはわからない。おそらく多くの人が投票に来ないだろう。ここでは、どの政党の得票率も、カリスマ的政治家であるメチアルの影響力しだいで変わるだろう。老人と失業者はメチアルが語るパラダイスを心から信じている。

B・S町長はインデペンデントのふりをしたがるが、実際の意志決定にあたってはコミュニストの影響がもろに反映される。彼は時代と制度が変わっていることを理解せず、旧態然の行動をとる。

コミュニストの社会的基盤は学校の先生と行政職員である。とりわけ林業の職業訓練学校がコミュニストの巣窟になっている。教員が先頭にたってそれとなく生徒をイデオロギー的に誘導する。

町議会と町長の関係についていえば、議会は町長をコントロールすることは出来ないが、町長の政策や見解を変えることは出来る。議会の常任委員会のメンバー構成は町長に反対する者が1名多い。

KDHが連携しているVPNは残念なことに支持率が低下している。VPNの政策の中心はDSと同様にプライバタイゼーションにおかれているが、この点はKDHも支持している。

TTTのような政党や運動もスロバキアでは必要である。TTTは「緑の党」と連携したらよいのに。ただしTTTはスロバキア独立の意識がやや過剰である。TTTはいろいろなかたちで影響力を行使しようとしているが、共和国レベルではいまのところ成功していない。他の政党との関係もよくない。リーダーみずからが独自の道を歩みたがる。

町の行政職員のうち3分の2は無能力である。また、職員の態度は以前と変わらず、イノベーションがまったくない。かつては執行機関の意のままであったが、いまは町長の意のままで

ある。

　B・S町の第1地区と第2地区で近隣協議会がつくられなかったのは、町議が反対したからである。自分も反対したが、それは毎日8時間働いたうえに議員としての仕事があり、それ以上の時間はもうとれないからである。あまりに多くの問題が山積しており、住民とこれ以上頻繁に接触すると、自分が身動き出来ない状態に追い込まれる。住民の抱える問題はなるべく町のレベルで解決した方がよい。

　近隣協議会はなくても、住民には他のチャネルがある。たとえば、新聞、議会への参加と発言、路上での立話などの機会がそれである。

　住民のあいだにアパシーが蔓延しつつあることはたしかである。自分としては、まずはじめに子供のための組織をつくりたい。事実、スポーツ活動を自分で組織している。子供の社会参加が進めば、それをつうじて大人も参加するようになるだろう。

（9月12日：川崎嘉元）

10　B・S労働局長ミセス・ルプタコバ（Luptaková）の話

(1) 組織と機構

　事務所は以前はジアル・ナッド・フロノム市に置かれている上級の支局に統合されていたが、今年の7月からB・S地区は分離して単独の事務所になった。事務所のあるこの場所は以前はナースリー・スクールであった。事務所には新しく3台のコンピュータが入る予定である。

　この事務所の責任者の地位は、B・Sの地方局長と同格である。しかし所長はジアル・ナッド・フロノム市にある上級の機関にたいして直接の責任を負い、その任命も上級機関の所長の手によってなされる。本人が所長に任命されたのは2カ月前であるが、任命に際しては競争があった。

　いま彼女の下には6名の部下が働いている。そのうちのひとりはかつての人民委員会の職員であったが、他の5名はいずれも工場の人事担当の職員であった。

　この事務所がカバーする地域はB・S町と周辺の14の村である。実際の仕事は7月15日からはじまった。

(2) 失業の実態

　1991年7月末時点の失業者は593名であった。8月に入って新しく158名の失業者登録があったが、8月中に71名が新しい職をみつけたので、1991年8月末の失業者数は680名である。

　680名の登録失業者のうち、327名が女性である。また、73名が病気や怪我などでやむを得ず仕事を変えなければならなくなった人である。なお登録失業者の73名はジプシーである。もち

ろん過去3年間のうち1年以上働いていなければ失業手当をもらえないが,ほとんどのジプシーはそれに該当する。しかし,彼らに仕事を与えるために登録だけはしてもらっている。失業者を学歴別にみると,大卒23名,ギムナジウムやテクニカルスクールの高等学校卒業者が175名,中等職業学校卒業者が255名,義務教育までの学歴の者が227名である。

失業者の前職は労働者が圧倒的に多く547名を占める。繊維工場「プレタ」と坑夫の失業者が多い。今後はこの2つからさらに多くの失業者がでるだろう。

失業者の登録についていえば,以前はジアル・ナッド・フロノム市の事務所まで登録するために出かけなければならなかったのに,いまでは事務所が近くなったので,失業者には便利になった。しかし一方では下級の機関での登録は,お互い顔見知りのケースが多くなったために,不正登録はしにくくなっている。

(3) 雇用対策

雇用の創出あるいは雇用対策としてつぎのようなことを行っている。

1 失業者を私企業主が雇用するばあい「社会的目的」条項に該当すれば,雇用主にたいして,採用1人につき2,000コルナが12カ月間支払われる。これは失業対策と私企業の育成を結びつけた制度である。失業者で再雇用された人の大部分はこの制度のおかげである。ここで「社会的目的」という意味は,私企業主の仕事が,町の必要とするビルの修繕事業であったり,地域に必要でありながらいまだに存在していない産業をあらたに手掛けるといった社会的に有意義である事業を指す。不必要な業種を手がけてもこの条項には該当しない。ただしこの条項には多くの問題が含まれている。たとえば,社会的に有意義であるという判断基準が非常にあいまいであり,そのうえ再雇用された労働者が実際に仕事をしていなくても,金銭が支給されるといった問題である。したがって労働省自身がこのシステムをよくないと考えはじめており,近い将来には廃止されるかもしれない。

2 もう1つは公共あるいは公益事業の創出である。これは労働局独自にあるいは労働局と自治体の技術サービス担当課とが提携して,道路の清掃,墓地の整備,ナースリー・スクールの修繕といった仕事をつくり失業者を雇用することである。この仕事につけば,1人1,580コルナが支払われる。しかし問題はこのような仕事は以前はジプシーの仕事だったので誰もやりたがらないことである。もちろんこの仕事を拒否すれば失業手当は支払われない。8月中の再雇用者71名のうち12名にこの仕事があてがわれた。しかし多くの対象者が拒否したために登録を抹消された。

3 労働局のイニシアティブによる資格再取得のためのトレーニング・コースと私企業主養成のためのトレーニング・コースが用意されている。所得保障もなされる(ブレズノ町の労働局でのインタビュー参照)。いまのところ,前者のコースに13名,後者のコースに3名が参

加している。前者の13名のうち10名はかつての坑夫が木材加工の仕事のための訓練を受けている。後者のコースは今後さらに充実，発展するであろう。なお，先週ジアル・ナッド・フロノム市の上級事務所に私企業主になる人のためのアドバイザー局が設けられた。これはスロバキアではじめてのケースである。

（9月12日：川崎嘉元）

（Ⅲ） 産　　業

1　諸政党の会，および企業家連盟（Druženie podnikateľov Slovenska）バルジャンカ氏（Pan Balžanka）の話

バルジャンカ氏はこの町の「諸政党の会」の議長。この会は1989年12月に設立され，7党が参加。この町にはもう1つ，「緑の党」があるが，これはメンバーが2人しかいないので，会には入れていない。会の目的は町のための合意形成にある。政党のなかには町の議会に議員を出しているところもあればそうでないところもあるので，議員を出していない政党をも含めて全政党をカバーした会としてこの会の意義があり，それによって会は町の世論を代表する。具体的な機能として，1．公開集会を組織して町政に対する公共的なチェックを行なう，2．新聞を通じて広報活動を行なう（町ではすでに3種の新聞が出ている）。

バルジャンカ氏は以前は政治と無関係だった。かつて工場で働いていた当時，彼は唯一の非党員の管理者だった。政治性ではなく，専門技能の高さを買われて管理者となった。専門分野を通して多くの知己を持つ。これが彼のネットワークとして役立っている。

企業家連盟はバンスカー・シティアブニッツァの場合1990年6～7月に設立された。その主な活動は次の通り。

① 私企業発展のための条件の整備（私企業にとって使えそうな空いている場所をリストアップして公開したり，生産者と流通業者との繋りをつけたり，新規設立企業のリストを作って皆との繋りを図ったり，広告・PR活動を行なったり）。
② セミナーや講習会の開催（経済問題や新しい法律についてなど，1カ月前には「スロバキア私有化省の仕事について」をテーマに，同省から人をまねいてセミナーを行なった。これには町とその周辺から60人が出席した。参加費は無料）。
③ 米国やECからの援助プログラムの媒介。
④ 新立法に対する活動（6～7人の国会議員と関係を持ち，彼らを町によんで当方の要求を聴いてもらう。また，「諸政党の会」を通じて国会に影響力をふるう）。

バンスカー・シティアブニッツァとその周辺の企業280社がこの連盟と協力関係にあり，年間60コルナを払い（通信費などのため），セミナーその他その都度の催しに参加している。固定会員は32社で，これは年間600コルナの会費を払っている。この金はだいたい法律家に支払われる。会員はこの法律家から無料で法律相談のサービスを受けられる。

事務局員やセクレタリーはいない。リーダーが3人いて，彼らがボランティアで会の運営に

あたっている。

（9月11日：石川晃弘）

2　私企業（食品小売店）での話

　主人はもと鉱山労働者で，鉱山会社の供給部門の長まで昇進して定年退職。そのあと開業。出身家族はまったく商業と関係なし。現在この店で働いているのは，本人，妻，息子，娘，手伝い1人の，計5人。もう1人従業員を増やしたいと考えている。息子も鉱山労働者で，ブレズノの鉄鋼工場で働いたこともあるが，もともと料理が好きだったので，食品店には違和感はない。娘は普通高校を卒業したあと，バンスカー・ベラーの鉄道駅で働いていた。

　1990年4月に開業。この町で最初の私企業。開業資金のうち一部は自己資金，他は銀行ローン。銀行からは利息17.5%で10万コルナ借りたが，もう返済をすませた。

　1990年4月にまず始めたのはレストラン経営（シティアヴニツケー・バニェで）。しかしこれは1991年4月15日をもってやめ，いまは他人に貸している（光熱費などが嵩むので）。同年4月末からここの食品小売店に専念。

　ある種の食品は国営店よりも安く売っている。とくにパンやミルクや乳製品はそうしている。

　土地建物はいまのところ町からの借り物。買い取ろうと思ったら一番に買い主になれる。現在の実際の評価額は100万コルナ。町の中心地にあるから高価で，現在ますます高騰しつつある。これを買い取るのには，50万コルナを自己資金，残りの50万コルナを営業利益から出そうと考えている。

　開店時間は朝7時半，閉店時間は夜11時で，1日14時間働いている。土日も同じ。町長は6時に閉店しろといっているが，その通りにしたら消費者のニーズにあわない。工場が終わるのが2時だから，6時閉店だとその間に4時間しか余裕がない。もっと遅くまで営業したほうが，住民のニーズにあう。

　この食品店は4月末にオープンしたばかりなのにもう利益を出している。町で利益を出しているのはここのような自営の私企業だけだという。鉱山会社で働いていたころは仕事で全国をまわり1日に14時間も働いて成果を出しても，なんら評価されず，給料もふつうにしか貰えなかった。今の仕事は，働けば働くだけ利益が出る。

　将来はこの建物の半分を使ってベーカリーも始める計画で，これに300万コルナを投資するつもり。この町の中にはベーカリーがなく，今は30キロ離れた町からパンを運んでいる。また，ここに倉庫会社も作って，卸売も兼ねて商業活動を大きくすることも考えている。

　町当局からの支援はまったくない。車を店の前か店の近くに駐車させたくても，許してもら

えない。また，仕入れにズヴォレンに行き，町に帰ってくると，町の入り口で金を取られる（町当局に）。

　私企業間の相互扶助関係はない。私企業連盟はある。

　町当局は私企業家があまり関心をもたないような分野で事業をするとよい。たとえば靴修理やクリーニングなどは住民生活に必要なのだが，あまり需要もなく利益も出ない仕事だから，こうした事業は町当局が行なうかあるいは補助を出すのがいい。屠殺場の経営は現在のところ農協がやっているが，これも町の事業としてやれる。ただしこれまでの公営サービス事業は2人が実際に仕事をし，6人が管理や事務に当っていて，非効率だった。

　選挙の際，どの党も私企業支援を口にしたが，現実には何もしていない。

　町の中にはブラック・マネーを持ったグループがいる。どこかでなにかが売りに出ると，彼らがそれを20％値切ってくる。そのグループは姿が見えないので旧党員なのかどうかはわからない。

　この町には4つの階層がある。「下」層＝老人，失業者，若夫婦。「中の下」層＝40歳以上で，子供はすでに成人になっている。車や小別荘を持っている。「中の上」層＝正規の仕事からの給料のほかに，副業からの収入があり，土地など資産もある。持家に住んでいる。国営企業の企業長や工場長はここに入る。「上」層＝ブラック・マネーを持っている。30～40歳の若い百万長者もいる。彼らは外国から安い物を仕入れ，ここで高く売って利ざやをかせいでいる。外国で長年働いて外貨を持ち帰った人達もここに入る。旧共産党リーダーだった人達は「中の下」または「中の上」に属するが，5年もたてば「上」に入るだろう。

　町の経済状況は悪い。鉱山が悪く，繊維工場も悪い。繊維工場には今1,200人の従業員がいるが，製品がソ連に売れなくなり，西側にも売れない。町の失業率（経済活動人口に占める失業者の割合）はここ1～2年で60％にのぼるだろう。この町に住む家族の50％は夫が鉱山，妻が繊維工場で働くというパターンをとっているだけに，鉱山と繊維工場の危機は住民生活にとってたいへんである。

　町は将来，観光で活力を回復をはかることになろう。当店は町の中でいい場所に立地しているので，観光客の購買力に期待が持てる。

（9月9日：石川晃弘）

3　「タバコ産業」社（Tabakový priemysel）での話

　国営タバコ製造企業。本社はブラチスラバ。チェコ・スロバキアにはタバコ製造の独占企業が2つあり，それぞれの本社はブラチスラバ（スロバキア）とクトナー・ホラ（チェコ）にある。スロバキアにはこの工場のほかにもう1つのシガレット工場がある（高タトラ地方に）。

この工場は1870年に創立。スロバキアで最古のタバコ工場。当初から国営で今日にいたる。当初はパイプ用のタバコを製造していたが，1940年代にシガレットの生産を始め，1950年以降はもっぱらシガレット生産に特化。1970年，75年，87年の3度にわたって機械化をおしすすめた。ポーランド製の機械を使っている。機械化による手作業の減少で，5年前には500人いた従業員が今では400人になった。これからも漸次的に旧式機械に替えて新式機械を導入し，それにともなって従業員も漸次減少していくことになるが，この減少分は高齢者の退職など自然減によることとする。その一方で若年新規学卒の採用と既存従業員の再訓練をしていく。

　ここ2年間，従業員構成が質的に変化してきている。古い労働者の32人が退職して年金生活にはいり，80人が就業中の飲酒や規律の弛みの理由で解雇され，それにかわって新しい労働者が100人はいった。新採用の中心は新規学卒の若年高学歴者だった。これからの2年間に全体として従業員数は50人減となる。

　もともと従業員は女性が多く，今でも70％は女性である。従業員の賃金はプレミアやボーナスを含めて税込みで月平均3,500コルナ，最低の人で2,000コルナ（これは法律で決まっている最低賃金額），最高の人で7,000コルナ（管理者と国際貨物輸送の運転手），工場長で7,500コルナである。

　福利厚生施設として保養所，食堂，ビュッフェ，売店（市価より安い），保健所（産業医，歯科医がいる）がある。以前は町当局と共同の幼稚園もあった。なお母親は3年の保育休暇をとれる。

　労働組合は工場長にいわせると「よい組合だ」。そして「かつてもよい組合だった」。その理由は「ノーマルな要求を出してくる」。工場内では，工場諸般，福利厚生計画，賃金など，労使で討議されている。

　ここでは現在，低価格品と中級品の2種類を生産している。輸出は行なっていない。チェコ・スロバキアには現在，外国産のタバコが入ってきているが，それによる当工場の売上へのマイナスの影響はなく，当工場の生産量はむしろ伸びている。

　原料の50％はスロバキア産だが，残りの50％は北朝鮮，インド，中国，北米，中南米，トルコ，ジンバブエ，バルカン諸国などから輸入している。

　「スロバキア・タバコ産業」社は1992年1月から株式会社になる。政府が株の51％以上を握り，あとは国内民間資本，従業員持株によることとし，外国資本も入れる。これまでは強力な国家統制のもとにあって利益は一定額に抑えられていたが，株式会社になるとその統制が弱まり自由な経営活動ができるようになるので，企業利益は大きくなるはずだ。つまり，これまでは政府が生産物をとりあげ，政府がそれを分配していたが，これからは企業が直接卸売企業に売れるし，小売店にも直接売れるようになるからである。

　町当局との関係はひじょうに弱い。当工場は町の映画館の改修，水の浄化，保健所，文化・

スポーツ活動などに金を出し、町の委員会に工場のメンバーが参加するなど地域社会に貢献している。しかも工場の従業員は大部分町の住民である。町の中に工場があってその一部をなしている。それなのに工場はこれといった配慮を町当局から受けていない。工場自体は町当局からの援助を期待しないが、この町に住む当工場の従業員は町当局からの配慮を必要としている。通勤路の改善、通勤の便などがそうだが、町当局はこうしたことになんの配慮もしていないという。

工場は町に固定資産税を払っている。税は概して一部しか町に残らず、大部分は連邦政府に吸い上げられている。法律上そのようになっているが、本来は工場の利益の大部分は地域に残されるべきだ。

（9月9日：石川晃弘）

4　国有農場（Štátny majetok）の農場長の話

所有地は標高700〜800メートルのところにある。農耕には適さず、主として牧畜を営なむ。

所有地面積は4,800ヘクタール、うち700ヘクタールが麦などの耕地で、残りは牧場である。森林は持っていない。

牛2,400頭、羊2,000頭を持つ。土地を除く資産の総額は1億7,500万コルナ。

土地・生産手段の国有化は1948年に行なわれたが、この農場が国営企業として設立されたのは1963年のこと。かつては400人の従業員がいたが、いまは250人になった。そのうち30人はTHP（職員）でそのなかの15人が経営者。

1990年の利益は300万コルナだった。1990年は価格が変動したが、まだそうとう国庫補助があった。1991年はやはり価格が変動し、とくに原材料価格の高騰で仕入れがたいへんになった。1991年には国庫補助が2,500万コルナあるが、収支はとんとん。

今後は生産量を減少させざるをえない。一方では人々の購買力の低下で農畜産物の消費が落ち、全国的に過剰生産となり、他方では原材料の仕入価格が高騰している。過剰生産などということは過去にはなかった。チェコ・スロバキア全国で、消費者の相対的収入減のため、肉・ミルク等は30〜40％の需要減となった。スロバキアでは牛肉11万トン、ミルク1億リットル、麦51万トンの過剰生産となっており、今年（1991年）末までにミルク消費はさらに30％減となる。

馬鈴薯を例にとると、従来は契約があって国営の農産物取扱い組織が一定の価格で引き取り、それを小売店や食堂・レストランなどに出していたが、いまではその組織はポーランドから輸入しだし、かつての契約は打ち切られ、当農場は低価格で買叩かれている。このように、かつては農産物を引き取ってくれた国営組織がもはやその機能を果たさなくなった。その国営

組織自体、いまや買い手を探して仕事をしていかなければならない。当方とて同様である。いまや経済的アナーキーの時代となった。

将来は農作物の生産をやめ、牛や羊も半分に減らし、ミルク加工工場に重点を置いてバターやチーズなどを作っていく。ただし問題はマーケッティングにある。誰が買ってくれるかという問題である。国内市場は低迷している。旧ソ連とはこれまで関係がなかった。東欧諸国は金がない。西欧は買う意思がない。

湖畔にツーリスト用の建物を作ったが、人件費だけが嵩んでうまくいかなかったので、これをミルク加工工場にきりかえることにした。銀行ローンによったが、利子が17～18％で、クレジットは高い。

従業員ももっと減らさなければならない。ここの従業員（THPも含めて）の平均月給は3,200コルナで、夏の繁忙期に1日16時間、土日も働く人の場合には5,000～6,000コルナになる。冬場はあまり仕事がないため2,300～2,400コルナである。チェコ・スロバキアでは一般にミルク搾りなどの畜産の仕事は女性の仕事とされ、収入はわりといいほうだが、交替勤務のため若者がこのような仕事につきたがらず、労働力は高齢化している。

土地の再私有化といっても、土地を返してもらってそこで働こうなどと思っている人はごく僅かしかいない。多くの人達はそれを貸しておいて地代を得るのを望んでいる。

この農場は将来売りに出される。だが国内には、金がないため買い手がいない。おそらく外国人に買ってもらうことになろう。なお国有農場の私有化プロセスは国有工場のそれと同じである。

町局当からの援助はない。他方、この農場は町のために貢献してきた。町の役職に参加したり、町の労働に従業員を送ったり、ここが所有するスポーツ施設を町に寄付したりしてきた。町税は半年30万コルナ課せられているが、われわれはこんな重税を払うつもりはない。われわれは町からの援助をなにも期待していない。

国家機関の地方局の事務所のスタッフはなかなかよくやっている。労働局事務所の人たちもそうだ。

町当局が私企業振興のためになすべきことは、ホテル、スキー場、湖畔の施設等、まず観光のためのインフラを整備することだろう。

いまはすべてが崩壊し、しかし新しい関係がまだできていない。そのなかで、国営も協同組合経営も私営もうまくいっていない。

（9月9日：石川晃弘）

5 私企業主（書店・ブチーク・喫茶）の話

　女性。夫も私企業主（バッテリー関係とコンサルタント業務）でこの町の企業家連盟のまとめ役。夫は今日，プラチスラバに行なっている。身障者用の車のバッテリーの店を作るのに，銀行から3,000万コルナの融資を受けるためである。

　この町には外国語学校があるのに外国語書籍の本屋がないので，外国語の本や雑誌を置く書店を作ろう，というのが最初の開業動機。将来は学生向けの読書クラブとしていきたい。喫茶店を書店の奥に設けたのはその布石。

　彼女はコシッツェの鉄鋼大学を卒業。前職は鉄鋼会社の社員。技術員（technik）として働いていた。そこを希望退職して今の事業を始めた。家族のなかには企業家や商売人はおらず，皆んな国営企業の従業員だった。開業は自己資金で行なったが，一部，両親からの援助もあった。銀行ローンは使っていない。

　この店の建物は他人（個人）の所有物で，その人から借りている。土地建物を除くこの店の資産価値は25万コルナ。中心広場に面した店舗を買いたかったが高すぎたためオークションから下りた。しかし今の店は町の中心街に立地しているので，開業後の2年間は町税を免除される。

　開業してから3週間しかたっていないので業績についてはまだなんともいえない。今年はまだ利益を期待できない。

　この店のスタイルは外国のどこからかアイデアを得たものではなく，自分のドリームとコンセプトで生み出した。

　本人，娘，従業員2人の，計4人で働いているが，将来は従業員をもう2人増やし，そのうちの1人は学生のクラブ向けとしたい。

　息子2人はギムナジウムの学生。息子は先生が一方的な見方を押し付けてくるので，これと対立している。だいたい学校の先生は生徒や学生が変わった意見を持つのを嫌い，外国人や外部の者と接触するのを好まない。これではよくないので，この店では学生にさまざまな余暇の在り方を提供し，文化的な余暇の場を設けたい。学生を商業本だけでなく，文化的な本でひきつけたい。こうした営みを通じて町にも貢献したい。また，彼女は当店に仕入れる本について，印刷会社を援助するつもりでいる。

　町当局からの援助は全くないし，将来もないだろうし，当方もそれを期待していない。町当局は企業活動に理解がない。町長は15年間も人民委員会（Národný výbor）の議長として，共産党時代に事実上の町長の役にあった人なので，彼には新しいことを期待できない。

　近く教育省から視察に来るが，教育省にはモラル・サポートを期待できても，財政援助の期待はできないだろう。

このまえの選挙では共和党の候補者を後援したが，次の選挙ではクラウスの党（Občanská demokcratická strana）に投票する。彼女はこの党の活動家でもある。

彼女の意見では，医療保健事業を除いて，私企業以外に経済発展は期待できない。国営も協同組合経営もだめだという。

(9月10日：石川晃弘)

6 私企業（ブチーク）での話

町の中心街に立地。店舗は10年間の契約で町から借りている。

企業主は女性，23歳，独身，ジプシー。

彼女はこの町のギムナジウムを卒業したあと2年制の社会事業短大に学び，そののち裁判所でソーシャル・ワーカーとして働いていた。2年前の1989年11月に開業。家族のなかで母は自由市場で物を売る経験を持っていた。兄は軍事大学を出て目下失業中，姉は農業高校を卒業。この店舗は彼女と兄と姉の共同所有になっている。開業資金は全部自己資金。店舗の現在の資産価値は50万コルナ。

事業内容はファッション性のある婦人服，子供服，化粧品の小売。取扱品の大部分は外国製（オーストリア，ドイツ，イタリア，トルコなど）で，当該国から直接仕入れるケースとブラチスラバの問屋から仕入れるケースとがある。国営商店と同じ形式でブラチスラバの機関からコントロールを受けている。

当店の存在は町の人々にとって役立っている。人々はここで，国営店では得られないような，社交用，スポーツ用，等々，いろいろな種類の衣服を買える。

開業当初は業績がよかった。当時はまだ共産主義体制で雇用は安定していて，人々はお金を持っていた。また，競争相手もほとんどなかった。今年の業績はよくない。雇用不安と失業の増加，それにインフレで人々の購買力が落ちている。それに加えて，町の中で同業者が増え（同業の店が今11店もある），競争が激しくなっている。だが今のところ商品構成を変える考えはない。数カ月後には倒産するかもしれないが，そうしたら別な業種に転換し，食料品を扱う新しい事業を始めるつもりだ。国営企業ではもう働けない。

国の経済にとって，国有がいいのか，協同組合所有がいいのか，私有がいいのかは，わからない。

選挙のさい，投票には行かなかった。行ったところで社会は変わらない。権力を持っていたものが，今も権力を握っている。

町の人々の生活水準は以前と変わらないか，あるいは下がっている。現在町には3つの階層がある（これはスロバキア全土についても同じだ）。「上層」＝大きな企業家・大企業経営者，

旧共産党幹部，ブラック・マネーを持つ者，カジノに行く人，教会などの文化財を盗み出すマフィア。彼らはその金を使って投資し，ますます金を増やしている。「中層」＝小企業家。月収は5,000コルナくらい。「下層」＝事務員，公務員，教員など。今，最低生活を強いられている。最低賃金は2,000コルナ。

町当局との関係には不満はない。町当局からの支援はないが，それを別に必要ともしていない。

(9月10日：石川晃弘)

7　国の地方局の事務所（Obvodný úrad）での話

ここの管区は1町14村。これがObvod。

この管区に510の企業が登録済。このうち専業は170で，残りの340は兼業。従業員を雇用しているのは29社で，雇用者は全部で120人。この地方での私企業の活動はやっと始まったばかり。

業種は大部分が小売業。村では私企業は食品店とレストランだけ。町の私企業は9割がブチークや化粧品店や装飾品店で，外国で安く買ってきてここで高く売るという商法をとっており，生活必需品の店（たとえば靴修理店）は少ない。しかし地域に根をはった商売が生き延びるとすれば，将来は食品店などが成長するだろう。ブチークや化粧品店などは非日常的だから，このような小さな町ではあまり伸びないだろう。

サービス業は未発達で，修理や建築関係の企業が8つできただけ。しかもそれらは本人だけの個人経営である。かつてはサービス事業は公営企業が行なっていたが，その解体後，そこの従業員が私的サービス事業に携わるようになった。この管区には2つの公営サービス企業があった。1つは町営企業で，ビル修理，車修理，道路修理，運輸を受け持ち，これは全面的に私有化・民営化されることになった。もう1つは産業サービス企業で，電気修理部門が私有化・民営化されることとなった。

私企業主は30歳未満の若い人が多いが，その多くは兼業で，専業は30〜50歳の人が多い。開業資金の関係でこうした年齢構成になる。

開業資金は自己資金と銀行ローンである。この町には国営銀行の支店がある。開業資金の出所は登録の際には問われない。私企業主はこれまで国営銀行から借りるときには担保が必要だったが，新しく1991年9月初めに発足した国営のスロバキア保証銀行（Slovenská záručná banka）の保証で担保なしで借りられるようになった。なお国営銀行の利率は17.5％。

開業当初は土地建物を借りる形で出発し，しばらくは地代家賃を免除される。しかし改修や内装は自分の負担でしなければならない。

私企業は登録上2つのカテゴリーに分けられる。

第1は従業者25人以下または利益額（？）5億4,000万コルナ（？）以下の小企業で，510社登録している。これは輸出入をしてはならず，他方，売上税を払わなくてよい。しかし所得税は払わねばならない。これは売上からコストを引いた分（ネット収入＝所得）に対してかけられる。所得6万コルナ未満の場合は税率15％，6万コルナ以上18万コルナ未満の場合は25％プラス9,000コルナ，18万コルナの場合（？）には55％プラス4万8,000コルナ（？）となる。

第2はこの管区に12社登録されている。これは銀行に口座を持たねばならず，輸出入をしてもよいが，外貨を得たらコルナに替えなければならない。売上の12～32％（取扱品によって比率が異なる）を売上税として納めねばならない。そのほかに所得税も納めねばならない。

人々は私企業経営の将来に不安を持っている。その理由として，①国や町からの援助が小さい（減税・免税措置などが整っていない），②国が町村に財政補助を与えず，したがって町村は私企業を補助できず，町村は逆に私企業から税収入を得なければならない。私企業は法律的に，開業の当初から税金を納めなければならない。開業当初の税制上の優遇はない。私企業は国に税金を納める。

行政上，国家地方機関と地方自治体とはほとんど関係を持っておらず，私企業はこのどちらからも支援をうけない。この地方に限らず，スロバキアには私企業主むけの教育訓練制度もそのための機関もない。せいぜい法律知識の提供など，助言を与えるだけのことしかしていない。

このことは農業についても同様で，独立個人農むけの教育訓練の制度も機関もスロバキアにはない。この1カ月でこの管区では20人が独立個人農として登録した。彼らは家族労働だけの専業農家である。彼らがもと働いていた集団農場や国営農場では仕事が分業化されていて，専門化された部分的な作業を割り当てられていたが，個人農として独立経営をしていくとなると，全面的な知識と技能が必要となる。仕入れ，販売，管理，等々を自分ですべて行なわねばならなくなる。しかしこれに応えるべき研修の機会がない。事情は商業や工業でも同じである。

私企業主の前職は鉱山労働者などで，今後の私企業の動向も現国有企業の雇用状況による。しかし私企業には雇用拡大を期待できない。国有大企業の私有化で派生する雇用問題は，企業の株式会社化の中で雇用吸収がなされるのを期待するほかない。

（9月10日：石川晃弘）

8　シティアヴニツケー・バニェ村役場（Štiavnické Bane, Ovecný úrad）村長の話

村長はKDH（キリスト教民主主義運動）出身の女性。10歳の子の母。村長になって1年た

った。村長になる前はバンスカー・ベラーにある金属企業の経理部長だった。そして同時に村の人民委員会で住民登録の仕事にも携わっていた。村長の仕事はフルタイム。毎朝4時に起きて12キロ離れたところから通勤している。

オランダのキリスト教民主同盟がスロバキアのKDH系村長30人を招いて研修を行なった。彼女もそれに参加して2週間オランダを見てきた。

助役は兼業で，ほかに本業を持っている。村議は12人で，彼らも本業を別に持つ。

7つの委員会が設けられており，委員長は村議で，委員は村の中のそれぞれの専門家である。委員会は，商業，農林水産，文化教育スポーツ，村有財産と財政，建設と地域計画，公共一般，である。

地域の階層的位置からすると，ブラチスラバ＞ジアル＞バンスカー・シティアブニッツア＞シティアブニツケー・バニェ＞小部落または個別農家，というようになる。バンスカー・シティアブニッツアには映画館はない（以前あったが5年前に建物が崩れてしまった）が，シチアブニツケー・バニェにはある。またここには修道院の一部を改造した立派なレストランもある。ほかに食品店3店，八百屋2店，肉屋1店，雑貨店1店，レストランもう1店があり，これらはすべて私有化された。ここには小学校（生徒数200人），医療保健センターがあり，近隣小部落との交通機関は通常の路線バスである。かつて社会主義的集中化が行なわれた時，周辺小部落の諸機能がここに集められた。その結果，小部落の生活の自律性が削がれたという（これは同行のシチャストニー氏の説明）。1950～60年代，共産党政府は各地にローカル・センターを作ってそこに投資を集中して諸機能を集積させ，周辺の村を涸れさせてしまったという。

この村には企業らしい企業はかつても今も存在しない。以前（1950～60年），集団農場があったが，ここの土地は農業に適さないので，すべて国有農場（Štátny majetok）の手に移した。若干の農家は集団化されず，自分の土地を持つことを許されたが，そこは山間の痩せた土地で農耕に適さず，個人農家はせいぜい牛を2～3頭飼って副業にしていた。

農業における私有化は今年から始まった。私的農業の主な仕事は羊飼いと羊乳加工である。牛の仕事は今は不可能。なぜならもはや国有農場から飼料用の草を入手できなくなったから。国有農場はこの村では羊しか飼っていない。この村の土地では牧草の関係で牛はあまり飼えない。

私有化政策にともなう土地の返還はOkresná privátizačna komisiaが担当。国有農場の土地を個人に返すことになったのに，返還を希望したのは4人だけで，その総面積は20ヘクタールにすぎない。この4人は今，入手した土地で牧草を作り，ボチューヴァドロなど他の地域の農協にそれを売っている。これから土地返還希望者は増えるだろうが，この土地は個人経営に適さないので，専業ではやっていけないだろう。この村には専業農家はなく，現在ある7軒の個人農家は副業として牛を2～3頭飼っている。

この村には国有農場の従業員が30人いたが，今は失業の危機にある。レクリエーション活動を誘致し，コックなどで雇用創出を図らねばならない。

村の人口は880人。しかしこの村にハタ（山小屋）またはハルプ（山荘）を持つ外部の人が1,000人もいる。ハタは300軒（主として湖畔），ハルプは100軒（主として村内）。問題は飲料水で，村には飲料水源がないため車で水を配給しなければならない。とくに週末には，外部の人がハタやハルプに来ると，村の住民の飲料水がなくなってしまう。そのため週末には車で24時間，水の運搬をしつづけなければならなくなる。この辺りは丘陵地帯でその土質が悪く水を吸ってしまうので，水不足が問題になる。ただし1～5月は雪解け水が豊富にあるので，車で運ぶ必要はなくなる。

外部の個人がハタに来た場合，1日1ベッド当り2コルナを村に払うことになっており，企業が持っているハタからは年に50万コルナが村に入る。300軒あるハタのうち20軒が企業のもので，合計500のベッドがあり，その他は個人のもので，1軒当りの平均ベッド数は4である。

これらのおかげで村の来年の収入は100万コルナにのぼる（今年は50万コルナだった）。ちなみに今年の村の支出は50万コルナである。ゴミ処理，水の運搬，その他，ハタやハルプにも関連する支出は，そのうちの6割（30万コルナ）を占める。

村は村営企業を作る計画を持っている。第1に，水のシステムを建設するために1つの企業を作る。20人の従業員を予定している。これには3～4年間をかける。第2に，木や石炭の輸送サービスを行なう企業を作る。第3に，建物の修理サービスを行なう企業を作る。これによって地域で雇用を創出するとともに，住民生活の向上を図る。なお，この村の登録失業者は10人で，このうち5人を村が公営の仕事（学校給食など）に雇った。

もと修道院の一部を改造して作ったレストランはこの村の目玉である。この修道院は建立後しばらくしてからヨゼフ2世によって取り上げられ，やがてチェコスロバキア共和国成立後，国営林業組織によって取り上げられて馬鈴薯などの貯蔵所として使われ，がたがたになっていた。それを村が6年前に国の補助を得て修復した。（国がローカル・センター作りのために特定の村を補助して建物を修復し，レストランや映画館などとする政策をとっていた）。旧修道院の建物は国有だったが，今は私有化への過渡的措置で村有になっており，それを村人の1人（前職は鉱山労働者）が村から借りて私営でレストラン経営をしている。レストランは冠婚葬祭や週末のダンスパーティなどにも使われ，ふつうは夜10時閉店だが客がいれば朝まででも開けている。インテリアはなかなか立派で高価にしつらえてあるが，料理の料金はバンスカー・シティアブニッツアを含めてこの辺りで一番安い。レストランは旧修道院の地下にあるが，1階は村営の映画館である。旧修道院に繋る教会の建物は今は村有だが，村と教会との話し合いで将来は教会に戻されることになっている。

「村は将来，バンスカー・シティアブニッツアに合併されたほうがいいか，それとも独立して

いたほうがいいか」という問いに対する答は、「独立していたほうがいい」。村のことはこの土地の者のほうがよく知っているからだ、という。しかし村民の多くはバンスカー・シティアブニッツアを中心に村外に通勤しており、村の活動には関心を持っていないという。

(9月11日：石川晃弘)

9　私企業（コンサルタント業務および自動車用バッテリー製造）での話

1990年初に設立。

鉄鋼大学卒。のち電気技術学部で学ぶ。前職はこの町にあるバッテリー会社の品質管理部長をしていた。バッテリー関係の仕事をしてもう15年になる。

私企業としてバッテリー製造を始めるにあたって3,200万コルナの資金がかかった。このうち150万は自己資金で、残りはローン。ローンのなかにはチェコスロバキア・米国協力基金からのも含まれている。

1990年には副業としてやっていたが、1991年2月からは本格的に専業とした。バッテリーの年産は25万個。今年はまだ専業化したばかりなので利益を見込んでいないが、来年は年1,900万コルナの利益が見込まれる。当社製造のバッテリーは外国製にくらべて遜色ない。

昨年末にマーケティング・リサーチをしたところ、チェコ・スロバキア国内で25万個のバッテリーが不足していることがわかった。チェコ・スロバキアにはバッテリーを製造する工場が2つあるが、そのうちの1つは1992年12月をもって生産を止める。これからは当社製バッテリーと輸入バッテリーとが国内市場で競争することになる。

ミュンヘン近郊にあるドイツの工場と組んで旧ソ連に輸出する計画を立てている。当社が製品を旧ソ連に流し、金はミュンヘンの銀行から当社に入る、という仕組である。

今のところ常勤は彼1人だけで、ほかに常勤従業員はいない。副業としてここに働く非常勤の従業員は66人いる。ほかに非常勤スタッフとして、大学、研究所、企業に勤める電気関係の専門家（オーストリア、ハンガリーの人も含め）を数人かかえている。

コンサルタント業務にかんしては、電気にかんするセミナーを開催している。教育省との話がついて、この町に企業研究所ができることになった。そこから外国に1カ月くらいの研修者を出したい。

町の経済発展にとって雇用創出が重要課題。町の中で1990年に90の雇用を生み出した。そのうち66は当社が、24はほかの私企業2社が作り出した。

町の税収入源は12のアイテムからなる。大別して(1)市民一般から、(2)私企業から、である。市民一般については、犬を飼っている場合に払う税である。私企業にかんしては次のようなアイテムがある。アルコール、タバコ、テーブル、椅子、ロケーション、建物、ベッド、駐停車

（荷の積み卸しの際の店頭での駐停車），車による町への乗り入れ，町外からの商用客の来訪。ただし今年から，開業後2年間はこれらの税は免除になった。

　銀行と私企業の関係はよくない。銀行は企業活動に理解がない。プロジェクトの内容を理解せず，形式主義にとらわれている。銀行は国有から株式会社に変えたほうがいい。銀行の中には金がねむっていても，銀行はそれを有効に使うことに関心がない。昨日銀行の頭取と会った。彼は政府からうまくフォンドを獲得でき，そのフォンドを今までうまく手許に置いておくことができた，と得意げであった。

　公営企業よりも，私企業に仕事と場所を与えたほうが，市民のニーズにあう。

　なお，彼はこの町の「企業家連盟」の長，「諸政党の会」の議長でもある。妻は書店とそれに付属した喫茶店を営む（123頁および129頁参照）。

　支持政党はクラウスの党（Občanská demokratická strana）である。この党はまだスロバキアにはない。

（9月11日：石川晃弘）

10　私企業（写真店）での話

　33歳の女性が1人で経営。彼女はこの町で生まれ育ち，写真専門学校を卒業。

　この写真店はバンスカー・ビストリッツァに本部を置く身障者生産協同組合に属する。この協同組合は1963〜64年に設立され，現在700人の組合員を擁し，そのうちの200人がTHP（管理・事務・技術職員）。組合員の大部分は身障者で保護を受けている。組合への入会金は1969年に彼女が加入した当時には200コルナだったが，今は3,000コルナ。古い組合員は入会金が上がるたびにその分の追加金を納める。バンスカー・シティアブニッツァにあるこの協同組合傘下の職場はこの写真店だけ。

　彼女はこの店で働いて6年になる。4年前にはこの店の中で6人働いており，そのほかに学校などへの出張撮影の仕事にもう6人いた。今ここで働いているのは彼女だけ。かつては利益が大きかったが，過去2年の利益はわずか。この小さな町に2つの写真店があり，そのほかに外部の写真家もやってくるので，売上は小さい。もっとも，2つの写真店のうちのもう1つのほうは，ジアルの地域公営サービス企業の出店だったが，今年6月に店を畳んだ。

　彼女の収入は売上からコストを引いて余った分（ネット）の46％。3〜4年前は2,500コルナくらいだった。今は5,000コルナ程度。ちなみに3〜4年前にはTHPの給料は3,500コルナくらいだった。

　この写真店の装置その他の評価額は20万コルナだが，装置は20年前の古いもので，カラー写真を作れない。

この店が入っている建物は全部協同組合に属する。この建物の1階を貸し出そうとして町長のところに話を持っていっても，なんの返事もない。この店に対する町当局からの援助はなにもない。

この店は町のために役立っている。学校行事（入学・卒業など），結婚式，その他の機会に写真店の活動は町の生活に寄与している。

この協同組合の解体と私有化は考えられない。当店の私有化も考えられない。店内の暖房，原料入手など，個人ではたいへんだからだ。

町のサービスは解体した。たとえばクリーニング店がない。建物修理も後れている。労働者の賃金が低いからだ。

この町の問題点は，①宿舎がない，②失業の増加（とくに高齢者），③ジプシーが多い，④犯罪の増加。

この町の住民を分けると，2つの基準で分けられる。①年齢による基準＝「中高年齢層」（これが住民の多数），「学生」（外部出身者が中心），「子供」（ここで生まれ育っている）。②別な基準＝「小市民」（在来の住民。友好的でなく，品がない），「その他」（よそ者）。これ以外の基準で町の人々の階層分けはむずかしい。

(9月12日：石川晃弘)

11 町役場・経済担当事務局長の話

経済担当事務局長の前職はルドネー・バニェ社の投資部長で，1990年から「人民委員会」のメンバー。「人民委員会」廃止後，現職に就く。

(1) 国営企業の動向

町に立地する国営企業の状況は悪い。その状況は以下の通り。

(1) 鉱業所（Fabrika Baňa）。これはバンスカー・ビストリッツアに本社を置くルドネー・バニェ社（Rudné Bane）の1事業所。この企業はほかにもいくつかの事業所を持っているので，この鉱業所をかまわなくてもやっていける。この鉱業所は生産が低下し，それに伴って従業員も昨年1,000人いたのが今は600人に減った。以前は政府が援助をしていたが，今その援助額が減り，その結果雇用が削減された。こんな状況下で，今，町当局と本社との関係は円滑でない。外国企業と提携して生産面だけでなく販売面をも充実させて状況を打破するのがいい，というのが町当局の担当者の意見。

(2) 鉱業用機械工場（Závod Strojarenská Výroba）。ここもルドネー・バニェ社の1事業所。ここも今，不景気。現在の従業員数200人。この事業所は昨年まで上記の鉱業所と一緒で1つの単位をなしていたが，分かれて別の事業所となった。

(3) 繊維衣服工場（Pleta）。かつてはこの工場とニトラの工場とで1つの企業をなしていて，全社の総従業員数は3,500人を数えた。今ではニトラ工場は独立して別組織になっている。バンスカー・シティアブニッツアの工場の場合，1,300人いた従業員は今では900人になっている。製品のうち50％がソ連市場，40％が国内市場，10％がその他の国向けであったが，今，旧ソ連市場は悪く，国内市場は弱い。なお従業員の80～85％は女性で，その夫の多くは鉱山勤めなので，この工場の雇用削減と鉱業所のそれとが同時に起こることにより，町の雇用と生活に危機的状況が生まれつつある。
(4) 自動車用バッテリー製造工場（Závod Slovenského Národneho Povstania）。本社はジアルにあったが，今この工場は独立企業となった。しかし企業としてのプログラムがない。昨年300人いた従業員は今では250人である。
(5) タバコ工場（別項参照）。

こんな状況だが，私有化が終われば経済的にはよくなるだろうという。

(2) 観光の見通し

　将来の開発の目玉は観光であり，そのためのサービス面の改善が今必要とされている。この町を訪れる観光客は年間50万人で，今年は西側からの客が増えた。この辺りを訪れる人はたいていこの町にも寄る。しかし外部からの観光需要の大きさに対して，それに応えるべきハードとソフトの備えが町に欠けている。

　同行のシチャストニー氏は35年前にこの町に住んでいたが，その当時にくらべて街の建物が悪化しているという。1950年代，バンスカー・シティアブニッツアへの投資がなかった。郡都がここからジアルに移り，投資はジアルへ集中したから。15年前には，町の中心部の建物を修理することになり，そこに住んでいた人達はそこから全員出ていくことになり，その後修理は遅々として，住む人もおらず，中心街の建物は荒れ果てたままがらがらになっている。町にも国にも金がないため，町の中心部の改修には私企業と外国基金に頼るしかないが，私企業には今のところ頼れそうもない。時間がかかりそう。町内部で観光の整備が本格的にできるには，まだ10年はかかりそうだ。

　観光の整備のためにさらに必要なこととして，以下の事柄がある。
(1) 宿泊施設。10年前には町の中心部にホテルが2つあったが，今は1つもない。
(2) 文化施設。映画館も以前あったが，今はない。
(3) 水，ガス，道路などのインフラの充実。とくにこの町では飲料水の問題がある。

外部からの観光客を町の中に1週間程度滞在させるには，少なくとも以上の整備が必要。
なお，町の周辺には，スキーに適した地域，20を越す湖，ハイキングにいい山などがある。したがって，町の中にホテルを建てるより周辺地域にすでにある企業の保養施設を活用した

ほうが現実的ではないかという意見もある。企業の幹部は以前は外部の観光客に保養施設を開放したがらなかったが，今では彼らの考えも変わり，シーズンの一時期を除いてそれを開放しようと考えるようになった。だが，企業の保養施設の水準はまだ西側の宿泊施設とくらべると見劣りがするので，やはりホテルは必要だ。

(3) 雇用問題

この町では昨年は失業登録者はゼロだったが，今は500人にのぼる。将来は国営企業の状況いかんで失業は増えるだろう。現在のところ公的機関で就職の斡旋をしようとしても，失業者はあまり求職に熱心でない。とくにジプシーがそうだ。現在失業者の半分がジプシーである。なおこの町の経済活動人口の10％はジプシーである。

雇用問題を解決するには観光以外の産業も必要。

この周辺地区の集団農場（農協）は国有農場と結んで肉の生産のための株式会社を作った。国有農場では施設を作ってミルク加工，肉加工の事業を始める。集団農場と国有農場との協同事業として馬を飼う計画もある。

私企業の発展はまだ顕著でない。私企業は生産活動ではなく商業の分野で現われている。

(4) 住民の社会階層

この町の住民は，社会的地位，文化・教育水準，社会的関心の高さからみて，3つの階層に分けられる（この場合，収入の高さは分類基準には入らない）。

上層＝大企業幹部，インテリゲンツィア（高校・大学の教員，医師など）

中層＝労働者，私企業主，下級インテリゲンツィア（事務員，技手など）

下層＝最低賃金取得者，失業者，ジプシー

従来のジプシー対策は彼らをスロバキア人のなかにばらばらにして混ぜて同化させることにあったが，今また彼らはかたまって住むようになっている。町当局としては，いっそのこと彼らをどこか一定の場所に集めてそこに住まわせようと考えている。

(5) 町の財政

今のところ町財政の収入の大部分は国営企業からであって，私企業からの収入は僅かである。

今年は国営企業からも私企業からも期待したほどの収入がなく，町財政は収支とんとんだった。昨年の予算は旧体制のシステムでやっていて，国が町の財政をカバーしていた。今年の予算では国からの補助が大幅減となった。このため収入が減って今年は投資を減らさねばならなかった。その結果としての収支とんとんである。収入減で財政に穴が空けば銀行から金を借り

なければならなくなる。

（9月12日：石川晃弘）

12　個人経営農家（バンスカー・バニェ）の話

　自己所有の土地はなく，25ヘクタールの土地を国有農場（Štátny majetok）から借りている。

　地形的理由から機械化農業はできない。畑はない。穀物を作っていない。羊を飼っている。春になると羊を丘に放ち，夏の間中，放牧している。

　昨年独立経営を始めた。それ以前は夫は協同組合の電気技手（Technik），妻は料理人だったが，その当時から副業で羊を飼っていた。今は夫婦とも年金生活者である。夫婦のほかに失業中の2人の息子がここでフルタイムで働いている。息子たちは1人が外回り，他の1人が内部の仕事というようにして，1日交替で仕事を変えながら働いている。毎日朝5時から夜10～11時まで働いている。

　羊のほかには牛が2頭と鶏，兎，鷲鳥が若干いる。

　開業に当ってトラクター等の生産手段の資金は全部自己資金でまかなった。借金はない。私有する生産手段の資産価値は100万コルナ。トラクターだけで24万コルナになる。

　国有農場へ払う地代は年1万5,000コルナ（5万コルナ？）である。現在国有農場は国家からの補助金と個人農家からの地代を収入源にしている。

　今年の利益はいい。観光シーズンにチーズがよく売れた。今120頭の羊を擁し，日に20キロのチーズを生産して，キロ当り50コルナで売っている。羊のチーズはこの地方の有名な特産品である。

　羊毛にかんしては，今年は170キロの毛を取る。これを企業に精製してもらい，その企業から70キロ分を受け取る。これは9,600コルナの売上となる。

　羊肉は昨年1頭分が1,200コルナで売れたが，今年は400コルナに下がった。

　価格変動が大きく，羊肉はこのように今年大幅に下がっている。また，1頭1,300コルナで買った羊が今は300コルナである。こんな状況では倒産の可能性もある。だからこれからこの事業を続けていくかどうかはわからない。息子がもっといい仕事をみつければ，この事業はやめる。もしみつからなければ，今後どうなるかわからない。

　夫がかつて協同組合で働いていた頃は，家畜が死んでも誰も関心を示さなかった。しかし今独立して自分で経営してみると，真剣になる。だから，個人経営のほうが，経済全体にとってもいいと思う。

　共産党には入っていなかった。共産党に賛成でも反対でもなかった。共産党時代には価格や

雇用が保障されていたが，今はもうそれが崩れた。選挙の投票には行かなかった。選挙情報はまったくなかった。

村当局からの援助はまったくない。変電器の修理など，公的サービスを必要としているのだが，何もしてくれない。共産党時代には何も要求できなかったが，今は要求できても何もしてもらえない。この点，現実には何も変わっていない。村当局からの情報もない。むしろ郡当局（国家地方機関）のほうがよくしてくれる。

所有しているトラクターは新型なのだが冬は使わないので，これを冬場に村当局に使ってもらおうとしたが，役場にもトラクターはあるからといって，村当局はこの申し出に関心を示さなかった。役場のトラクターはもう古く，悪い排気ガスを出す代物だというのに。

町の商店ではチーズをキロ当り55コルナで売っている。その商店の前でキロ当り50コルナで売ったらそこの商店主が役場に訴え，街頭販売は禁じられてしまった。「自由競争が禁じられた。」

息子たちは村の集落部に住んでいて，老夫婦だけがここに住んでいる。この家は人里離れた場所に孤立しているので，防衛上犬を必要とし，飼っている。しかしこの犬に対して，ペットの犬と同じように税が課せられている。

ジアルのアルミ工場が煙突を高くしてからこの辺りにまで悪い空気が流れてくるようになり，果物がだめになったが，こうしたことにも当局は何の手もうたない。

水の問題はない。裏の丘から水が落ちてくるので，それを使えるシステムを自分で作り，その水を利用している。

「自分以外には誰にも頼れない」というのが，昨今の実感。

(9月11日：石川晃弘・渥美剛)

13　郡営工業企業（Okresný priemyslový podnik）生産担当部長（勤続20年）の話

住民生活関連サービスが事業内容。具体的には，テレビ・ラジオ・その他電気製品修理，衣服修理，皮革・靴修理，家具修理，ガス関連器具・暖房施設修理，建物修理，自動車修理と部品提供，避雷針取付け，避雷針部品製造（全国でここが独占生産），墓石の加工と設置，金銀でカバーされた品の製造。これらの事業が全部バンスカー・シティアブニッツアにある店で行なわれているわけではなく，郡内の諸店舗に分散されている。郡内には全部で33の店があり，そのうちの11店がこの町にある（1990年現在）。この町の店は1960年に設立された。

この企業は郡レベルの人民委員会（Okresný národný výbor）に属していたが，「革命」でこの人民委員会が解体された後，町役場に属することになった（上級機関は町役場の上に立つ内務省である）。そして今年（1991年）8月，全店が私有化の過程に入り，同月，家具修理店

と金銀取付店が私有化され，その後間もなくテレビ・ラジオ修理店も私有になった。今のところ避雷針部品の店，建物窓枠取付店，冷蔵庫修理店，墓石の店の計4つがまだ私有化されず，町役場の公有物の形になっている。このうち避雷針部品の店はもとの所有主に返すことになるので，裁判所で決められる。なお，小規模私有化の対象は一般には評価額100万コルナの店舗とされているが，この町の場合はそれ以上の評価額の店舗も私有化できる。

昨年の利益高は500万コルナだった。避雷針部品製造だけが黒字で，住民生活関連サービスの事業は赤字だった。1991年には建物の建築が減っているのでその関連の仕事が減少する。今年7月までの利益は370万コルナ。7月以降私有化が始まり，削減した人員には2カ月分の賃金を退職金として払ったが，取引先の建築会社が金を払ってくれないため，1,800万コルナの焦げ付きが出てしまい，ここから他社への支払いもできないでいる。

昨年末には573人の従業員がいた。今年初めには約600人の従業員がいたが，今，まだ私有化されていない4店舗に残っているのは約240人である。

今は仕事がない。とくにビル建築関連の仕事がない。こんな状況なので9月末までに今いる240人の従業員は仕事がなくなる。だが法律では解雇は3カ月前に予告されねばならないことになっているから，従業員は12月までここで雇用を保障されることになっている。この間，仕事はなくても給料だけはもらえる。

だが，秋には今残っている4店舗のうち3店舗は私有化されるので，そこで雇用は吸収されよう。残りの1店舗（窓枠や屋根や鉄扉などの建物関連事業の店）は利益があがりそうなら町有の新しい公営企業になるだろうし，もし利益があがりそうもないようなら廃止されることになろう。

以前公営企業は人民委員会に属していたとはいえ，その実際の活動はそれから独立して営まれていた。その後過渡的に町有となり，今町役場はここと協力したいというが，一方でここを私有化せばならず，ジレンマにある。生産担当部長（被面接者）の考えでは，町役場は住民生活関連のサービス機能のいくつかは公営として残しておくべきで，利益が上がらない部門は私有化の過程でなくなってしまい，住民生活に支障をきたすから，その機能は町が担うべきだ，という。

私企業の意義は労働の効率化と人々の意識変革にあるというが，彼の意見では，私企業はたしかに顧客との関係を容易に持て，価格も両者の交渉で決めることができ，この点で私企業は国営や公営よりも有利であるが，私有化を全分野に広げるべきではない。西側の国でも国営・公営企業が経済の一部を担い，しかも利益を出している。ここも公営企業だった当時の1990年には利益を出し，2,000万コルナを国に上げていた。どれだけの企業がこれだけの金を国に上げられるというのか。小規模私企業は開業後2年間町税を免除されるが，もしここの公営企業と同じ程度の税を課せられながらここと同じ内容の事業をしたら，ここと同じ程度の利益を上

げるのは困難だろう。

　公営企業の解体ではじき出される人達の30％は，私有化後の職場で雇用の場を得られるだろう。ただし，新しい職場での仕事はこれまでと同じ仕事とは限らない。残りの70％は年金生活に入るか失業することになる。公営から私営になる事業に，現有労働力の全部を吸収するのは不可能。ただし私有化された事業では，事業主のほかにその家族にとって就業の機会が開かれることになるので，町全体でみれば雇用創出の効果はある。

　労働組合はあるが，私有化にかんしては事実上無力である。法律では，所有主は私有化については組合に情報を与える義務があるが，その件で組合と交渉したり組合の合意を得たりすることは義務づけられていない。

　この公営企業が私有化される際，それぞれの事業体を労働者協同組合とすることは理論的には可能だが，実際にはそんな提案は出ず，個人が単独で，あるいは友人とともに店舗を買って事業を継いでいる。

　この町には4つの階層がある。

　第1階層＝インテリゲンツィア（医師，経営者，高校・大学の教員など。インテリの月給は4,000～6,000コルナだが，彼らは副収入がある。国営企業の経営者の月収は7,000コルナくらい。教員の場合は収入は月最高4,000コルナ程度で高いとはいえないが，文化生活水準が高いのでこの階層に入る），新しい企業家（経済的な力がある。たとえばアイスクリーム店やパブの店主は百万長者である）。

　第2階層＝労働者（かつては鉱山労働者は第1階層に属していた。彼らは今でも月8,000～10,000コルナの賃金を得ているが，雇用不安の淵に立っている。ふつうの労働者の場合，賃金は3,000～4,000コルナ）。

　第3階層＝多子家族や身障者，最低賃金（月2,000～2,500コルナ）の人達。

　第4階層＝ジプシー，働く意思のない人達。国の扶助で生活している。

〔なお，別の機会に新しいローカル紙の若いジャーナリストに聴いた話では，この町の住民は分業と生活様式から次の4つの階層に分類される。

　(1)　職人　(2)　インテリゲンツィア　(3)　労働者（主として鉱山労働者）　(4)　学生〕

（9月12日：石川晃弘）

（Ⅳ）文　化

1　バンスカー・シティアブニッツア町営ラジオ局の
　　ディレクター兼アナウンサーの話

　1983年に放送を開始した町営ラジオ局である。1～2分ほど音楽を流した後，地域のニュースを30分間放送する。放送の時間帯は毎週月曜日と水曜日の午後2時～2時30分であり，水曜日は月曜日の放送内容を再放送する。

　以前は放送前に共産党の検閲を受けており，あれもダメ，これもダメという状況だったが，現在は何でもできる。企業や政党のリーダーなどにインタビューし，時には批判もする。

　スロバキア全国規模のニュース番組コンペティションがあり，その優勝者は連邦大会に出場でき，最優秀者はスロバキア放送でその番組が放送される。

　放送には解説を付けているので，どのような人にも理解できるはずだし，自分のコメントも付けている。

　放送プログラムは流動的なので，作っていない。

　放送終了後は町の郵便局に録音テープを渡すことになっており，町民は以前に放送された番組を無料で聴くことができる。町民でなくとも毎月10コルナを支払えば聴くことができる。

　成人向けの番組を今年10月から始めることになっているが，町民は期待しているようだ。

　現在，登録されている聴取者は3,000名（事業所を含む）である。

　この町を観光開発する際の問題点は，第1に宿泊施設の不足，第2に宣伝方法をどうするかにあると思う。

　この町の議会のメンバーは革命前と変わっておらず，有力者は共産党員である。

　町議会議員の中では，テキスタイル会社の社長と採掘会社の社長に関するニュースが多い。

　この町にはローカル紙が3つある。

　若者は，前回の選挙にはあまり行かなかった。

　最近は，この町も，夜間の外出は危険である。万引きなどはあるが，殺人事件はない。

　町の人は家でテレビやビデオを見て過ごしており，町なかに出て文化に触れようとしない傾向にある。これを「スリーパー・カルチャー」と呼んでいるが，スロバキア全体の問題でもあると思う。

　この町には「サラマンダー祭」というものがあり，かつては坑夫が死ぬとやっていたが，かなりの費用がかかるので，今は1年に1回の祭になっている。この町には，これ以外に祭はない。近くの村では春に祭が催される。

　　　　　　　　　　　　　　　　　　　　　　　　　　　　　　（9月9日：間淵領吾）

2 町立文化センター「ルビガル」館長の話

　この文化センターは今年（1991年）設立された。職員は4名おり，併設図書館には2.5人（1人は半日勤務のパートタイマーだから）いる。彼らの給料は町が払っている。

　広報（1990年からあり，印刷部数は120部）を発行している。外国のビデオを収集し，貸し出してもいる。そのほかの活動としては，スポーツ大会の開催，映画館（資金不足で1985年に閉館されていたもの）の運営，音楽会，絵画・陶器・民具・テキスタイル・ポストカードなどの展示・即売会の開催（毎週の前半または後半）などをおこなっている。この半年間で20件のイベントを開催した。将来的には，町内だけでなく，スロバキアのほかの町とも競争していくつもりである。

　今年はアンドレイ・クメチの生誕120年祭を開催する。

　町内の教会で年間5回ほどクラシック・コンサートを開催している。春と秋には町内にあるドイツ・カトリック教会でカルテットを，夏には福音主義教会でオルガン・コンサートを開いている。オルガン・コンサートの方は，外国人旅行者に人気があるようだ。民間の代理店に依頼し，プロの演奏者のリストを作ってもらい，こちらで指定して来てもらっている。参加者は，初回は700名も来たが，最近は毎回220名ほどが聴きに来ている。

　年間予算は，60万コルナ（給料を除く）である。この他に，近くの国営工場から1万5,000コルナの寄付がある。しかし，年間35万コルナの赤字である。建物は町のものなので大丈夫である。この町を信じており，外国人がこの建物を買収しに来ても守られると思う。町の会合は，同文化センターの会議室で開かれている。

　バンスカー・ビストリッツアやズボレンで劇を上演し，金を稼ぐ努力もしている。文化省とは無関係だが，工場のなかのクラブ，鉱山博物館，ブラチスラバの劇場などとは関係を持っている。工場は，文化イベントのチケットをまとめて買ってくれる。

　また，特定の商店主・工場主11名が毎年，合計6,000コルナほどを寄付してくれる。

（9月11日：間淵領吾）

3 劇団「A」のリーダーの話

　この劇団は1990年に結成された。ルビガルで若者のために創設されたが，その後，独立した。ルビガルとの間で契約を結ぼうとしているところである。

　劇団員数名のほかに，10〜14名の学生が時々出演する。

　バンスカー・シティアブニッツアのアマチュア劇場やルビガルで上演している。

　学生たちはわれわれの活動に興味を持ってくれている。現在は大人向けの劇もやっている。

最初はパロディが出し物だった。これはかなりの人気を博した。

名称は，劇団Aだが，「A」は absolute のA, amateur のA, ABCのA（始まり）などを意味している。

私はコシツェの大学の鉱山学部に在学中から演劇を始め，ブラチスラバで15年間ほど共産党に対する批判劇の活動をして，当地にやってきた。この劇団は移動しており，常にここにいるわけではないが，ここがこの劇団の創立の場である。

観客の年齢層は幅広い。

古株の劇団員は，当地で，ある種の政治的問題を見い出した。最初の頃にやっていたパロディを手直しして再上演するつもりで準備中である。

バンスカー・シティアブニッツアとスロバキアについてのオリジナルな劇をやることにしている。

劇団で稼いだ金の半分は，ルビガルに寄付することにしている。残りの半分は，衣装や広告に使っている。この劇団はアマチュアなので，大人の団員はほかに職を持っており，収入がある。

毎日2回練習しており，本番では同じ劇を5回やる。練習はルビガルでおこなっている。

バンスカー・シティアブニッツアの劇をバンスカー・シティアブニッツアで上演するのは，その土地のローカルなことをやるからで，他の場所でやったのでは理解してもらえない。

なお，私は，町の財政委員会と文化委員会の一員である。

われわれの文化の礎石はタウン・カルチャーにあると考える。ここにこそもっと金を注ぎ込むべきではないだろうか。文化省の人に会ったことがあるが，あそこの役人は県の文化委員会としかコンタクトをとろうとせず，バンスカー・シティアブニッツアのような小さな町の文化委員会には接触しようとしないので問題だと思う。

革命後，私は，ある新聞社の主幹にもなった。

町の委員会のメンバーは旧共産党のままで，変わっていない。委員会は，私の新聞に対して敵意を持っている。

町の文化センターを利用して劇をしているので，あまり批判したくはないが，現状を変えるためには，委員会のメンバーを変えることが必要である。そのためには，人々のライフ・スタイル（仕事を終えたら帰宅して，テレビやビデオを見るというような）を変えることが必要だが，これには時間がかかるだろう。自分としては，子供たちに教育することを通じて少しづつでも変えて行こうとしている。そのためにも，小学校とコンタクトをとろうと思っている。できれば小学校で働きたい。アート・スクールだけでなく，普通の小学校でも芸術一般を子供に教えたい。

委員会からは金をもらいたくない。このことを時々主張するのだが，他の団員からは批判さ

れる。私はこの町の出身者ではないので、この町の出身者から批判される。

　この町にはちゃんとした文化センターがないが、学校や教会やルビガルがあるので活動には困らない。

　文化イベントのための宿泊施設は必要だと思う。

　この町には2,000人の学生がいるが、午後5時を過ぎると町の外に行ってしまう。また、3,000人の若者と子供が団地に住んでいる。この町に住んでいる人はテレビやビデオを見てばかりいる。若者（15～20歳）にはディスコがあるが、大人が踊れる場所がない。

（9月11日：間淵領吾）

4　フォークロア・グループ「シトニャン」のリーダーの話

　1985年にこの町で結成されたフォークロア・グループであり、メンバーは4人である。フェスティバルの演奏で知り合って友人になり、このグループを結成した。メンバーのうち2人は必要に応じて参加する。全員が40歳以下である。ガイディという名の楽器を演奏し、それにあわせて民謡を歌っている。プログラムは大体40分程度のものである。

　必要に応じて集まることにしているが、コンペの前の2日間は集団で練習することにしている。コンペはスロバキア全土で開催されているが、われわれはテルチョヴァー村（ヤノーシクが生まれた村）で開催されるコンペに参加している。

　出し物は、バンスカー・シティアブニッツア地域の民謡である。楽器にも、曲そのものにも、この地域に独特なものがある。この地域以外でも演奏するが、スロバキア国内だけである。また、外国の民謡は演奏しない。

　半年間に9～11回のプログラムをこなしており、この町ではその半分ほどをこなしている。

　さまざまな施設やパーティなどに呼ばれて演奏に行く。ブラチスラバの青少年施設に呼ばれて行ったこともある。また、病院などで入院患者のために演奏することもある。

　練習場は自前で持っている。

　活動経費は持ち出しでやっているが、時には招待者が食事などの代金を払ってくれることもある。

　衣装は自分達の金で買わなければならないが、楽器は各自が作るので金がかからない。

　以前、アメリカ人がこの楽器を買いたいと申し出てきたが、ビジネスマンには売らないことにしている。ミュージシャンや博物館にだけ売ることにしている。ビジネスマンは買ったものをまた売ってしまうから、いやだ。民族楽器で金儲けをしようとは思わない。

　われわれとコンタクトをとろうとしている人々がいるらしいが、われわれは、いつ、どこで会えば良いのかわからない。

自分は工場で働いており，そこでの仕事があるから，集まって練習する時間をつくるのが大変だ。

メンバーの1人はズボレンのポリアナのフォークロア・グループのメンバーにもなっているので，そのグループと共演することもあるが，他のグループと共演することはあまりない。友人関係を通じて，時々するだけである。

フォークロア・グループの間の関係は，まだあまりできあがっていない。今までは共産党が支配していたので，どうしても宗教に関係してしまうフォークロアがそのような関係を持つことはできなかったからだ。

フォークロアは小さな町や村の人々を結び付けることができるものだと思う。

昨年はカルチャー・サマーが1カ月間だけ開催されたが，今年は場所がないので開催されない。人々はズボレンなどの他の都市に行ってしまうので，問題だと思う。

町内の文化イベントに対して町議会は財政援助をしてくれない。われわれとしては，このグループを存続させたいし，外国に行って演奏してみたいとも思っている。ブラチスラバの青少年団体が民族衣装のファッション・ショーで外国に行くので，それについて行って演奏したいと思っている。

昨年は，衣装1着をつくるのに6,000～8,000コルナかかった。一部分は自分たちで作れるが，全部は無理なので作ってもらわなければならない。現在では，1万コルナ近くを払わなければならないのではないかと思う。

スロバキアの文化活動における最大の問題は資金不足だが，注目してくれている人々がいるので金は問題ではない。

現代芸術家はフォークロアや古いものに対抗しているが，真の芸術家はすべてのものに対して興味を持つはずだと思う。

(9月12日：間淵領吾)

5　SNM鉱山博物館の館長の話

SNMとは，スロバキア民族博物館(Slovenské Národoné Múzeum)の略称である。

1927年に第2鉱山博物館が開館され，1964年にスロバキア民族博物館と関係を持つことになった。現在は，ブラチスラバにあるスロバキア民族博物館の一部（分館）である。なお，SNMの分館はスロバキア全土に70館ある。

この鉱山博物館の職員は20～40歳が中心である。展示品は，この町に関するものだけではなく，スロバキア全土に関するものである。

昨年（1990年）の来館者総数は10万人である。外国からも見学にくるが，特にオランダには

鉱山がないので大量にやってくる。昨年は小学校の生徒が団体で見学に来たので通常よりは多いと思う。オーストリア，ドイツ，スウェーデン，フランス，イタリアなどからも団体が来た。今年はそのような予定がないので，さほど多くないだろう。

　ここで勉強したいと思っている学生も多数いるが，宿舎の確保ができないので受け入れられないでいる。

　スロバキア内の他の文化施設との協力関係については，この町にしか鉱山博物館がないことから連携先がなく困っている。

　SNM本館からの年度予算は50万コルナあり，当館の入場料収入が15万コルナある。他方，支出は，職員給料が200万コルナ，建物の再建費800万コルナである。

　この町の人々と協力している。工場，鉱山（スロバキア全土）や他の博物館とも関係がある。政党とは無関係だが，町の文化委員会とは密接な関係にある。

　1990年には5つの展示会を開催した。コシツェとブラチスラバでも展示会を開催した。来年はオーストリアでも展示会を開催する予定である。スウェーデン，ドイツなど西欧で6つの展示会を開催する計画も練っているところである。

　この博物館のオーナーは，バンスカー・シティアブニッツア町であり，町内に全部で以下の9つの博物館がある。

①美術ギャラリー
②鉱山・地学博物館
③古城博物館（現在，改築中）
④新城博物館
⑤鉱山技術博物館
⑥スカンゼン鉱山自然博物館
⑦カンマーホフ鉱山技術博物館
⑧鉱山病院博物館
⑨自然のなかのメモリアル

　ただし，同じ人は何度も見学にくるが，興味のない人は常にこない傾向があると思う。展示のトピックに関連して図書を出版するなどの活動もしている。

　スロバキアには博物館協会があるが，資金不足が問題である。

　私は以前，鉱山技師だった。

　サラマンダー祭の歴史については，以下の通りである。

1963年まで：普通のサラマンダー祭（毎年開催）
1964年　　：大サラマンダー祭（鉱山学校創立200周年記念祭）
1987年　　：サラマンダー祭が復活

1991年　　：復活後，2回目のサラマンダー祭

次回は，1992年の予定だが，今年（1991年）の結果を見て決められるとのこと。

1991年の祭には，ビジネスマンの有志と文化省が資金の一部を提供している。

なお，1965～1986年ならびに1988～1990年に開催されなかったのは，共産党とは関係がなく，単に資金がなかったからである。

（9月12日：間淵領吾）

6　サラマンダー祭について（パンフレット）

トカゲには不似合いな羊飼いが行列を進んで行く。トカゲは，シティアブニッツア町の発祥についての美しい伝説の象徴だ。伝説の語るところによると，昔々，シティアブニッツアの山の中で羊飼いが金粉にまみれて金色に輝くトカゲに出くわした。そのトカゲの後を追っていくと金鉱にいたる道がわかったのである。

背の低い羊飼いと鉱夫が行進していく。鉱夫は手にハンマーを持ち，手押し車を押しながら，ランプをかざして，鉱山に働きにいく格好だ。

楽団を従えた指揮者が行列の先頭を行き，そのあとを昔の服装をした鉱夫達が行進する。鉱山学校の制服を着た学生らもランプを手にかざしながら続く。それから，大工，電気技師，機械技師，石工，鍛冶屋など，鉱山で共に働く専門家や職人が続いて行進する。

騎馬隊などに先導された学生達は歌を歌っている。ジプシーの音楽も奏でられている。サラマンダーの行列は1つになって町の中を練り歩く。伯爵が馬車でやってきて，金を投げ出していく。ロバに乗った鉱山監督官も行進し，旧式の大砲に点火を命令する。大砲は，もうもうと煙を出し，号砲を轟かせる。町に駐屯している兵隊や警察官，ハンガリー人の服を着た者の一団もやってくる。吟遊詩人も行列の中にいる。死神が棺桶を伴って行進してくる。ある時，サラマンダーの行列の基になる葬式があり，民衆がそれを現在の形に変えたのである。職人と商人は，荷車に積んだ美しい工芸品を見せてくれる。

サラマンダーの行列は，町を音楽とリサイタルと風景とで，それまでとは違った状態にするのである。

（間淵領吾　訳）

7 バンスカー・シティアブニッツア町における博物館来館者数統計

(1) 1991年度(1991年8月25日現在)

≪博物館≫

博物館名	訪問者数
ベルガリヒト鉱物学博物館	7,395名
スカンゼン鉱山自然博物館	22,373名
クロパチカ鉱山博物館	1,253名
新城トルコ攻防戦博物館	8,863名

博物館訪問者総数:39,884名

≪展示会≫

「造形・スケッチ」展

「バンスカー・シィアブニッツアの湖沼」展

「古い絵はがきに見るバンスカー・シティアブニッツアの姿」展

展示会訪問者総数:12,292名

訪問者数合計:52,176名

(2) 1990年度

≪博物館≫

博物館名		訪問者数
ベルガリヒト鉱物学博物館	個人:	547名
	外国人:	78名
	団体(成人):	445名
	団体(学生):	7,230名
		合計:8,270名
スカンゼン鉱山自然博物館	個人:	653名
	外国人:	155名
	団体(成人):	1,914名
	団体(学生):	13,576名
		合計:16,298名

クロパチカ鉱山博物館	個人：	306名
	外国人：	55名
	団体（成人）：	69名
	団体（学生）：	596名
	合計：	1,026名

新城トルコ攻防戦博物館	個人：	355名
	外国人：	291名
	団体（成人）：	1,725名
	団体（学生）：	6,175名
	合計：	8,546名

J．コラーラ・ギャラリー	個人：	208名
	外国人：	75名
	団体（成人）：	23名
	団体（学生）：	903名
	合計：	1,209名

博物館訪問者総数：35,349名

≪展示会≫

鉱山写真展	15,785名
その他	3,078名
展示会訪問者総数：	18,863名

訪問者数合計：54,212名

(3) **1989年度**

≪博物館≫

博物館名	訪問者数	
ベルガリヒト鉱物学博物館	個人：	6,192名
	外国人：	580名
	団体（成人）：	870名
	団体（学生）：	9,372名
	合計：	17,014名

スカンゼン鉱山自然博物館	個人：	7,838名
	外国人：	2,987名
	団体（成人）：	28,393名
	団体（学生）：	10,841名
	合計：	50,841名

クロパチカ鉱山博物館	個人：	2,327名
	外国人：	59名
	団体（成人）：	69名
	団体（学生）：	606名
	合計：	3,061名

新城トルコ攻防戦博物館	個人：	6,047名
	外国人：	1,154名
	団体（成人）：	5,059名
	団体（学生）：	9,805名
	合計：	22,065名

J．コラーラ・ギャラリー	個人：	2,676名
	外国人：	137名
	団体（成人）：	319名
	団体（学生）：	2,234名
	合計：	5,366名

博物館訪問者総数：97,565名

≪展示会≫

「博物館収蔵の古美術」展	個人：	1,560名
	外国人：	116名
	団体（成人）：	120名
	団体（学生）：	309名
	合計：	2,105名

「バンスカー・シティアブニッツア周辺の技術的遺跡」展

      個人：   4,668名
      外国人：   1,920名
      団体（成人）： 5,538名
      団体（学生）： 11,449名
          合計：23,575名

「スロバキアの鉱山の世界」展

      個人：   2,756名
      外国人：   140名
      団体（成人）： 143名
      団体（学生）： 989名
          合計： 4,028名

「バンスカー・シティアブニツァの廃坑」展

      個人：   345名
      外国人：   9名
      団体（成人）：   0名
      団体（学生）： 167名
          合計： 521名

     展示会訪問者総数：30,229名

     訪問者数合計：127,794名

             （間淵領吾　訳）

8 バンスカー・シティアブニッツア町における住宅統計

(1991年3月31日現在)

表14 B・S町における住宅統計

地区番号	住宅（一戸建て） 合計	常住住宅数	家族世帯数	空き家	個人レクリエーション施設 合計	山小屋・バンガロー等	大きな邸宅風の別荘
1	553	394	333	159	48		48
2	216	196	137	20			
3	164	152	117	12			
4	45	45					
5	104	89	51	15			
6	323	258	217	65	2	1	1
7	415	313	299	102	129	124	5
合計	1,820	1,447	1,154	373	179	125	54

地区番号	フラット合計	合計	家族世帯数	1981-89年建設	1990年建設	利用空間 (m²)	8m²以上の部屋数	1フラットに3室以上	電気洗濯機	カラー・テレビ	電話	付帯余暇施設	自動車
1	849	600	352	3		27,898	1,491	258	136	210	199	35	178
2	537	507	141	25		21,698	1,301	223	169	240	205	52	202
3	536	520	119	85	1	22,189	1,392	266	235	295	280	83	242
4	576	567		567		23,310	1,632	414	250	316	197	47	273
5	554	536	42	376		24,598	1,577	415	255	295	181	43	246
6	435	361	218	28		17,381	965	187	129	150	119	24	160
7	453	354	308	17	4	16,267	926	171	73	142	79	12	143
合計	3,940	3,445	1,180	1,101	5	153,341	9,284	1,934	1,247	1,648	1,260	296	1,444

地区番号	フラット（続き）セントラル・ヒーティング	浴室	合計	居住申請中	所有者変更中	不法占拠	再建修理	居住用からレクリエーション用に変更	誰も居住関心なし	居住不能	取り壊し予定	その他不明	その他のフラット
1	219	459	249		19		75	50	9	55		41	
2	358	493	30	1	7		7	7	1	2		5	
3	481	519	16	3	6		4					3	
4	567	567	9	1	2	1						5	
5	510	519	18					8		4		6	
6	236	219	74		13	2	7	13	5	18	4	12	
7	195	247	99		37		1	51	1	6		2	1
合計	2,566	3,023	495	5	84	3	94	129	16	85	4	74	1

(間淵領吾　訳)

III 関連資料

（I） スロバキア共和国内務省大臣秘書室におけるインタビュー結果

1 内務省の組織と権限

　この内務省はスロバキア全体の地方局を管轄するために1990年に新しくつくられた。内部は10の局に別れている。かつては地方行政は人民委員会（Národný výbor）の組織によっていたが、それは国の機関であったのでこの省のトップが人民委員会の長であった。人民委員会は事実上国家の行政機関にほかならず、その権限は地方の統治だけではなく生産活動の統制にも及んだ。

　この省の仕事は、つぎのようなものである。① 地方局の仕事にかんする他の省庁との調整、② 地方局間の調整、③ 予算をめぐる財務省との折衝、④ 地方局の上級スタッフにたいする研修、⑤ 地方局の人事、組織、財政、⑥ 地方局の経営と管理、⑦ その他必要に応じた他の省庁との協議。

2 地方局の組織

　地方局はスロバキア全土で、広域を管轄する機関と中核自治体とその周辺町村を管轄する機関の二層制のシステムになっている。前者の数は38、後者は121である。仕事の内容は多岐にわたるために、省のレベルでも他の省庁との連携が必要になる。たとえば、地方局は福祉業務を担当し、失業と雇用にかんしては別の支局（労働局）が担当しているが、省庁のレベルでは両方の業務は労働・社会福祉省によって一括管理される。そのために内務省と労働・社会福祉省との協議は頻繁に行わざるを得ない。省庁間のあいだの情報ネットワークの確立が緊急の課題になっている。

　地方局の局長は管轄地域の市町村の首長による選挙で選出されるが、この法律は誤りであったと認識されつつある。この法律は人民委員会の権限が自治体と地方局に分割される過程でつくられてしまった。このため地方局長の責任の所在が不分明になってしまった。権限の分割の結果、地域計画やマスタープランの作成がむずかしくなったが、現状では、まず各自治体が独自に計画をつくり、それを地方局が受入れ、国が財政的措置を講じるというシステムになっている。なお、広域的な計画については、38の広域管轄の地方局はさらにより広域の7つの地域にまとめられるが、その地域の計画は、法によってその中核となる局が責任をもってプランをつくることになっている。

3 地方局の職員の研修

 各地域に新しくつくられた労働局のスタッフはほぼ全員があらたに採用されたが,地方局のスタッフの大部分はかつての人民委員会のスタッフが横すべりしてきている。したがって業務の姿勢は旧態のままである。このために職員の研修が必要であるが,省のレベルに「教育センター・行政研究所」をこの9月に設立した。そしてまず,地方局内の課長および副課長を対象にした研修と試験を行うことになった。この試験に通過しなければ管理職になれないし,いま暫定的に管理職になっている者は降格になる。

4 予　算

 内務省も独自の予算をもち,各地方局に予算を配分する。しかし,福祉関係の予算が大部分を占めるので,予算の使い方は,労働・社会福祉省の決定に左右される。福祉の予算には特別の緊急対策費もあるが,この使い方は配分の範囲内で各地方局の自由裁量にまかせられる。つまり福祉のどのカテゴリーにまわそうとかまわない。福祉予算の決定あるいは補正予算の策定は,失業の動向に大きく左右されるので,常時,労働・社会福祉省との協議が必要になる。そのための部局も用意されている。しかし失業の増加にたいして財政措置が追いつかないのが現状であり,いまは,予算措置としては社会保障よりも失業対策の方が優先されている。失業者にたいする雇用の創出はこの省とは無関係である。ただし,企業が事務職員を解雇するとき,私企業主は彼らを雇わないので,彼らをどのように私企業主に育てていくかはこの省としても考えなければならない。

5 行政とコンピュータ

 いま少しずつ行政へのコンピュータの導入を進めつつある。IBMを利用して,広域地方局と末端の地方局とを結ぶネットワークシステムの導入をノルウェーとの協力でつくろうとしている。しかしどこが主導権を握るかで省庁間に競争がある。

 地方局には徐々にコンピュータを与えつつある。昔から,スロバキアのコンピュータセンターはコシツエ市におかれてきたが,ここに良いプログラムがそろっているので,統括センターはコシツエになるかもしれない。

6．内務省が抱える課題

　現在内務省はつぎの3つの課題に直面している。

　第一は，この省の存在意義そのものが未確定で，明快な政治的解答があたえられていないことである。いいかえれば地方局の存在自体がよいのかどうかの結論が出されていないことである。実際この点についてはいま現在政府の審議会で議論がなされている最中であり，その結論次第によっては省そのものが廃止されるおそれさえある。その審議会の名称は文字通り「地方局の是非を判断する」審議会となっている。

　もう1つは，ハンガリー人マイノリテイの居住地からの要求もあって，地方局の管轄地域をどのように再分割，再統合するかの問題である。この点についても現在審議会で議論されている。

　第三の問題は，つぎの連邦議会および共和国議会の選挙準備にかんする事柄である。選挙にかんする法律も，そのための事務も一切がこの省の責任である。たとえばどのように選挙区を区割するかなどの問題をあらためて考えなければならない。

　もちろんこれ以外にも多くの問題が省の内部に山積している。とくに1993年の1月にあたらしい税制が発足するときには，地方自治体は自主財源をもつことになる。いまは国に依存しているが，その時点では，地方局の財政をどうするかも今後の課題になろう。

（9月13日：川崎嘉元）

(Ⅱ) スロバキア市町村協会(ZMOS)の組織と活動

アドリアナ・ハンディアコヴァ

1 地方自治の構造とZMOSの位置づけ

　1990年11月まで，スロバキア共和国の行政は中央集権化されていた。政府（内閣）と国会は，あらゆる立法権を持っていた。指令は頂点でなされ，その結果下級レベルはほとんど何の意思決定力も持っていなかった。ZMOS（スロバキア市町村協会）の主な目標は，地方レベルで民主制を創り出すことにある。

　中央集権化されていた旧体制の欠点は，以下のとおりであった。

①地方団体の経済基盤に対する制約

②地方レベルにおける意思決定力（地方のものごとについてその地方の人々に意思決定させること）の不在

③中央に対する地方の従属

④中央における責任の欠如（中央は，地方の市民が抱いている要求や欲求に関わる地方の問題に対して解決策を提示することができなかった）

⑤官僚制の拡大

⑥国家行政権の重複

⑦共産党による人民委員会の支配

　共産党体制の崩壊後に採択された法令は，地方自治体の権力と国家行政の権力を分離した。しかし地方自治体は，依然として非常に複雑な状況にある。地方政府には，自治の経験がないからである。

　新しい法令は，地方レベルにおいて強力な民主的制度を構築しようとしている。これは，教育と研修のためのプログラムの導入と，行政研究所によって組織される相互関係の導入を意味している。行政研究所とは，国家行政官と国家行政の地方出先機関の上級管理者とを教育するための団体である。

　このプログラムは，地方自治体の代表者に対しても提供されるが，市町村長たちは，このプログラムが余りにも官僚的だとして，参加したがらない。

2 ZMOSの歴史と組織

　ZMOSは，地方自治を研究しているある研究機関の数名の研究者と，内務省の2人の事務官によって創り出された。かれらは，内務省の情報源を活用することができたのである。ZMOSを創り出そうとした最大の理由は，中央集権化された地方行政を内務省が改革しようとしたことにある。内務省におけるコミュニケーション・チャネルは，彼らが市町村長たちに接触するのを助けた。

　ZMOSは，政党や政治運動からは独立した任意団体である。それは会員，すなわちスロバキアの地方自治体の利益を促進しようとするものであり，スロバキアの市町村のスポークスマンとして代理活動をし，行動するものである。そしてその活動は，会員の利益に従う。

　ZMOSの仕事は，5つの主な領域に分けることができる。
①諸々の地域団体の活動を調整すること。
②地方自治体の代表者のために会議やセミナーや作業部会を組織すること。
③国際組織において会員である地方自治体を代表し，情報を提供すること。
④法や予算管理や地域開発に関する実務の遂行について，諮問を受け，助言を与えること。
⑤地方自治体の欲する情報を収集し，普及すること。

(1) 会員権

　ZMOSへの入会は任意である。普通会員は，スロバキアのあらゆる市町村と，大都市（ブラチスラバ）の特別区である。特別会員は，ZMOSがその使命を全うすることに協力し賛助することに関心を持つ法人ないし個人である。ZMOSには名誉会員もいる。

　すべての会員には，ZMOSの諸団体の大会その他の会議に委任代表者を送り込む権利と，ZMOSの業務の遂行に参加し，その諸活動に関する情報の分配を受ける権利がある。会員は，地方自治体の問題を解決するために提案や要求を具申することができる。会員は，ZMOSの発行する日報，出版物，定期刊行物の中から希望のものを購読することもできる。普通会員には選挙権ならびに被選挙権があり，ZMOSの提供する助言，相談業務，調整ならびにメンテナンスに関する業務を求めることができる。

(2) ZMOSの構造

　ZMOSの最高機関は総会である。それは自治体の代表者から構成されており，事実上市町村長を成員とする。総会は年1回開催され，必要があればさらに開催される。現在，総会のメンバーは1,565名である。

　ＺＭＯＳ評議会：ZMOSの執行機関。市町村長らとZMOSの専門職員とから構成されてい

る。23名のメンバーのうち専門職員は10名である。
ZMOS幹部会：12名から構成される，ZMOSの執行・運営本部。ZMOSの議長が統括する。
ZMOS地域別評議会：任意に結成された地域的執行機関。これまでのところ，15部会がある。
ZMOS分科会：特定領域における政策の立案を担当する助言機関。
調停委員会：紛争解決を担当する仲介機関。
監査委員会：ZMOSの財務を監督する独立機関であり，市町村長らが構成している。

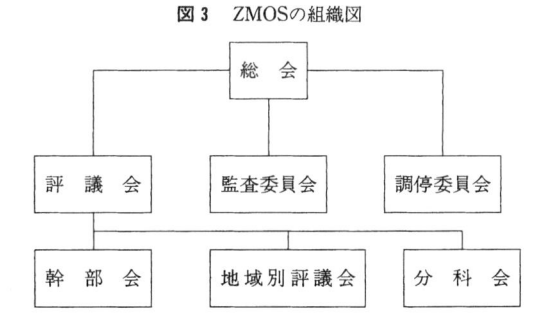

図3　ZMOSの組織図

```
                        総　会
         ┌────────────────┼────────────────┐
       評議会          監査委員会         調停委員会
   ┌─────┴─────┬────────────────┐
  幹部会      地域別評議会       分科会
```

（なお，各機関の詳細については末尾の付録を参照されたい。）

チェコにもZMOSに相当するUTVC（チェコ共和国市町村連合）がある。ZMOSとUTVCの協力関係を促進するため，チェコ・スロバキア連邦共和国市町村調整評議会が1991年6月に創設された。調整評議会のプログラムは，UTVCとZMOSの代表者が決定する。その目標は，以下のとおりである。

①自治機関としての地方自治体の位置づけがチェコ・スロバキア連邦共和国憲法ならびに各共和国憲法に明記されることを求める。すべての地方自治体が平等の権利を持つようにする。
②国家行政が地方のニーズに対して責任をもてるようにし，地方自治体が行政権・経済力・その他必要とする能力を享受できるように，国家行政機構と地方自治体の間で権力を分配する。
③地方自治体のために予算を策定する。
④地方自治体が，その地方自治体の政治的・行政的区域を決定できるようにする。
⑤地方自治体は国家警察の職務を決める権利を享受するとともに，市民の保護と安全が，国家警察のみならず，地方自治体によっても確保されるようにする。
⑥開発政策は，市民の承認を受けた地方・地域開発構想ならびに予算に基づいて執行されるよ

うにする。それらは，意図的かつ効果的目標に従い，関係するそれぞれの地方自治体および国家から財政援助を受けるものとする。
⑦チェコ・スロバキア連邦共和国の政府ならびに国会による欧州地方自治憲章の採択に向けて，諸政策を確保する。

　調整評議会は，チェコ・スロバキア連邦共和国政府ならびに連邦議会に対する法案提出権，提案および見解を具申する権利を活用して市町村の利益を促進するために，共通の会議録を周到に用意する。

　ZMOSとUTVCは，それぞれの新聞を通じて相互の個別的活動について連絡を取り合う。チェコ・スロバキア連邦共和国市町村調整評議会は，評議会によって毎年選出される議長に率いられている。議長がチェコ人であれば，副議長はスロバキア人となり，逆の場合も同様である。評議会は，ZMOSならびにUTVCの代表者の過半数が支持した決議案を採用するという原則に従う。

　UTVCとZMOSの間の協力関係は，地方自治体にとって必要となるその他の法規制とともに，連邦議会における地方自治法ならびに地方自治体財産法の採択をもたらし，チェコとスロバキアの地方自治体の間で多面的な協力関係を発展させ，国境地帯における共同活動を組織するなどの成果を導いている。政治や立法に関わる活動のほかに，経済活動ももう1つの重要な領域である。URBCOR（都市開発・諮問・契約事務局）は，ZMOSにとって重要な経済活動を提供するために創設された。

(3) URBCOR（都市開発・諮問・契約事務局）

　URBCORは，土地利用計画，建設投資と建築土木技術，不動産に関する苦情処理についての法的助言，および市町村の課税可能な土地について地価を査定するための分析といった分野における助言，相談，研修，分析サービスを提供する。

　URBCORは，市場のニーズに合うように古い土地利用計画を変更することで，市町村を支援している。個々の土地区画評価は，新たな地方財政ならびに税務の基礎をなしている。税制の抜本的な改革は，1993年に施行される見込みである。それまではURBCORが，各地方自治体とともに，地方自治体の個々の土地区画評価のための枠組みを改善しようとしているのである（現在まで，40件のプロジェクトが起案されている）。URBCORは，地方自治体の下水道ならびに水道供給ネットワーク計画の起案も手伝っている。市町村の利用に供するための情報データベースも構築中である。スロバキア芸術エージェンシーと共同で，地方文化を発展させるために芸術展も組織している。

　ZMOSの創設したもう1つの団体は，地方自治研究センターである。これは，ZMOSの中でやや自律した組織であり，各種の機関のために活動するとともに，ZMOSの評議会のためにも

活動している。現在のところ，それは，ノルウェー政府の全面的な資金援助により，チェコ，ポーランド，ハンガリーとスロバキアが共同でおこなっている地方民主化プロジェクトに参加している。

　各地方自治体は，すべての領域において専門的助言に益々関心を寄せるようになるだろう。これは，住宅市場の復活，失業，財源の開発等といった問題を解決するための政策のみならず，公共サービス機関の代表者に対する教育にも関与している。

　現在までのところ，このセンターについて，これといった規定はない。専門家を雇って，市町村から提起される諸問題を解決するための機関を創ることが期待されている。同時に，このセンターは，コミュニティの中で直接民主制を強化しようとする諸制度や，自治のあり方に関する研究に対して，フィードバックするための情報を収集することになるだろう。その助言は，ZMOSの会員には割引価格で提供されることになろう。

(4)　地方自治体の新聞

　ZMOSの発行する週刊新聞は，法規範や法律や法案（地方自治体の財産等についての法案）のような法的問題に関する情報を提供している。この新聞は，チェコ・スロバキア連邦共和国憲法の起草におけるZMOSの参加についてだけでなく，政府に対するZMOSの関係をも明らかにするために役立つ。

　経済的領域では，この新聞は，私有化，財政基盤の創出，住宅政策，地方自治体の経済および財政運営に関する情報を提供する。またこの地方自治新聞は，URBCORのような提携機関に関する情報とともに，ZMOSの分科会，幹部会，総会等に関する情報や，異なる形態の地方自治体，チェコ共和国内の諸問題，法的・財政的・教育的助言についての情報を提供する。

　それは，開発プログラム｛地方自治体開発プロジェクトを推進しているICMA（国際都市経営者協会）のプログラムやアメリカ合衆国の地方自治援助団体であるUS A.I.D.のプログラム｝や市長らの意見・苦情に関する事実と情報を提供している。

(5)　ホット・ラインとコンサルテーション・サービス

　これは，地方自治，地方自治体の財産問題，地方税，財政，事業といった領域におけるサービスを提供する。

　ZMOSは，各地域協会の会員のために定期的に会合を開催している。ZMOSの代表者は，市町村を訪問し，各市町村が抱えている問題をみずから解決できるよう助けている。

　これらの活動はすべて，社会の中に情報を分配することに貢献している。この情報分配過程こそ，スロバキア経済の発展にとって主要な領域とみなされる。市場経済への移行は，戦略的コンセプトの現代的案出方法，自治体経営の効果的形態を求めている。

もう1つの緊急の問題は，地方政府の事務所内におけるコンピュータ機器の不足である。ZMOSは，内務省とともに情報システムの創出に関する調査をおこなった。ZMOSは，地方の国家行政局と地方自治体とが，共通の標準様式（指標と分類項目の統一体系），ハードウェアおよびソフトウェアに関する設計準備と，アプリケーションについての教育・補充・操作を確立することを援助しようとしている。

　それは，地方自治体の事務所に対して国際規格に則った，必要な情報技術を早急かつ効果的に充足しうるジョイント・ヴェンチャー企業の創設を提案している。競争入札によって専門請負業者を雇えば，高い品質が確保されるだろう。このジョイント・ヴェンチャー企業は，ハードウェアを大量に買い付け，各地方自治体に低価格で提供することによって利益をあげることができるであろう。

　ZMOSは，市長らを教育するために地方民主化支援基金を創設した。その目標は，地方および地域レベルにおける民主的制度の発展を支援すること，とくに，スロバキア共和国における地方政府と地方の国家行政に対する支援活動を援助することにある。財政支援の源泉の1つは，PHAREプログラム（PHAREは，中欧ならびに東欧の旧共産主義諸国に強力な民主的制度を創り出すことを援助する目的で，西欧諸国の創設した国際基金である）から生じている（1991年，この基金は，2つのプロジェクトを実施し，1992年には5つのプロジェクトが計画されている）。

　この基金は，多くの問題を提起している。国内の援助は非常に弱い。政府の支援している教育プログラムは，地方の国家行政を発展させることに集中しており，地方選出の政治家すなわち市町村長らに対してはほとんど関心を示していない。PHAREからの財政的貢献は，市町村長らにとってそれほど有利に活用されているわけではない。地方の諸条件が，PHARE基金の効率的運用を困難にさせているのである。

3　要　約

　共和国の行政構造におけるZMOSの位置づけは，非常に複雑である。スロバキアは，強力な民主的制度の確立を助ける新たな経済規則と法規則を創り出す過程にある。国外や国内のさまざまな努力は，国家と結び付いた制度的な経営形態に集中している。

　1991年のZMOSの基本的活動は，法的ならびに経済的領域に焦点が当てられた。ZMOSは，共和国行政の諸問題を解決しようとしてきたため，スロバキア政府の不可欠なパートナーになりつつある。ZMOSは，法案を批判し，新たな立法を提案している。それは，国家行政機構との関連において協調的な解決策を見いだす一助となるものである。

　経済的には，ZMOSは，私有化と地方自治確立のプロセスをとくに強調している。それは，

市町村に対してサービスを提供する会社を設立し，市町村長らの仕事を助けている。大規模な設備供給契約は，低価格を可能にさせ，地方自治体の予算を節約させている。ZMOSは，財源の新たな創出の模索を支援しており，予算の策定を援助している。

ZMOSは，地域別協会を援助している。他国と比較すると，スロバキア領土内の個々の地方自治体の人口規模と密度は小さい。このように小さな団体の経営は，非効率になることがわかる。こんにち，ZMOS地域別協会は，スロバキアの将来的な行政区分のあり方を示唆している。しかしながら地域間関係は，新たな経済規則によって，また，共和国の歴史的伝統と文化的ニーズによって，徐々に変更されつつある。

結局，地方政府の明暗は，地方政府の代表者と彼らが代表する住民との間の信頼関係ならびに相互理解関係に左右される。ZMOSは，専門職員の水準を高めるための援助を通じて，地方政府に対する人々の間の信頼感を再構築しようとしている。経験によれば，地方政府は，地方民主制に基づくときにのみ作動する。確かに直接民主制は，提起されている諸問題から直接的な影響を受ける人々に，責任感と参加意欲とを持たせるのである。

4 付録

(1) ZMOSの総会

総会の権限は，以下のとおりである。
①ZMOSの定款を承認および修正する。
②ZMOSの議長ならびに監査委員を選出する。
③ZMOSの活動ならびに目標達成度についての報告，次期のZMOSの基本方針と目標，会計決算ならびに監査報告について，審議ならびに承認する。
④総会の議事規則を承認する。
⑤ZMOSの廃止を決定する。

(2) ZMOSの評議会

評議会は，ZMOSの執行部であり，ZMOSの総会の会期以外の時期における活動を管理する。その活動の責任を総会に対して負っている。これは，ZMOSの議長，各地域別協会の議長と，地域別協会から選出された1名の会員とから構成されている。

評議会の権限は，以下のとおりである。
①総会の議事日程，組織的支援，召集を準備する。
②総会決議案の執行を確保する。
③ZMOSの会員からの提案ならびに要求を審議し，それらの執行に関する手順を決定する。

④ZMOSの議長から提示された評議会メンバーの名簿の中から評議会副議長を選出し，ZMOSの書記を任命する。
⑤ZMOS事務局長を任命し，ZMOSの議長の提案する分科会各座長を承認する。
⑥分科会その他の付属機関の設立を承認し，常時それらの活動を評価する。
⑦事業活動およびサービス活動を承認し，ZMOSの会員に対して出版物，定期刊行物，情報材料を発行する。
⑧世界規模の市町村協会の一員でもある地域別協会の発展を援助する。
⑨地域別協会評議会の活動を調整する。
⑩地域別協会評議会の活動に関するZMOS予算からの財政支出規則を承認する。
⑪ZMOSの年次予算と，経営に関する年度ごとの貸借対照表を承認する。
⑫ZMOSの組織命令を承認する。
⑬ZMOSと国際組織内のZMOS会員との，また，外国の組織や市町村との共同プログラムを審議し，承認する。
⑭外部の貢献者に対する報酬ならびにZMOSの雇用者に対する給与を承認する。

(3) ZMOSの幹部会

　幹部会は，ZMOS評議会の執行部であり，議長，副議長，書記長ならびに評議会のその他のメンバーから構成される。
　幹部会の権限は，以下のとおりである。
①評議会の決議案を執行する。
②ZMOSの財産を管理する。
③ZMOSの各分科会の会長を任命および解任する。ならびに，議長の提案に従ってそれらの給与を決定する。
④ZMOSの執行部の作業計画を承認し，その活動を監督する。
⑤ZMOSによって組織されるさまざまな催事ならびに趣向のプログラムおよび補給を承認し，監督する。
⑥ZMOSに提示する予算案の準備について責任を負う。

(4) ZMOSの分科会

　分科会は，ZMOSの助言ならびに議案提出機関である。それらは，ZMOSのさまざまな活動領域にわたる業務を遂行するために，必要に応じてZMOSの評議会によって設置される。分科会は，常勤の専門家である座長に率いられる。分科会の業務は，中央の立法機関によって採択され，市町村の諸問題に影響を及ぼす，基本システムに関する政策・法規制・法律に対して評

価を下し，意見を表明することである。分科会は，その時々の問題事項（地方自治体と地方の国家行政機関の間の権限に関する誤解，地域的利害関心，予算関係と市町村の発展意志に関する欲求充足，外国の友好団体との国際協力ならびに接触の発展などから生じる諸問題）についても評価を下す。そのような問題を積極的に解決するための手段を提案する。分科会の座長とメンバーは，書記長の提案に基づいて評議会が任命する専門家である。

(5) ZMOSの地域別協会評議会

地域別協会評議会は，スロバキア全土にわたるさまざまな地域の市町村からなる各地域別協会の設立会議によって設置された。地域別協会は，全スロバキア協会の一部を構成している。地域別協会評議会は，1つの地域内において調整ならびに入会審査の業務を果たす。それらは，地域的諸問題の解決に際して関連する市町村を統一し，適切な処置を講ずる。

(6) 監査委員会

監査委員会は，総会によって選出された5名から構成される。監査委員は，その他の機関の役員を兼任することができず，ZMOSで職務を持つことも認められない。監査委員会の委員長は，ZMOSの評議会の各分科会に常時招聘される。監査委員は無償の役員であり，提携市町村の有給の代表者ではない。監査委員会の権限は，以下のとおりである。
①一般的な法規範に従いながら，ZMOSの財政収入と財産の管理ならびにその有効活用に関して監督する。
②ZMOSの定款ならびにその総会の決議案が遵守されることを監督する。
③指摘された欠点について是正措置を提案する。
④予算案に対して意見を表明し，年次会計決算について報告する。
⑤監督結果を評議会ならびに総会に報告する。

(7) 調停委員会

評議会は，ZMOSの書記長の提案に基づいて，専門家による調停委員会を設立する。その主な職務は，ZMOSの会員の間から生じるであろう苦情を解決することにある。

(8) ZMOSの経済運営

ZMOSは，その活動期間内に獲得された財産を管理する。その財産は，活動，会費，寄付ならびに補助金から得られる。

(間淵領吾　訳)

(Ⅲ) スロバキア市町村協会の声明書(1991年3月)「自治の栄光と苦悩」

　チェコ・スロバキアにおいては，数十年にわたってさまざまな問題が個々に未解決なまま山積されてきた。そしてそれらの諸問題は，地域社会では相互に関連した複合体として立ち現れ，ひと言で非人間化として特徴づけられるような性格を持っている。すなわち社会関係の崩壊，人々のまとまりと連帯，みずからの社会状況に対する責任感の喪失がこれである。したがって社会集団が機能する自律的なダイナミズムの再生，すなわち自治を通じた活性化が，地方レベルにおいては主要な目的とされなければならない。

　高度に発展した西ヨーロッパ諸国の状況は，われわれの共和国の状況とは大きく異なっている。西欧社会は，仕事に対する高度な倫理，みずからの運命に対する責任，自立を求める高い意識を備え，私的所有，効果的に機能する経済，（地方自治を含む）公共生活のきちんとした制度に基礎づけられている。また社会的・経済的生活は，安定した規則を有している。このような状態は，社会的責任が高度に貫徹していることと関係しており，それが集団行動の充実したモデルを作り出している。

　ところがわれわれは，制度的活動，社会的活動，及び文化的活動の間の関係を十分に理解してはいない。地域コミュニティの問題解決に対する部分的なアプローチばかりが偏在して，有意味な総合性を欠き，最終的効果を見通すことができない。このような状況においては，地域コミュニティの諸問題にどのように地域住民が巻き込まれているのかを考察することは難しい。

　地域コミュニティを再生するためには，民主主義的な自治を正しく遂行する必要がある。そのためには，これら共同体の生活を共にする諸個人のパーソナリティの発展を最大限に可能とするようなコミュニティの社会的発展が必要とされるが，これは以下のものを含んでいる。

①民主主義的な自由と権利の賦与
②コミュニティの文化の育成と特定化された目標への到達
③コミュニティの経済的発展と住民の生活水準の向上
④公共サービスの賦与
⑤権力への参与と権力の制御，個人的かつ集合的な責任に基づいたコミュニティの自立と自由な発展の保証

　地方選挙の実施は，人民委員会の活動を終結させた。人民委員会といういわゆる地方を代表する権威機構が，主として市町村やコミュニティに党と政府の命令を伝達する役割を果たした

のは、さほど以前のことではない。ほとんどすべての地方からのイニシアチブは、タテマエにすぎない普遍的要求の名において踏みにじられてきた。地方の要求を尊重するあらゆる試みが、通常、不適当な活動あるいは反動的な傾向であるとして批判された。実際、政府それ自体でさえ独立した決定を行えなかったのであるから、地方政府が独立した意思決定を為しえなかったのは極めて当然のことである。

地方政府に対するこのような過小評価が、人々が地方選挙にあまり関心をもたない原因となった。新しい市町村の代議機関は、とりわけ自治体としての自身への誇りをもち、法律及び選挙民に対して責任を負っている。また市町村議員は、快適で幸福なコミュニティの生活を作り出すという唯一かつ共通の目的を共有している。

地方のレベルでなされる決定が、共和国議会の決定が持つような高度な政治的、イデオロギー的効果を持たないことは、われわれの誰もが知っている。地方のレベルにおいて、決定はコミュニケーションの円滑化、街路保全、サービスの供給などといった特定の事柄にかんしてなされる。ここで重要なのは、政党の主義主張によるのではなく、コミュニティや町を統治し、住民の信頼をえる能力によって決められるということなのである。

新しく選ばれた議員及び市町村長は、上からの命令を待つのではなく、むしろその反対に、中央との対話を始めることになろう。選挙民は議員に対して、当然のことながらコミュニティあるいは町を保護し、発展させることを期待している。

よく機能している地方政府は、コミュニティばかりでなく国全体の中で市民の利益を保護する。よく機能する地方政府（の設立）は、長期にわたる継続的な努力の結果として到達しうるわれわれにとっての未知の目標である。自治の力強い伝統を持った先進ヨーロッパ諸国においてさえ、最適モデルはいまだに求められ続けているのである。

民主主義的に確立されたわれわれの地方政府は、現在「入浴することはできるが、体を濡らすことができない」といった状況にある。多くの義務は与えられたが、本当の能力は与えられていない。建設の分野、環境保護、犯罪等々にその例をみることができる。

もっとも象徴的な例は、憲法の地方自治条項の修正によって導入された地方税である。実際にはその導入は不可能である。それにはレフェレンダムが必要であるが、現在の経済的状況では、住民大多数の賛同をうることはむずかしい。人々はさらなる税制のために賛成投票などすることはない。その独立を制限する地方自治体にかんする法には、さらに多くの問題が含まれている。

地方自治体の自律性を制限する装置は別にしても、改革全体が、投げ込まれた石が詰まっている浴槽のようである。水は波立ち、水位は上がり、入浴しようとする人を困惑させる石が存在している。波は新たな法令によってもたらされる。また多くの事務員が増員されることでその水位は上昇する。そして水中の厄介な石は、市民と地方政府との間の接触をより困難なもの

としている。

　人民委員会の改革に対する期待は，その主張者の立場を強化するために悪用された。誰がそれに対して責任を負うのであろうか。例のとおり，加害者はいない。誰がわれわれを援助してくれるのだろうか。それはわれわれ自身でしかあり得ない。

　いままでの改革は，自治の弱さの結果である。民主主義諸国において，法制度の変更は，政党間によって議論された後にはじめて陽の目をみる。しかしわれわれの中に，コミュニティの利益を保護する者は誰もいなかった。加えて地方民主主義の役割は，マルクス・レーニン主義の教育課程では教えられなかったために過小評価された。「共産主義の崇高な経済的未来」は語られたにしても，権威ある経済学者や政治家のほとんど誰1人として，このような些末なことを考慮に入れなかった。些末な問題に関わる人は表舞台には立てず，有害であるとさえ見なされた。

　「地方」民主主義は，「真」の社会主義の一変種ではない。それは，民主主義一般のなかに位置を占める。唯一の違いは，地方民主主義が，より身近で，より明解で，イデオロギー色がより少ないことである。「神よ，村が火事にみまわれた時には，社会民主主義者，民族主義者，農地改革論者，共産主義者が一緒に火事の消火に駆けつけたのですよ」といっているのをラジオで聞いたことがあるように。ともあれ市民と国家の間には，より身近で，より明解で，人々がより親近感を寄せるコミュニティが存在している。高度な政治といわれる政党政治は，共和国議会において明瞭な形で展開している。共産党みずからは家庭生活へ退行すると公言したが，実際にはそうならず，政党政治の一翼を担っているのが現状だ。私企業の自由な競争においては，問題はあなたは何ができるかということである（A. Barčakを参照せよ）。同様に，市町村長は町の父，その統治者でなければならず，共産党の任命者であってはならないのである。

　われわれは，市場メカニズムと多元的民主主義に経済的救済の手段を見る。しかし，ヨーロッパには有効に機能している自治も存在している。中央権力が1つの全体に絶対的に従属することは，もはや流行遅れとなっている。そしていま1つのことがいま認められなければならない。すなわち，いかなる政党がリーダーシップをとるにせよ，残念ながら政府はいずれにしろ中央集権主義的であるという事実である。革命は大臣の交替といったことにあるのではない。重要なことは，行政は市民に奉仕すべきであって，その反対ではないということ，そしてそのためには，権力の集中化を妨げるシステムが大切だということである。

　地方のレベルにおける国家行政と地方自治体の権限の分離は，良いアイデアではあるが，しかしそれは自治体が十分な意思決定能力を持つ一方で，自治体に対する国家の制御の役割が厳密に限定されて，はじめて良いアイデアでありうる。効果的な自治の原理は単純である。地方のレベルで有効に為されうるすべてのものがそこで為され，他方すべてのコミュニティにかか

わるサービスや活動のみが自治の第2のレベル，すなわち自治体と国家の連携によって解決されることがそれである。

　地方民主主義は，民主主義の擁護につながるものとして理解される。十分な自治能力をもつ自治体は，権力に直接参与することを市民に認めるが，それは中央の権威が過度に官僚的になることを妨げ，その直接的な影響力と不正行為を制限する。

　共和国議会の議員は，選挙民の本来の要求をしばしば蹂躙しており，官僚機構はそれ自身の利害に沿って統治を行っている。このようなことのすべてが，いまのわれわれの国で観察される。

　強力な自治は，コミュニティで進行しつつある事柄に影響を与えることができるという市民の感覚を強化するのを助ける。またそれは，中央権力が市民に背を向け，市民の利益に反する統治を行うことを妨げる。

　中央政府への地方自治体の従属という誤った考え方が，古い構造の影響を取り除き，国家の経済改革を促進するというスローガンのもとに依然として生き続けている。このような改革の歩みの遅滞は，中央の努力に対する市民の信頼を失わせるという惨めな結果をもたらすだけであろう。

　われわれの社会は，指令を必要としているのではなく，市民と政府との，及びコミュニティと国家との間の対話を必要としているが，これこそが真の合意に至る唯一の方法である。

　いまの変化は，長期にわたる過程であって，ストライキや覚え書きによって達成されるようなものではない。にもかかわらず，出発点として，緩やかな進展を展望できる条件が生まれつつあることも確かである。

　その1つは，力強い自治が民主主義の不可欠な一部であって，無政府主義につながるものではないことを，われわれの政府と政党が理解していることである。

　2つめは，ZMOS（スロバキア市町村協会）が中央権力，すなわちスロバキア共和国のパートナーの立場を是認されたということである。

　3つめは，地方自治体の改良を目的とする政府とZMOSの共同のコミッションがつくられていることである。

　スロバキア市町村協会は，いまなおスロバキアにおける自主的な非政府的，非政治的コミュニティの利益結社にすぎない。それはスロバキア共和国の90％以上の市民の地元の利益を擁護するものである。スロバキア市町村協会は，そのメンバー，すなわち各自治体によってのみ財源を与えられている。また，あらゆる自治体に配布される週刊新聞を定期的に発行している。みずから週刊新聞を発行しなければならなかったのは，中央がみずからの見解とは異なる地方の見解を公表することに関心を持たなかったため，われわれが直接，拒絶感が蔓延することを除去しようとしたからである。同時に，この新聞は，自治体に対する情報提供と助言の唯一の

源となった。自治体新聞（Obecné noviny）がいかなる国家の援助もなく，今なお赤字を負わないで済んでいる新聞であるという事実によって，われわれの決定が正しかったことが証明された。購読者は，地方自治体にかかわることならどんな知識でも渇望しているがゆえに，この新聞に関心を寄せるのである。

　他の活動に加えて，ZMOSは立法，経済，経営にかんするコンサルタントを提供しており，セミナーなども組織している。

　われわれの信条は，コミュニティの信頼ならびにその市民の信頼を失わないことにある。われわれは，地方民主主義を擁護する限りにおいてのみ，その信頼を得るであろう。

　現時点におけるZMOSと自治体との財政関係は，われわれの目的に対する誠実さを保証している。ZMOSは，地域政策にかんして非政府的組織が主張を展開する可能性をつみとろうとする圧力を排除する。そしてもし真の自治が存在しないのであるならば，NGO活動が地域政策に影響を与えることは不可能であろう。行政の基礎的な能力を強化することは，NGOの援助をえて直接的な意思決定とそれに市民が参加する機会をつくり出すことになる。

（田辺　浩　訳）

(Ⅳ)　スロバキア市町村協会会長兼事務局長とのインタビュー結果

1　協会の組織

　スロバキア市町村協会は，各自治体の自主的組織であり，1991年の3月に結成された。会員はスロバキアの各自治体の首長である。スロバキア全体で約2,800ある市町村のうち80%以上が組織されている。未加盟の自治体の大部分は小さな村である。本部はブラチスラバにおかれている。協会の組織は議会と執行委員会からなる。議会のメンバーはスロバキアを43の地域に分け，各地域から2名の割合で選ばれる。したがって議員の総数は86名である。そのうちの17名で執行委員会がつくられる。会長兼事務局長は常動の職員があたる。

2　昨年の地方選挙の結果

　昨年11月の選挙で，スロバキア全体で地方議員10名以上が当選した政党別の，議員数，首長数およびそれぞれの全体に占める割合はつぎの（表15）のとおりである。

表15　スロバキア地方選挙結果（1990年11月）

	政　　党	議員数	議席率	市町村長数	議席率
	（スロバキア全体）	38489	100%	2727	100%
01	キリスト教民主主義運動（KDH）	10564	27.45	541	19.84
02	スロバキア共産党（KSS） （社会民主主義左派（SDL））	5252	13.64	660	24.20
03	暴力に反対する公衆（VPN）	7844	20.38	477	17.19
04	民主党（DS）	874	2.27	37	1.36
05	チェコスロバキア農民党	575	1.49	25	0.91
06	Egyutteles-Spoluzitie Wspolnota-Souziti （人種マイノリティーの共同運動）	2416	6.28	102	3.74
07	農民運動	1177	3.06	43	1.58
08	ハンガリー独立のイニシアチヴ	482	1.25	27	0.99
09	ハンガリーキリスト教民主運動	1153	3.00	35	1.28
10	スロバキア民族党（SNS）	1233	3.20	43	1.57
11	緑の党（ZS）	452	1.17	14	0.51

12	スロボダ党	105	0.27	5	0.18
13	健康とスポーツの民主連合	51	0.13	1	0.04
14	スロバキア独立党	24	0.06	1	0.04
15	Romská občianska iniciativa v Ceskoslovensku（チェコスロバキア・ジプシー市民イニシアテイブ）	63	0.16	1	0.04
16	スロバキアの社会民主党	29	0.08	1	0.04
17	Strana demokratickej únie Romov na Slovensku（スロバキア・ジプシー連合民主党）	15	0.04		
18	Strana integrácie Romov na Slovensku（スロバキア・ジプシー統合党）	10	0.03		
19	政治所属不明	4409	11.46	253	9.27
20	インデペンデント	1702	4.42	454	16.65

なお，地方選挙で1議席あるいは1首長以上をとった政党の数は全部で36にのぼる。またインデペンデントとして立候補した者にはかつてのコミュニストが多い。一般的には，首長選では個人的知名度が必要だったのでコミュニストが相対的に多く当選し，議会の議員は政党中心に選ばれたといえる。投票率は田舎の方が高かった。ブラチスラバでは44％の投票率であったが，小さな村では，70～80％になっている。また，市や大きな町ではVPNが相対的に強く，村ではSDLとKDHが強かったとおもわれる。とくに老人はKDH支持に傾いた。選挙中は西側の地方議員が視察にきた。なお，ただ1人だけチェコ人の女性が首長に選ばれた。

3 協会の仕事

協会の執行委員会が協会の仕事のリーダーシップをとる。執行委員会には3人の副会長がおかれている。SDL，KDH，VPNから1人ずつ選ばれている。

憲法では，自治体はみずからの意志で自由に地域を決めて独立の自治体になったり連合の自治体をつくったりすることができる。しかし自治体の地区割については当初国が口を出し，自分の案を提示してきた。これに各自治体が反発してこの協会がつくられた。すなわち，各自治体の首長の意見を集約するために協会がつくられた。なお，チェコにも同様の協会がある。しかし，チェコの協会は地方議員間の協力組織であり，連邦レベルでの政党間協力を下から支える役割を果たしている。

スロバキア市町村協会の仕事は，共和国政府にたいする自治体側の意見を集約するほかに，首長と議員の教育と彼らにたいするアドバイザーとしての役割，さらには経済計画作成のため

の手助けといった仕事も行う。また，独自に新聞も発行している。

4　地方自治をめぐる諸問題

　第一の問題は，憲法上自治体は独自の行財政権を与えられているにもかかわらず，実際には，国からお金がおりてこず，すべての自治体が財政的に困窮していることである。とくに補助金制度が問題である。国からの補助金には，一般補助と特定補助の2種類があるが，この2つとも自治体の自主財源に変えたい。そのためには新しい税制が必要になるが，いま国とこの点については協議中である。さらに，財源の乏しい地方自治体は借金をする必要があるが，そのためにローカル銀行をつくらなければならい。自治体の借金は首長の権限である。

　第二の問題は，国の地方局に自治体の業務が奪われるという再中央集権下で，国からの統制が強まっていることである。教育，建物の管理，環境保全のような事柄にたいしては，自治体は事実上能力をもっていない。地方自治体の権限を拡充することが大切であり，そのための手助をすることがこの協会の役割である。

　いま，地方自治をめぐる問題で重要なのは，ハンガリー人マイノリティーが多数居住する地域の問題である。この地区はいま3つの地域に別れているが，ハンガリー人居住者は1つの地域にまとまりたいと主張している。この問題にどう対応するかは微妙な政治的意味あいがあってなかなか難しい。

　国にたいしてなにか要求するときには，省庁とは直接の関係がないので，政党や共和国の議員をとおすか，あるいは首相との個人的会合の機会を利用する。また，政府のさまざまな会合にインフォーマルなオブザーバーとして出席することもできる。

　実際に，この協会は政府のアドバイザリーコミティのメンバーでもある。

　地方自治体の職員は，新しい政党が政権をとった自治体では新しいスタッフも増え，イノベーションが進んでいるところもあるが，昔のままのスタッフが多いところでは旧態然としている。なんといってもスロバキアの人口500万人のうち100万人はコミュニストだったのだから。

(9月13日：川崎嘉元)

3．面接聴取記録［2］1997－98年調査

　Ⅰ　ブレズノ町の調査

　　（Ⅰ）産業と経済　　（Ⅱ）地方政治・行政・教育

　Ⅱ　バンスカー・シチャヴニッツァ町の調査

　　（Ⅰ）産業と経済　　（Ⅱ）政治・行政

I　ブレズノ町の調査

（I）　産業と経済

ブレズノ町営インフォメーションセンター（98年9月）

　入込み者総数は1996年に比し97年には4倍近く増加した。1月－8月のそれをみると9年は97年をさらに上回る。この増勢を支えたのは主として国内からの来客である。

　現在，来客の多くはスロヴァキア人で，外国人の中ではドイツ人が多く，ほかにイギリス，スペインなどからも来ている。

　魅力は自然とスポーツ（特に冬のスキーと夏の山歩き）で，ほかに民芸品や木製家屋なども関心を呼んでいる。

　インフォメーションセンターの若い女性はホテル・アカデミーの卒業生だが，適当な就職口がなく，失対事業の対象としてここで働いている。

　ここ3年間の入込み数の動態は下の表のようになっている。

	1996年			1997年			1998年		
	外国人	本国人	合計	外国人	本国人	合計	外国人	本国人	合計
1月	7	0	7	14	48	62	10	148	158
2月	4	1	5	26	80	106	21	99	120
3月	3	2	5	16	69	85	11	176	187
4月	0	0	0	13	251	264	6	175	181
5月	4	3	7	13	137	150	9	143	152
6月	17	6	23	26	94	120	25	216	241
7月	101	79	180	93	156	249	95	194	289
8月	78	93	171	64	127	191	86	164	250
9月	27	23	50	22	123	145			
10月	5	30	35	20	126	146			
11月	6	31	37	4	160	164			
12月	16	29	45	12	155	167			
計	177	388	565	323	1,626	1,949			
（1－8月	214	184	398	265	962	1,227	263	1,315	1,578 ）

鉄鋼メーカー（9月8日：人事部長 Zima 氏）

　1992年に第1波クーポン方式による私有化で89％が売却され，小株主が多数できた。株式市場を通じて経営者がそれらの株を買い上げで大株主となり，ほかに70人の従業員も株主になった。一部は国家資産ファンドの掌中に残されたが，いまは完全に私有化されている。本社はかつてバンスカー・ビストリッツァとブレズノを結ぶ街道筋にあったが，96年にブレズノ郊外の現在の場所に移った。

　1989年当時5,560人いた従業員はその後の合理化とリストラで大幅に削減され1994年には3,650人に減った。雇用削減にあたって，(1)解雇は高齢者には行なわない，(2)あと2年で年金受給資格が生ずる人が退職する場合には，その2年分の年金額を会社が支給する，(3)法定では給料2ヶ月分となっている退職金を5ヶ月分とすることによって希望退職者を募る，という措置がとられた。雇用削減の条件については労使間の協議で煮詰められ，労使紛争は生じなかった。従業員からの個別的な不満も出てこなかったという。

　91年から94年にかけての合理化のさい，ドイツやイタリアなどから最新技術を導入して品質向上をはかり，1995年以降となると企業業績が上向き，利益も出るようになった。それに伴い従業員数も漸増し，1998年には4,100人になっている。98年時点での従業員全体の平均賃金は12,000コルナで，スロヴァキア全国平均を上回る。現業労働者の賃金も高く，定着率は高い。

　生産の77％を輸出に向けている。主な輸出先は EU 諸国である。輸出はパイペックス社を通じて行なっている。1987年当時はソ連向け輸出が60％を占めていたが，現在ではロシア向けの輸出は1％未満である。日本にかんしては「小松」と関係を保っているという。原料はスクラップの鉄が90％以上を占めており，主として国内で調達している。輸入はロシア，ウクライナ，ハンガリー，ルーマニアなどからである。

　鋼管の生産では当社が国内で独占的地位にある。VSZ とは製品が違うので競争関係にはない。

　労働組合組織率は90％の高水準にある。組織率が比較的低いのは事務系職員である。

　経営者はみんな勤続20年以上の人たちで，内部昇進した者ばかりである。したがって彼らは社内のことも地域のことも熟知しており，従業員との関係にもよく配慮している。人事部長はギムナジウム卒業後フットボール選手として入社し，そのあとで勤務を続けながらコメンスキー大学法学部（ブラティスラヴァ）を卒業し，しだいに昇進して1989年には社長補佐となったが，「革命」後，共産党員だった廉で降格した。しかしその後に営業部長職のコンクールに通り，ついで人事部長職のコンクールでも合格して現職に就いた。

　私有化の過程で福利厚生活動の一部を会社から切り離した。保養施設の一つは室内プー

ルやフィットネスルーム付きのデラックスホテル（STUPKA）に変えて，従業員約20人の独立企業（会社が設立した）に委ねた。もう一つの保養施設は労働組合に与えた。

社宅は1200世帯分ある。この数は町有住宅の数にほぼ匹敵する。社宅は従業員だけでなく一般人にも賃貸アパートとして開放されている。食堂や保養施設も同様である。幼稚園と保育園は国に貸している。これにたいして国から受け取っているのは小額の建物賃貸料と光熱費だけである。

当社が誇るのは，スポーツスタジアムとスポーツ活動である。人事部長の個性もあって，スポーツは青少年健全育成にいいという観点から，当社はスポーツ振興に力を入れ，地域のロマの少年たちにもスポーツの機会を提供している。社有のサッカー場での観戦は社員以外の人たちも無料である。ハンググライダーなどでも欧州チャンピオンの賞を受けている。1万2千人から1万4千人，約4千世帯が当社とその関連業務に依存して生活している。この人たちが当社が提供する文化・スポーツ活動の恩恵を受けている。当社の吹奏楽団も高い知名度を持っている。

人事部長によれば，福利厚生活動は社会主義時代よりも充実している。90年代後半に入って利益が出てきたので，会社は福利厚生にこれからもっと投資できるようになったという。従業員が人間として豊かな人生を送れる環境を整えるのが経営者の任務だ，というのが人事部長の経営哲学である。

研修所は今では経済省と労働省の所有になっている。これは売却でなく移管である。ここには100人くらいの研修を行なえる容量がある。現在はそこで当社に特化した教育訓練は行なわれていない。私有化後，まだ教育プログラムが整っていない。近い将来にはその施設を省から借り受けて自社用の技能訓練を行なう計画はある。なお中間管理者には2週間の外国視察（観光と企業視察）をさせている。また，中間管理者にはスキークラブやゴルフクラブのメンバー権を与えて，企業生活の満足を高めている。障害者に対しては会社の敷地内に設けてあるグリーンゾーンの維持管理の仕事を与えている。

MOSTAREN（清算直前の旧モスターレン社社長 9月8日）

1992年に100％国有の株式会社に移行し，その後に第1次クーポン方式私有化の波で国有の株が個人や投資ファンド会社の手に移り，94年に私有化は完了した。それと並行して組織再編成が行なわれ，94年には事業部門ごとに6つの有限会社が独立し，96年には株式会社 Mostaren Brezno Industria（モスターレン・ブレズノ・インドゥストリア）社が設立され，これらと共存する形で残っていた旧モスターレン社は98年に完全に解散することになった（借金による破産）。私有化のさい，株式取得において従業員優遇策は行なわれな

かった。

　したがって旧モスターレン社の敷地内には現在6つの有限会社と1つの株式会社が存立するかたちになっており，それらの生産品目は以前と変わらずクレーンが主製品で，ほかに建設資材輸送用のベルトコンベアも製造し，新しくはドイツ企業向けにガラス運送用貨車の生産もはじめている。これらはいずれも Indutria 製の名で出荷されている。出荷は主として輸出にたよっている。97年の輸出比率は80％を上回り（主としてドイツ），98％は国内のセルローズ工場（ルージョンベルク）や発電所からの受注があったため輸出比率は60％程度にとどまった。原料の鉄はドイツ，ポーランド，コシッツェから仕入れている。

　新しい法律では3ヶ月ごとの決算で赤字が出たら破産して売却されなければならないため，有限会社のなかで冬場に建設の仕事がなくなる会社の場合，法律上存続が難しくなる。

　新株式会社と6つの有限会社の社長はいずれも旧モスターレン社で育った内部昇進者である。旧モスターレン社は解散までずっと旧社長（メドベージ氏）が務めた。新株式会社の社長はもと党員である。

　従業員は91年当時3,800人いたが，1株式会社と6有限会社を合わせて97年9月時点で1,300人（うち経営者14人，THP31％），98年9月時点では1,000人に減っている。この間に離職した人たちのうち約1,000人は地元の鉄鋼メーカーに引き取られた（彼らはこの鉄鋼メーカーの総従業員の約4分の1を占めている。）ほかには，年金生活に入った者，自営業を始めた者，労働事務所で新しい職場を斡旋された者，などいろいろである。現在残っている従業員の約30％は女性である。

　社宅や社員食堂など一部の福利厚生施設はそのままインドゥストリア社の所有となって引き継がれているが，保育所・幼稚園の建物は94年に売却され，いまは町有になっている。文化会館は町有になっており，いまでは当社はその運営に財政面でも組織面でもサポートしていない。ここでの活動に参加する従業員は賃金の中から月2コルナから5コルナを会館に出している（その合計は月にせいぜい2,000－3,000コルナ）。吹奏楽団や民族舞踊団（「モスターレン」）はもと会社のサークルだったが，いまは町の文化団体として位置付けられ，文化会館を舞台に活動を続けている。社宅には従業員自身がいなくなってもその子女が住み着いていて，家賃を払わないでいるという。

　モスターレンは社会主義時代にこの町の中心企業だった。役場の主だった人たちはモスターレンの出身であり，モスターレン出身の町議もいる。かつては住民の文化活動やスポーツ活動を援助していたが，いまは町の行事のさいに寄付金を出すとか，学校に机を寄付した程度である。

　労働組合は存続し，新株式会社と6有限会社をカバーした単一組織として，従業員の

80％を組織している。ただし労働協約は各社レベルで締結している。上部団体は KOVO（金属労組）。

町長の話

町のなかでもっとも重要な事業所は町内にあるモスターレン，ついで紙器工場，そして隣接町にある機械メーカー ESP と鉄鋼メーカーであった。このうち前3者は大きな雇用問題を抱え，町の生活に影を落とした。いまブレズノ町でもブレズノ郡でも失業率は15％（郡全体で5,000人）になっており，この冬には17％に上ると予測されている。

農業協同組合はブレズノではミルクと乳製品を生産していたが，私有化されたあと生産を止め，いまは倉庫になっている。

鉄鋼メーカーは町内に社宅を持ち，従業員の給料も高いので，ブレズノでの購買力を高めている。このメーカーは広大なスポーツスタジアムを所有し一般市民に開放しているほか，スキーや狩猟向けのバスアスロン（？）を持ち，ゴルフ場の建設や，ブレズノ空港の拡大整備を計画中であり，町の開発発展の1つの柱をなしている。

町内の私企業で発展しているのはつぎのような企業である。

HRONSTAV（フロンスタフ）：全国に顧客を持つ建設会社。

SAIGAR（シャイガル）：最近2つのガソリンスタンドを作った。20人を雇用。

GUNSTAV（グンスタフ）：建設資材販売。

STAVOLEAR（スタヴォレアル）：建設会社。

Pan Ocel（オツェル氏）：職人販売，中華料理店主。

一時発展を期待された GUMAS はもう存在しない。

企業家連盟は町役場の経済課のイニシアティブで一応結成され，オツェル氏ともう2人が幹部となったものの，その存在は影が薄い。97年に第1回総会が開かれたが，その後の動きはみられない。

観光に関しては周囲が国立公園のため開発の可能性は小さいが，町の中心の博物館の中に観光インフォメーションセンターを設け，サービスの充実による発展を企てている。町の中心広場のわきにあるホテルは町有で，広場から徒歩約5分のところにあるもう1つのホテルはかつての建設企業の宿泊施設である。町内にある宿泊施設はこのほかに2つの民営ペンション，文化会館内の宿泊所で，町の郊外の山中には鉄鋼メーカー所有の保養施設が民営化されてホテルになった "STUPKA" や，「パルチザーン」がある。

広場から西に向かう通りの家屋は町有だったが，98年に売却のためオークションにかけられ，銀行（Vseobecna uverova banka）が落札した。

町内には2つの国立中等職業学校がある。1つは「ホテル・アカデミー」でホテル従業員を養成している。ここでは英語，ドイツ語，フランス語も教えている。もう1つは「商業アカデミー」で，その中には観光コースもある。これらは同じビルの中にある。高等教育機関としてはスロヴァキア工科大学（トゥルナヴァ）の溶接研究所があるが，町長は学部も誘致したい意向を持っている。

町とその周辺の治安は落ち着いているとはいうものの，一般的傾向として犯罪は増えている。97年には568件の事件があった。98年は8月末現在で557件で，前年同期とくらべると11件減っている。

ホレフロン消費者協同組合（Horehronske spotrebne druzstvo Brezno）（9月9日）

この前身はJEDNOTA Brezno（JEDNOTA BRと略称）で，かつてJEDNOTA Banska Bystrica（JEDNOTA B.Bと略称）と連携していたが，後者が借金を抱えて清算されたのにともない，前者も清算され，1996年に新しい組織として現組合に再編された。しかし旧組合員はほぼそのまま残り，新しい組織として作られた現組合のメンバーになっている。97年9月現在の組合員は4,500人で，上部団体はスロヴァキア消費者協同組合である。

JEDNOTA B.BとJEDNOTA BRはかつては同一組織であったが92年に分離し，それまで全体で178あった店舗のうち約110店が後者に帰属した。その後いくつかの店舗は売却され，いくつかは賃貸され，現在残っているのは51店舗である。ここではほとんど食品・日用品しか扱っていない。178店舗のほかにJEDNOTAが持っていた52のユニット（主として飲食店）は営利性がないので賃貸に回した。4つあったホテルは売却された。

社会主義時代には小売店といえばJEDNOTAしかなかったが，今では私営の商店が多数現れ，それらとの競走関係が生まれている。消費者協同組合の目的は，①低価格で，②質のいい（安かろう悪かろうの輸入品ではなく），③基本的生活手段（食料など日常生活必需品）を安定的に供給することにある。

中心広場に面したデパートの建物は現組合が旧JEDNOTAから所有を引き継いだ。1階の食品スーパー，軽食喫茶，書店は賃貸にまわし，2階の繊維製品や家電の売り場は直営をしている。ここ4年間業績は良好で，年商25％の伸びを記録している。これはインフレ率7％を上回る数値である。来年は組合員にチケットを配り，それを使って買えば1％－2％の還元をするシステムを計画している。

スロヴァキアは小国であり購買力も限られているから，外国の商業資本にとってあまり儲けにならないので，その進出は顕著でない。しかし外国製品の浸透はかなり顕著で，国産品が圧迫されている。当組合は大量仕入れなどによって国産品の価格を抑えて国産品優

先策を講じている。90年代に入って従業員も売上も下がった。売上は94年から上がりだしたが，97年9月現在でまだ91年の水準に戻っていない。しかし効率化によって利益は上がっている。

従業員数は97年9月現在291人，98年9月現在ではそれよりわずかながら増えて300人強となり，そのうち30人が事務管理に当っている。流通事業と並んでパンやマヨネーズなどの生産も行なっており，これら生産部門で働く従業員は約30人である。賃貸にまわした商店や飲食店の元チーフは，そのままチーフとして働いている。

福利厚生施設として従業員食堂を備えているが，そこから外れた所にある小店舗の従業員の場合は他社の従業員食堂を利用できるように食券を提供している。レク活動用のキャンピングカーも持っており，従業員が交代でこれを使っている。保養所の低料金利用の便宜も提供している。

当組合と町役場の関係はノーマルであり，町長との関係はよい。組合は政党と無関係で，組合のどの店舗にも政党のポスターは貼らせない。組合長はもと党員だったが，いまは政党と無関係である。

組合長は40歳前後の女性。ブラティスラヴァ経済大学を卒業，JEDNOTA に就職し，89年までは中間管理職，89年から92年までは広場に面した JEDNOTA デパートの支配人となり，94年から組合長となり，組織が変わった後も組合長を続けている。月収が2万コルナ台で，自分を「中」層とみなしている。町の中の階層は，私企業の所有者などからなる上層（8％），ホワイトカラー層や中間管理者からなる中層（40％），行員，店員，運転手などからなる下層（40％）に分けられるが，階層間の移動は収入だけでなく文化的バリアがある。社会主義時代にはひとびとの社会的・文化的インテレストは分化していなかったが，いまでは文化的価値は一元的ではなく，多様に分化している。ある人にとっては金であり，べつな人にとっては政治であり，さらに別な人にとっては友人であり，等々というように。いま社会は貧富の格差が増大しているが，努力に見合った収入が得られるという点で，社会的公正は拡大した，という。

労働組合はあるが，消費者組合の組合長は労組は不要だという。

アイスクリーム店 "MEDIN"（店主・9月9日）

店主の父はマケドニア人で，1947年にブレズノに来て，ヤセニェ村でケーキ店を営んでいた。店名 MEDIN は父の名からきている。店主はここで生まれ，町内のギムナジウムを出てブラティスラヴァの法学部夜間コースに入ったが，3年のときに退学してブレズノに戻り，今の店を開いた。店主は独身，姉と義兄が共同経営者。姉はすぐ近くの玩具店の店主

で，義兄は両者の店の経理を担当している。

　店舗の建物は町有である。家賃は年60,000コルナ（前町長はこの3倍を要求していたという）従業員は3人（いずれも女性）で，冬場には2人になる。店は朝9時から夜10時まで開いており，従業員は4日ごとに交代して店にはいつも2人は詰めているようしている。冬場はアイスクリームの需要が減るので，健康食品も売っている。

　1991年に開業した。営業業績は比較的順調でやってこられた。91年当時と比較してあまり変わりがないが，今年は昨年より若干悪化している。これは営業コストの上昇と，顧客層の購買力の低下による。モスターレンやPIESOKなど町の経済と生活を支えてきた企業の業績が悪く，それが住民生活に影を落としている。住民の購買力は91年と98年とで3分の1に落ちている。これにともない住民の生活水準も下がっている。住民を階層分けすると，上層（町の名望家層で，町民と長年関係を持っている人たちで，金持ちとは限らない），中層（教員，事務員，一般の会社員），下層（失業者，ジプシー，怠け者）に分かれる。

　加えて，ブレズノは人口規模の割には食品店が多すぎる（ドイツでは地域の営業活動にたいして商業会議所などが一定の規制をしているが，ここではまったく無政府状態だ，という）。あるとき，マフィアの大男が2人やってきて，アイスクリームの値段を2.5コルナではなく3コルナにして売れ，と言ってきた。なぜなら広場で別な人がアイスクリーム店を開いて1個3コルナで売るからだ，という。それに屈していま3コルナで売っている。

ESPE STROJAREN 社 （社長：9月10日）

　鉄鋼用プレス機械を製造している。1992年株式会社となる。旧ESPE（ESPE PIESOK）社は借金返済不能で目下清算中だが，新ESPE社がESPE STROJARENという名称で1996年に設立され，敷地，施設，生産品目を旧ESPE社から引き継いでいる。その主な株主はKLASIK社。従業員向けの株取得優遇対策はとられていない。総資本の3％は旧所有者への返還のために，法律により国家リザーブファンドに拠出しなければならない。

　いまはまだ赤字経営が続いているが，旧い顧客が減り新しい顧客が増え，やっと新旧のバランス点に達しつつあり，労働力もまた必要になってきている。国内向け生産は15％で，あとは外国（チェコを含めて）に輸出されている。生産の大部分は賃加工として行なわれている。主な納入先はカタピラ社とリーブヘア社（ドイツ）である。いま（97年9月）ではRD部門はない。RD費の割合はかつて5％だったが97年9月時点での話では1.5％に落ちている。ブレズノ界隈のメーカーの業績は，ポトブレズノの鉄鋼が良好，当社が中間，もう1つの鉄鋼（フロニエ，鋳物）は劣悪である。

会社の所有と組織が根本的に変わったのに対応して労働組合も新組織になったが，いまなお90％の組織率を維持している。
　従業員は1989年当時1,800人を数え，1991年9月には1,500人に減っていたが，97年9月現在で600人，98年9月現在で352人になっている。この352人中の45％は職員（TPH）である。辞めていった人のうち自営業を始めたのはわずかで，多くは労働事務所に求職に行った。鉄鋼メーカーに入った者も若干いる。月1回，会社と労働事務所とで求人・求職の情報交換を行なっている。
　この間，福利厚生施設の多くは会社本体から切り離された。社員食堂は独立法人化した。そしていまでは会社が従業員に食券を提供している。社宅も会社から切り離し，居住従業員には家賃補償をしている。保育園はもうない。山の保養所は「ホテルESPE」有限会社として会社本体とは別組織になった。訓練所は廃止してしまったが，長期的に見ると熟練労働力不足が生ずるのではないかと懸念している。
　企業内研修は就業時間内に行なわれている。英語とドイツ語の研修サークル，マーケティングのコースも設けた。
　97年9月調査で面接した社長は内部昇進者で，かつて党員だった。父はここの労働者だった。姉も義兄もここの従業員だった。98年調査の被面接者の社長（Executive Director, 42歳）はかつてESPEの従業員であったが91年に退社し，ドイツの会社で営業を行ない，その後アメリカの企業に移ってマーケティングの仕事に従事したが，その間にブラティスラヴァのオープン・ユニバーシティでマーケティングを学び，92年から鉄鋼メーカーでマーケティングの仕事に携わり，その後自分で会社を設立してマケドニアとスロベニアを相手に商業活動をしていたが，96年にESPEに戻り，社長コンクールで社長に選ばれた。社長はジリナの工科大学を卒業し，コシッツェの工科大学で大学院を修了した技術畑の出身だが，のちに上記のようにマーケティングの学習と経験を重ね，その過程で英語とドイツ語の能力も身につけた。政治的にはタッチしていない。社長になって収入も権限も高まったが，競争があるため地位は不安定である。
　社会主義時代には社長の月収が6,500コルナで，労働者のなかには13,000コルナの月収を得ていたものもいた。97年調査の被面接者の社長はいまではこの地域で最高所得層に入り（4万－6万コルナの間），階層帰属は「上」だというが，時間に追われる生活になり，生活がよくなったのかどうかわからないという。
　（ここの社長のような新しいタイプの経営者は，①所有者でない，②政治とは無関係，③新しい大学でビジネス，マーケティング，経済学などを学ぶ，④外国語ができる，⑤地位が不安定，⑥神経質になっている，⑦忙しい，⑧外来者に対して警戒的，といった特徴を見せている。旧タバコ工場（バンスカー・シチャヴニッツァ）や紙器工場の場合も同様

労働事務所

　ブレズノの町に中には雇用機会が少なく，人びとはバンスカー・ビストリッツァの方に仕事をさがしている。仕事があっても収入が低いため，副業として自営業をしている者も少なくない。1998年7月31日時点で求職者511人中就職したのは259人で，そのうち労働事務所の紹介によるものが6人，自分で職を探り当てたのが183人，年金生活に入ったり独立自営業を始めたり進学したものが56人で，あとは不明である。

　97年から98年にかけて失業率は4％上がった。失業率は98年第1四半期で15.7％，第2四半期で14.8％，7月で15.5％（前年同月は11.8％）であり，12ヶ月以上の長期失業者は98年第2四半期で約3,200人を数えている。

　高学歴女性は他の土地でも仕事を見つけやすく，比較的就職は楽だが，低学歴女性には失業が多い。特にジプシーが問題である。労働事務所で失業の認定を受けている5,592人のうち，1,132人がロマ人の籍である。しかしジプシーのなかにはスロヴァキア人の籍を持っている者もかなりいるので，ジプシーの実際の失業者はそうとう多いと見込まれる。

　女性が労働事務所で希望する仕事は，家事と育児が両立できるもので，週4日とかパートタイムとかの仕事である。女性は出産後1年休暇をとれる。その間職場は保障されているので，元の職場に復帰する。その後子供が3歳になるまで今度は夫が職を辞して失業手当てをもらいながら育児に専念する，というケースもけっこうある。

　専門技能を持った人の需要はある。他方，低技能者の就職はむずかしい。したがって学歴が労働市場の階層分化の大きな要因である。労働市場は3つの層からなる。上層は高学歴者で，どこへでも行って就職できる。それから富豪層で，彼らとその家族はあくせく就職口を探さなくてよい。中層は中等学歴の持ち主で，事務員，職人，技手，販売員など，夫婦で働けば年1回休暇をとって旅行に行ける。それから小企業家層である。下層は低学歴者で，社会給付を受けねばならない人たちが多く，労働事務所で失業の認定を受けた者の半分がそのような人たちである。ちなみにブレズノには高技能者が少ない。

ヤゲルチーク氏とKLASIK社（Ing.Jagercik，9月10日）

　株式会社GUMASの創設者の1人，現在は有限会社KLASIK BREZNOの社主。この地域の実業家として知られる。

　父親はフロニェの鉄鋼メーカーに36年勤め，鋳物製造の砂を扱う労働者だった。本人はその鉄鋼メーカーで機械技手として働き，やがて技術開発や情報部門の仕事に移り，12，3年たったころ販売部門の管理社となり，さらに経済担当経営者になった。この

間経済大学の夜間コースに通い，大卒の資格を獲得した。外国で働いた経験はない。

1991年に金属職人，組立職人，運転手の3人の若者が所有者となってGUMASが設立され，ヤゲルチーク氏はその総支配人になった。94年当時従業員300人を擁する企業にまで発展した。その事業内容は建設業で，銀行，工場，商業店舗などの建設を手がけ，ペトロヘスや鉄鋼メーカー（ポトブレズノ）の事業の一部も請負った。また，ロシアやウクライナにも仕事を展開し，石油や古鉄をバーターで受け取っていた。ドイツにも進出していた。

しかしその後共同経営者と折り合いが悪くなり，氏は94年9月にGUMASを去り，GUMASは95年に廃業になった。氏のほうは独自に94年に新会社KLASIK BREZNOを当地に設立し，さらに95年にはKLASIK BOHEMIAを80％の出資でチェコに作った。さらにKLASIK名儀でESPEの株を購入して資本金の71.7％を掌中に収め，ほかに5つの会社の株も手に入れた。したがってKLASIKはこれらの会社の大株主だが，持株会社ではなく，これらの企業にたいするいわば監督企業である。これらの企業を管理監督しているのは5人の従業員（事務および営業）である。しかもそれ独自の商業活動も行なっている。

有限会社KLASIKの所有者はヤゲルチーク氏で，ほかに氏の娘と旧ESPEの社長だった協力者とその協力者の娘とが経営に当っており，事業内容は商業である。KLASIK BREZNOは鉄鋼メーカーやモスターレンなど，メーカー向けの原料をロシアやウクライナから輸入し（その一部はメキシコなどに再輸出している），それらのメーカーの製品を輸出している。KLASIK BOHEMIAでは中古機械の販売も始め，さらに生活環境保全の事業も始めている。

企業家として成功しているといえる。しかし企業家は収入と権限は大きくても，地位は不安定で，いつも危険をはらんでいる，という。氏の見解によれば，①政治的安定，②法的・制度的安定，③税制の整備，が企業活動にとっての基本的環境だが，いまのスロヴァキアにはこれが欠けているため，外国からの投資が進まず，企業の専門性も活かされない。いまこそ借り物でない新しいスロヴァキア的システムを作る時期にあり，野心のある若者がどんどん輩出してそれを作っていかねばならない。ブレズノには企業家クラブがあり，30人くらいのメンバー（大手の企業）がおり，これまでに5，6回の会合を持ったが，これといった活動はなく，集まってゴルフをやる程度である。

氏はどの政党にも関係していない。

紙器メーカー（工場長，9月11日）

現在は株式会社。主な株主は銀行と商社。第1波クーポン方式私有化のさいに従業員の中に株を買った人もいるが，これは従業員持株優遇策によってではない。

製品は事務用紙器（封筒など）やカートンで，輸出もしている。しかしマーケティングは企業秘密なので，工場長としては話せない。

工場長は雇われ経営者で，若干の株を持っているが，大株主ではない。彼はもともとは機械技手だったが，オープンユニバーシティのバンスカー・ビストリッツァ校に通ってマーケティングとファイナンスを学んだ。当社での勤続はまだ2年で，工場長になったのは半年前である（面接の印象では外来者に対して神経質で慎重であり，会社のことを多くかたりたがらない）。

従業員は270人で，当工場には労働者168人，職員（THP）30人が働き，あとは本社事務所で働いている。女性が3分の2を占める。従業員の多くはブレズノの後背地から通勤している。平均賃金は約6,000コルナである。

工場長は労働組合員ではないから，工場の組合組織率はわからない。会社の監査役会には労働組合代表（正式には従業員代表）が3人参加している。

町の社会階層を分けるとすれば，「上層」に属するのは大中企業の資本家（所有者）である。資本家は政治的にも影響力を持っている。「中の上」に属するのは大中企業の雇われ経営者と小企業家である。つぎの「中の下」に属するのは事務員，教員，熟練労働者などの雇用者で，その下に「下層」が続く

GRUNTSTAV 社での話 （経営者，9月10日）

ここでは当該企業の話というより，町の経済の話。回答者は1996年以来ブレズノに住む。モスターレンで働き，その後協同組合に移り，しばらくして独立し，現職に就く。

社会主義時代この地域の経済と生活の基盤をなしていた諸企業で，その後大幅な雇用削減がなされた。モスターレン，ESPE Piesok など。ホレフロニエ企業では4－500人が解雇され，SIGMA 社では従業員が往時の40％になっている。

1990年から92年にかけてブレズノ（そしてスロヴァキア全体）の経済はひどく悪化した。それに加えて法律がころころと変わり，税制も変わって，企業家はとても困った。企業家は特定の政党に結集しておらず，皆はばらばらで，議会に代表を送っていない。ブレズノには企業家連盟があり，40人がメンバーになっているが，なんの活動もしていない。ナショナルレベルでは企業家団体が3派に分かれている。

若年向けの職業訓練校が廃止になってしまった。最近になって経済が多少上向きだしたが，それを担うべき若い人材がいなくなっている。

GOSTA　外国製品輸入小売商（店主，98年9月10日と97年9月）

　前回報告書56-57頁に記載されている店と店主。

　社会主義時代にアフリカで働いて得た金を元手に，1989年に個人企業として出発。党員だったことはない。中等職業学校未修了の技能労働者だった。97年現在51歳。店員は2人で，家族従業員はいない。業績は漸増している。かつては町内に店舗を2つ構えていたが，92年にそのうちの1つを閉め，いまは町役場近くの店舗を残すのみである。この店舗前の通りに沿った建物は町有だが，すでに古くなっているので町が改修と再開発のために売りに出し，銀行が落札した。店舗を買い取るつもりでいたのが，そんな事情で実現しなかった。

　主な取扱品は衣料品で，中国やトルコから輸入している。中国やトルコは品質のいいものを西欧に売り，「安かろう悪かろう」で劣悪なものをスロヴァキアなどに回している。品物は海運できてポーランドの港に荷揚げされ，当店はポーランドから仕入れるかたちになる。国産品は高いため，店にはあまり置いていない。国産品が高いのは付加価値税（20％以上）のためだ。

　政府も自治体も大企業優先で動いており，小企業にはなにもしない。企業家連盟も名だけでなにもしていない。だから自衛でいくしかない。

　店主の収入は10万コルナ弱で，町の中での階層帰属意識は「中」である。儲けたぶんは事業につぎ込んでいる。

秘密情報（97年10月）

　商店主たちの多くはマフィア（スロヴァキアとウクライナの連合）に金を払っている。

書　店（97年9月）

　個人企業。店主は40歳の女性で，中等学校卒業後，町の図書館に勤め，その後町役場の文化担当で働いていたが，銀行から資金を借りて1991年に独立開業した。家族経営ではなく，店主の夫は大企業で働いている。店員4名（うち1人は目下産休中）を雇っている。13ヶ月目の給料を出すようになった。これに加えて97年からはクリスマス・ボーナスを出すことにした。町の文化活動にも寄付金を出している。業績は順調に伸びている。

LAMA 有限会社（もと国営農場，97年9月）

　私有化の過程で国営農場も競売にかけられた。応募者はそれぞれ，生産品，技術，建物の利用法など経営プランとそれを実現するための金銭的可能性を提示することが求められ，審査にかけられた。そのさい前所有者が抱えていた400万コルナの借金も代替して返済できるかも審査のさいに検討された。現所有者の兄弟は1996年にこれを手に入れ，有限会社を出発させた。従業員は国営農場時代からの人たちで，13人いる。仕事はトラクター操手3人，ミルク絞り3人，子牛飼育1人，獣医1人，牧童1人，守衛2人，THP2人で，ほかに羊の世話とミルク加工とチーズ製造に従事するパートが5人いる。当初は金がなく，豚が20頭いただけで，300万コルナの赤字を抱えていたが，いまは6万から7万の黒字を出すことができ，今後家畜の数を2倍にする計画で，こうして酪農を拡大すると正規従業員は20人くらい必要になるという。

　所有地は100ヘクタールで，借地が670ヘクタールある。借地のうち400ヘクタールは国有で，無期限で借りており，270ヘクタールは他の所有者から借地料年間75,000コルナを払って10年期限で借りている。

　調査時点では弟が経営を担っている。兄は中等学校卒業後ポドブレズノの鉄鋼メーカーに就職し，その後高等教育を受け，いまでは中間管理職に就いていて，パートのようなかたちで弟の経営を手伝っているが，近々弟と一緒に LAMA の経営に専念するという。兄弟は子供の頃から農業に関心を持ち，兄は夫婦で92年に豚19頭，牛4頭を飼いはじめていた。

　兄はかつて党員だったが，いまは無関係。企業家の団体には入っていないが，農業会議所のメンバーである（これは強制的な加入義務がある）。町役場との関係は良好である。

　いまは自分の意志で生きることができるようになり，社会的格差は拡大したとはいえ社会的公正は高まったが，マフィアまがいのグループができ，犯罪の増加がこれと結びついており，また，医療などは社会主義時代の方がよかった，という。

AGROSPOL-PORONKA（ブレズノ隣接村の旧国営農場，Ocer 氏，97年9月）

　第1次私有化のさい国営農場がみずから変身できないでいたので，オツェル氏の義弟たち4人が農場の経営方針で考えが合ったので買い取ってしまおうということになり，計画を提示して第1次私有化のさいと同価格で買い入れた。この過程で1人が下りたので，オツェル氏がそれに代わって新たに参加し，オツェルが50％所有した。1996年，ここに誕生したのは AGROSPOL 株式会社で，これが実際の生産活動を担っている。その株の4分の

1を買い取ったのが，これとほぼ同時に設立されたPOLNOMA-PORONKA有限会社の主な所有者オツェル氏とその義弟と国営農場時代からいた2人の女性（1人は会計部長，他の1人は機械・運送部長）の4人である。PORONKAは営業販売を担当している。そして，生産・加工・販売の一貫化を図った。

AGROSPOL株式会社の株に関しては10％が国家ファンドに移されたが，残りの分の51％はオツェル氏ら4人が握っている。土地は国と約300人の市民から借りている。借地料は以前無料だったがいまは有料で，土地によるが年間1ヘクタール当り3,000コルナほど払っている。

旧国営農場は1990年以前4つの村をカバーし，5,000ヘクタールの土地を持っていた。私有化の過程でそのうち2つはそれぞれ独立の株式会社となり，他の1つは清算された。AGROSPOL＋PORONKAの土地は現在3,170ヘクタールで，うち農場は3,170，そのなかで耕地は610ヘクタールである。

従業員はAGROSPOL73人，PORONKA5人で，計78人で，そのうち経営者が3人，THPが10人，現業が65人である。このほか季節によってアルバイトを15-20人ほど雇い入れている。

主要生産物は穀物，馬鈴薯，家畜用飼料で，ほかに牧場と畜舎を持ち，牛豚を1000頭飼っている（うち340頭が搾乳用の牛で，子豚が60頭いる）が，輸出はしていない。業績はまだ低迷しているが，将来は明るいという。建物増築計画もある。

オツェル氏は中等学校卒業し，国営農場で技手として働いてきた。党員だったことはない。親が農業従事者だったわけでもない。経営者になって収入も社会的地位も上がったが，仕事はきつくなった。月収は当社以外からの収入を含めて1万コルナ台。階層帰属は「中」だという。

（Ⅱ） 地方政治・行政・教育

1997年9月2日：ブレズノ町役場（総務部長 Pani Medvedova）
　　　　　　　　　　　（町長 Vladimir Fasko, SDL）
　　　　　　　　　　　（副町長 Jan Medved, SNS）

{一般的事項}

町保有の資産：ホテルDumbier, Libic（市のスポーツクラブ），郊外の森林，町の庁舎，町保有の住宅とアパート。

町有住宅の売却：2年前の法律により，町有住宅はすべて町民に売却することが義務づ

けられ，1997年の8月末までに，すべてを売却する予定でいた。しかし，他の町同様に売り切ることができなかった。

　新地方制度による境界と自治：1996年6月3日の新地方自治制度（法律221号）により，新しい地方団体の区画による新制度が出発した。そしてブレズノ町は制度上は同年の8月1日から，実際には9月1日から，新制度上の郡の中心都市（Okresne mesto）になった。またBanska Bystricaが新制度によるKrajske mesto（県あるいは州庁所在地になった。このkrajには合計，8つの郡（okres）が含まれ，バンスカー・シチャヴニッツァもそのうちのひとつとして，新しい郡都になった。区域の変更と同時に，国との事務の分担にも変更があり，初等学校と文化行政が再び国の仕事になり，地区裁判所と警察も国の所管となった。

　町長のはなし：いま町が抱える難題の一つは町有住宅の売却である。人口は，1995年の約23,00人から1997年の23,007人へとこの間は増減なく安定している。しかし1997年の一ヶ月平均？（あるいはある月），新生児の24人中16名がジプシーであり，生活苦の彼らに町は何もしてやれない。

　{ブレズノ町のOAについて}

　現在ブレズノ町には一台のwork stationと22台の端末パソコンが用意されている。3人に一台であり，しかも端末機自体が旧い。それでも1992年にスタートした時には，10台体制だったのだから，少しはましになった。

　インターネットの利用は一ヶ月後の今年の10月にホームページのアドレスをもつ。モデムをいれたのが先週のことなので，通信機能の利用は遅れている。

　データ管理の内容は，人口（死亡，生誕，結婚，登録），税金（酒税や犬税など市固有の課税システム），人事，旧法と新法，町の資産，ビルや不動産所有者名簿，若干の経済活動記録（不動産の所有権の移動と市場情報，会社の情報，stroageなど）である。このうち人口移動データは，たとえば町民がブラティスラヴァに移動しても，恒久登録住所はここに残すのが常であるから，正確な把握が難しい。またmacro stationでgraphic projectをもつことも始めた。

　{前回の選挙の記録}

　1994年の11月24日に，ビロード革命後の新体制下での2度目の地方選挙が行われた。次回は1998年の予定である。

　町長選挙：立候補者は4名いた。Pavol（無所属）

　　　　　　　　　　　　　　Fasko（SDL：当選）

　　　　　　　　　　　　　　Michelcik（KDH）

　　　　　　　　　　　　　　Caban（KDH）—いまは地方議員

（KDHの候補者2名はそれぞれ別々の連立を組み，政党所属は無関係）。

町長の指名により，議会から選出された副町長のJan Medved氏はSNSの所属だが，かつて1990年から1994まで議会（1990年はまだnarodn yvybor？）の議長であった。

町議会選挙：議員定数42名に186名が立候補し，144名が落選した。議員は無報酬だが，コミッションでの実働に応じて，1時間につき120コルナが支払われる。年六回議会が開催されるので，コミッション活動は年2ヶ月ぐらいになる。

前町長の現在：どこかの町（Valaska PedinoかValaska dedino）の副町長として働いている。町議会議員の候補者だったが，261票？で落選。前の妻がアル中で離婚。

{ブレズノ町のインフラ整備の現状}

水道給水：100％。

下水：町内の6,057戸の住宅・アパートに100％敷設。ただしブレズノ町に所属する郊外の一戸建て住宅には約50％の普及率。

ガス：？

電話：？

電気：50年前は20—30％の電化率。現在市街地は100％電化。2年後には大きな発電所がBanska bystricaにできるので，町全体が100％電化されるだろう。

1997年9月3日：ブレズノ町，財政課長

町固有の収入：町の独自の収入は次のような構成になる。

犬税，アルコールとたばこ税の10％，住宅建設許可50コルナ，町警察に通ずる私的警備のための警報機の設置に対する毎月の報酬，駐車違反の罰金500コルナ，ゲーム機からの収入。

町の歳出：出費は次のような事項に使われる。

町市所有の森林の管理，町有住宅（flat）の維持と保全，負債の返還，インフォメーション・センターの維持・管理，bookletの発刊と広告，幼稚園，年金？，貧困な人々への支援，スポーツ活動，警官を含む町の雇用者の結婚祝い，人件費，ビルの維持，職員の交通費と宿泊費，ガスや電気の使用料，市庁舎の備品。なお，昨年は洪水のために壊された家のために特別の出費があった。そのための財源は国および民間からの借金でまかなった。ただし利子は17—20％とても高い。

今年度の予算総額は198,000,000コルナ，そのうち人件費は，20,000,000コルナである。なお，町長の月給は39,000コルナ。議員は無報酬で，コミション活動にたいする手当てだけが保証される。

国と地方の税制：

法人所得税：企業や私企業主の所得の51％が国に行き，そのうちの3.34％が地方にくる。

個人所得税：累進課税であり，原則国税だが，20.7％が地方にくる。

高速道路利用税：全体の38％が地方にくる。

ビル・住宅等不動産税：100％地方にくる。

土地・家屋売却税：100％国にいく。

相続税：100％国にいく。

預金利子課税：15％が銀行から国へ。

Zivnovcenska dan：個人所得と事業所得が判別しない自営業主の支払う所得税。全額国へ。

国際輸入関税：国に。

菜園付きの家を建てるときの税金：国にいく。

DHP（付加価値税）：物品に23％，サービスに7％かかるが，100％国にいく。

一般町民の公租負担：

所得税：（個人および個人事業主の場合，法人所得税は別）

   年収10,000sk以下——無税

    60,000skまで——15％（zo zakladu dane）

    61,000から120,000——9,000sk（基本）＋60,000skを超える分の20％

    120,000から180,000——21,000sk＋120,000skを超える分25％

    180,000から540,000——36,000sk＋180,000skを超える分の32％

    540,000から1,080,000——151,200sk＋540,000skを超える分の40％

    1,080,000以上——367,000sk＋1,080,000skを超える分の42％

社会保障，年金，医療保険：所得の12％。

（いまは，個人住宅建設費用も国から借金できる。）

国と地方自治体の税収の配分：

 1993年の新財政法以前は国と地方の課税は分かれていたが，それ以降は税金のほとんどが国によって徴税され，その後に，配分率にしたがって国から地方に降ろされる。その配分率は，年々かわり，年をおって，地方に不利になっている。たとえば，1993年は70％が地方，30％が国（法人税の5％以上が地方に来た）だったが，1994年には逆転して，30％が地方に，そして70％が国にいった。1997年は全体の20％しか国から来ない。国は自治体が自主独立に経営することを期待している。毎年10月には翌年度の予算を決めなければならないが，国の予算それも毎年変化する配分比率が決まらないことには予算の立てようがない。

1997年9月3日：ブレズノ町役場　建築技師 Ján Králik

{新町政}：1996年4月から，新制度のもとで郡都として出発した。そして，町と対等の立場に立つ国の郡事務所が，ブレズノに2週間前につくられた。これからはいままでのように Banska Bystrica にあった国の事務所からの直接の妨害はなくなるであろう。それまでは，たとえば地域発展計画作成時のように，さまざまな干渉があった。

{雇用危機とブレズノ町の発展計画}：ブレズノ郡で成功しているかつての国営大企業は，Metal Industry の Zeleziarne podbrezova（約8,000人雇用）だけで，モスターレン・ブレズノをはじめ多くの企業がリストラのために末期的症状にある。とくにモスターレン・ブレズノはひどく，多くの町民が職を求めて，町外に移動した。そのため，これからのブレズノ町は，産業開発には頼らず，行政の管理中枢機能都文化機能に特化した発展を考えるべきである。ただ，ブレズノはバンスカー・シチャヴニッツァのように町の中心部が集中しておらず，散在しているので，計画を立てるのが難しい。文化都市として再生するには，町の文化的遺産を保存・維持していかなければならないが，建築物保存のための金がない。また，サービス産業のためのビルが少ないので，新しいビルをつくることも必要になる。町の再開発計画を数人の専門家で作ろうとしているが，町も財産を売りにだし，管理主体を他の機関に変えようとするので，町の管理下を条件とする計画の実現が難しい。また，国も巨額の資金を使って，旧い建物を壊そうとする。破壊することよりも新しいものを作ることに金をつかった方が良い。町は計画の権限を与えられているが，国の機関との協力なしにはなにごとも進められない。町中の施設で一番必要なのは，駐車場でこれは早く手を打たねばならない。

{町有住宅の建設と売却}：町は国の費用で1992年に最後の住民用のフラットを作ってからは，それ以降一戸も作っていない。また1992年以降に建てた町有住宅は15件だけである。個人が住宅を作ることなどは夢の夢で，わずかに20—30人の人間が個人で住宅をつくれたに過ぎない。

現在の町所有のフラットは，約2,000戸である。

1996年から国は町民に金を貸して（現金は渡さない），町有住宅を売却する方針をだした。Building support fund と呼ばれる国の資金は，一人あたり上限50万コルナを貸与し，利率は低く設定されている。さらに民間金融機関から融資をうければ2年間で返済のうえ，30—60％の利子になる。国の融資申請の条件は国の郡事務所で審査するが，つぎのような要件が必要になる。①他の住宅を所有していないこと，②家族の所得とニーズ，③申請の妥当な時期。

住宅が完売しない大きな理由は，上物だけが売られて，土地は社会主義以前の所有者に

返すため，売却が土地付きでないことである。申請者のうち約900名が土地までの購入を希望している。

町は来月に12戸のフラットをつくり，今年中には合計20戸のフラットが作られる予定である。

1997年9月4日：Statny okresny urad（国の郡事務所）

1996年からの新制度のもとで，今年の7月に郡事務所ができた。郡内には30の町村がある。現在の人口は，66,550人で，女性は30,440，18歳以下は18,497人である。仕事は，年金，老人福祉，生活苦の子ども，障害者と病人等の世話が中心（社会福祉関係部局？）。

{年金}：年金の受給資格年齢は，男性が60歳，女性は学校に行っている子どもの数で決まる。子ども2名だと55歳，1名で56歳，0名で57歳からとなる。年金の種類には，一般の年金のほかに，軍人・警察官の特別年金制度および鉱山労働者のための特別年金制度がある。

{住宅}：町所有の住宅売却の際に町民が国にローンを申し込む時の申請手続きをこの事務所が担当している。

また，町民の防災会議や軍事安全保障会議もこの事務所が統括している。

{組織と機構}：この事務所には次のような事務を担当する部局がある。

＊社会福祉　＊学校教育　＊財政　＊総務（内部管理）＊消防　＊商店・菜園登録事務
＊住宅政策　＊土地管理　＊交通　＊組織管理　＊地域発展　生活保障？（zivotny）その他。

なお，徴税事務は自治体の仕事である。

1997年9月4日 ブレズノ郡労働事務所

群全体の失業率は現在11.88％である。1995年当時が約17％であったので，少し改善された。群はブレズノ町プラス30の町村で構成されるが，町自体の失業率も群全体と同じ程度である。ただし町村によっては（Telgat?）のように20％を超えるところもある。

失業率の改善は，リストラが一巡して，ブレズノ鉄鋼所（Podbrezno）をはじめ，多くの企業が再出発の起動に乗り始めたからである。またモスターレン・ブレズノはいまでは小さなAS（akciova spolocnost）になった。さらに重要なのは，新しい私企業が徐々に発展してきたことである。

国の雇用基金には，雇用主が3分の2，労働者が3分の1を負担するが，労働者の負担

は賃金の1％である（？）。国は各地の状況にあわせて、基金を郡の労働事務所に配分するが、それは、各地の失業率と各地の経営者の資金総額（？）によって決まる。毎年四半期ごとに配分が変わる。

ロマ（ジプシー）は、郡内に4,305名いるが、現在の失業者は1,050名になる。数値は今年度を通して安定している。夏には、市が用意する失業対策の公共事業に従事するので、失業率は下がる。

失業者は男性より女性の方が多いが、村では女性は家にいることが多い。また、鉄鋼関係の仕事は男性の雇用機会が多い。

50歳を過ぎると、会社のリストラの対象になりやすく、また失業すると採用されない。

義務教育年限をかつての小中学校の9年間から、さらに3年間（？）の職業教育期間を義務づけたが、彼らが仕事を捜すのは難しい。ギムナジウム（さらに4年間）修了者は、顔が広いので、仕事を捜しやすい。

新卒の学生で失業者は半年待って手当てをもらえる。ただし、最初の3ヶ月が最低生活保障の2,700skの60％、次の3ヶ月が50％で、それ以降失業手当てはなく、社会保障の対象者か家族に面倒をみてもらうことになる。

失業手当ては、受給前の雇用期間の長さによって異なる。15年以下の雇用期間の場合は、最初の3ヶ月が失業前の給料の60％、次の3ヶ月が50％になる。16年から25年間の雇用期間がある時は、さらに3ヶ月（合計9ヶ月）間50％が支給される。

失業手当てをもらう要件は(1)過去3年間に12ヶ月以上働いていること、(2)失業登録後6ヶ月間は仕事を捜す必要があること、(3)会社の失業証明書が必要なこと。なお、会社が問題児として解雇した場合は、失業手当ては、3ヶ月分カットされる。

再訓練の事業は、1997年1月から、ブレズノ事務所の仕事になり、そのためのビルがあたらしくできた。費用は雇用基金からだされるが、事務所の全予算の10―12％（約400,000sk）が3カ月ごとに降りてくる。

再訓練希望者は、事務所と相談のうえ、training centreでいくつかのコースを選べる。費用は宿泊費も含めてすべて事務所が負担する。また、長期失業者には、別のコースが用意される。

なお、私的な事業者の養成にも費用を負担するが、決定は希望者の経営プランの吟味による。給与の額も、経営者がどの分野でどのくらい仕事をするかによってきまる。

失業者を雇用した（最低2年間）会社にも事務所から費用が負担される。1997年1月からは最初の12ヶ月に限り、3,000skが雇用保障として支払われる。資格によっては、5,000sk（その他の税金？）までが協定可能である。

この地域では、3,200の会社が雇用基金に貢献している。そのうち法人格を持つ会社

は，1997年時点で387である。会社が支払う税金は合計51％にのぼるが，雇用基金への貢献はその一部である。

1997年9月5日；ブレズノ，ギムナジウム副校長，Jan Chalpuka

　このギムナジウムの先生は合計34名，で17の教室がある。17の教室のうち，8年間の生徒用が2教室，15教室が従来からの4年間生徒用の教室である。
　8年制のギムナジウムは，社会主義革命前の1945年以前に存在していた制度であり，社会主義終了後の1992年から再び復活した制度である。このブレズノのギムナジウムでは，2年前から採用されており，現在2年次に34名（男子18名，女子16名），1年次にも34名（男女それぞれ17名）が8年制で学んでいる。入学は各ギムナジウムによって用意される試験をつうじて決定されるが，試験科目はスロヴァキア語と数学の2科目である。なお，試験が各ギムナジウムの裁量にまかせられていること，および学校は始終金銭欠乏症のために，エリート養成制度である8年制入学には，学校への寄付金が期待される金持ちの生徒が優遇されるといううわさが巷にながれている。教育省も，予算欠乏のために，見て見ぬふりをするといわれている。
　ギムナジウムのカリキュラムは，1，2年次に毎週英語5時間，ドイツ語5時間が必修であり，3年次以降に，フランス語，スペイン語，ロシア語の選択ができる。
　外国語以外は，普通の科目選択である。
　卒業後に大学にいく学生は2つの大学で同時に学べる。卒業後の進路は，昨年の例では，50―60％が上級教育機関へ，40―50％が仕事か専門職業学校？（2年間）にいった。
　コンピュータは現在14台あるが，1，2年次は必修，3，4年次は選択になる。
　1989年以降の大きな変化は，地理，歴史，国語の教科書の中身が大きく変わったことである。
　現在抱えている問題のひとつは，学生寮がなく，別の学校の学生寮に生徒が間借りしていることである。

1998年9月7日ブレズノ町長との懇談：

　次回の町長選：再度立候補するつもり。予想される対立候補は一人だけで，おそらくHZDSからの候補者だろう。選挙のための公約を作りはじめているが，そのなかで町の課題を明確にする。やはり課題の中心は町の中心部の再開発をどうするかである。さらに，ジプシーの生活をどうするか。バス・ステーションや中心部のスクエアの整備，学校およ

び電気関係のプログラムなども課題。下水はほぼ整っている。

　町庁舎内の問題：議員は役所の活動をコントロールするほどの活動をしていない。イノベーションがほとんどなく，イノベーターがいない。役人はよく仕事をしているが，新しい投資事業へのアイデアがない。

1998年9月7日：ブレズノ町住宅会社（Bytovy Podnik）Ing.Igor Langauer（所長）

　ブレズノ町の住宅の分布：全部で3,543の byt のうち，町の所有が1,340，協同組合所有のうち Mostaren brezno 所有が305，piesok 所有が400, podbrezno 社所有が536になる。残りは個人所有である。

住宅会社の性格：法律的には economic law subject であり，独立採算制に基づく，一種の第三セクター。町が所長を任命し，最終的には町が予算の管理もする。そして議会の承認を必要とする。今は，町営フラットの売却が重要な仕事だが，それ以前から組織は存在し，過去も今もセントラル・ヒーティングの整備と管理が重要な仕事である。セントラル・ヒーティングの使用料と町有住宅の賃貸料の徴収も行うが，料金の50％は町に，残りの50％はこの会社に来る。

　町有住宅の売却：合計1,340の町有住宅のうち，1,069戸が売却された。そのうち今年に売却されたのは400戸である。残りの271戸の内訳は，88戸が誰も関心をもたない，すなわちジプシーが入居しており，家賃も払わない売却不能フラットである。20戸は国の補助で建てられた新しい住宅で，10年間は法により売却できない。80戸は町の職員用の住宅である。19戸は銀行などの大きい組織が利用。48戸は町が独自に新しく建設した住宅で，町がローンを負担する住宅である。

II　バンスカー・シチャヴニッツァ町の調査

（I）　産業と経済

町役場経済担当事務局（9月2日）

旧国営の主な鉱工業企業とその変化を概観すると，

(1) FABRIKA BANA：これは RUDNE BANA の後身として設立されたが，1994年に閉鎖し，もう存在しない。その建物は空のままで，一部は建設会社が入手した。

(2) ZAVOD STROJARENSKA VYROBA：1993年に有限会社となった。その事業はもはや工業とは無関係で，いまでは橋梁のための機械を製造し，ドイツ，チェコ，オーストリア，アフリカなどにも輸出している。従業員数は150－200人くらいで，業績は良好。経営の構造は以前のまま。

(3) PLETA：旧国営企業 PLETA はバンスカー・シチャヴニッツァのほかにニトラとシャヒとヴェリキー・クルチーチに工場を持っていた。いまではニトラの工場は国営企業として残り，他の3工場は民営化された。バンスカー・シチャヴニッツァの工場は株式会社 PLETA MADA と5つの有限会社とになり，従業員は合わせて約400人である。国営だったころは子供用衣服を製造していたが，いまはオーストリア，イタリア，ドイツ，チェコの企業の賃加工を行なっている。なんとか生き延びているという状態。

(4) ZAVOD SLOVENSKEHO NARODONEHO POVSTANIA：AKUSIT と改めた。バッテリー生産を今年やめた。いまは販売業務のみ。

(5) ZAVOD TABAKA：皮革製品工場に変身したが，その後閉鎖された。

(6) その他：新しい大工場は生まれていない。

　公営企業（Okresny priemyslovy podnik）は，木工企業，石材企業，ベーカリー，自動車整備企業など，複数の有限会社に分かれた。元の土地建物は町有となり，町がこれらの企業に貸している。

　国有農場は私有化され，そのあとを新会社 AGROKOM は引き継いだが，ミルク・乳製品製造や食肉加工の業務は取りやめた。観光と結びつきを持たせようとして馬を飼育したりスキー客用リフトを設けたりしている。

　観光業はいくぶん向上している。グランドホテルが新装オープンし，新たにホテル・サラマンデイができた。町の周囲にペンションも増えている。映画館（KINO AKADEMIK）は

存続している。町周辺にある企業の保養施設のなかには閉鎖されたものもあるが，いくつかはそのまま企業所有になっており，他のいくつかは売り渡されてホテルになっている。

オーストリア資本のホテルになったものもある。観光客誘致にとってまだ飲料水問題が残っている。

住民の階層は，①上層（企業家の一部），②中の上（小企業家，法律家，医師，教授など），③中の下（労働者，事務員，教員など），④失業者，からなる。スロヴァキア全国の平均失業率は13％で，この町は13－14％である。158人いるジプシーのうち就労しているのは7人だけで，あとは生活保護で暮らしている。私企業家たちは「企業家クラブ」を作っており，その会長はコムナールナ・バンカ支店長である。

労働事務所（所長リプターコヴァー女史，9月2日）

OKRESの再編成に伴って労働事務所の組織も変わった。いま4部門がある。また，1997年に新しい労働法が施行され，雇用にかんする業務内容も変わった。所長は前回調査時点（1991年）と同じ人物。

1991年当時にくらべていま失業問題は新局面を迎えている。地域の大手企業が閉鎖になったり大掛かりなリストラで雇用削減を行なったため，失業者が増えた。1993年12月現在924人だった失業者が，1998年7月末現在で1,142人になっており，そのうちの約半数は女性である。新卒も就職難で，労働事務所管区の新規高卒と新規大卒の数は620人（町だけだと290人）だが，98年7月現在失業中の者が41人いる（91年7月には86人だった）。

現在労働事務所に登録している失業者のうち，10％は元鉱夫である。鉱業の閉鎖に伴い鉱夫は失業したが，パン焼き，煉瓦積み，家具製造，ビル建設などの技能を習得するための再就職訓練を受け，それぞれの職業に転身したが，肺や耳などに障害を持っていたり健康を害している者も少なくなく，再就職はたいへんである。

ドイツやイタリアに出稼ぎに行く者もいる。合法的な場合もあれば非合法の場合もある。西側に行けば月6万コルナくらい稼げる。失業対策の公共事業で働いている者の賃金は，かつて1,580コルナだったが，いまでは3,500－4,000コルナである。

失業手当の受給期間は失業前の就労期間の長さによって異なり，最高が12ヶ月，中間が9ヶ月，短いと6ヶ月，となっている。手当の額は失業前3ヶ月の平均賃金を基本とし，最初の3ヶ月はその60％，そのあとは50％となる。この手当の額はネットであり，そのネット分をもらえる。ただし最高はネットで5,400コルナという限度がある。なお，新卒には失業手当はない。

失業手当受給期間が過ぎても失業中の場合には生活給付（socialne davky）を受けること

になる。これはオクレス（県ないし郡）の国家行政事務所から受け取る。その額は家族構成によって異なるが，最高額は3,000コルナ（ネット）で，最高賃金の3,000コルナにあわせてある。ただし後者の3,000コルナは税込み（ブルット）である。

住民の生活水準は平均すればあまり変っていないが，その内部にはかなり上下移動があった。かつて鉱業で働いていた労働者は，仕事は大変だったが賃金は高く（人によっては企業長よりも高かった），住宅にも恵まれ，外国旅行なども享受していた。ところがこの層は鉱業企業の閉鎖により，急激な下降移動を経験した。他方，新たに登場し成功した企業家層は，実際の生活はたいへんだが，高所得を得て資産を蓄え，上昇移動を遂げた。一般の雇用者の生活は横ばいで停滞している。経済状態から階層区分をすると，①大中企業の企業家，経営者（上層），②小企業家や医師など（中の上），③教員や一般のサラリーマン（中の下），④失業者（下層），というように描ける。この町では犯罪は増えていないようだ。なおスロヴァキア全体の犯罪の6割はジプシーによるものだという。人口比でいうとジプシーはわずか1％である。ただしこれはロマ籍で公式登録している人口であって，実際にはスロヴァキア人籍やハンガリー人籍で登録している人が少なくない。

個人経営農家（9月2日）

前回報告書140－141頁に記載されている農家。

使用地は4箇所に分かれており，合わせて160haになる。これは国から借りている。賃貸料は1ha当り28コルナ。息子は結婚して自分の住宅を入手し，いまは親と別居しているが，毎日ここに通って働いている。一家の仕事の内容と形態は前回調査時点と変わらない。通年2人の羊飼いを雇用しており，彼らは羊飼い小屋に居住している。

羊400頭，ほかに山羊，鶏を持っている。牛や鷲鳥はいない。羊毛はいまも企業に出して精製している。羊肉はキロ当り80コルナで売っているが，需要が小さい。羊肉の価格は以前と変らないでいる。他方コストは上がっている。中古トラクターをもう1台，18万コルナで購入した。最近では公害で草が悪くなって羊が病気となり，獣医に払う金が嵩む。売上を伸ばしてもすべて経費で食われてしまい，生活は楽にならない，という（とはいっても息子はVWの新車を2台買っているし，羊も増え，人も雇っている）。

このシーズンには羊乳で作ったチーズを1日当り40キロ売っている。旅行者向けにはキロ当り120コルナ（春の価格），プロセス用にはキロ当り64コルナで売っている。

政党はHZDSを支持している。メチアルのファンである。

バルジャンカ夫人の話（9月3日）

（前回報告書123ページの記録を参照。）

夫のイニシアティブで1990年に設立された企業家連盟はもうない。その後「企業家クラブ」ができ、ホテル所有者だったカニー氏が会長になり、いまはコムナールナ・バンカの支配人が会長になっているが、存在感はまったくない。

町の発展はなく、今後の発展の見通しもない。観光客はせいぜい1時間か2時間滞在するだけで去っていく。町の外にオーストリア人のホテルができたが、町との接点がない。ここ2年雪が少なく、スキー客が集まらず、冬は死んだ町になってしまう。

書店とブチークと喫茶店を合わせたような店を作り、若い人たちの文化的な溜まり場を作りたいという夫人の夢も、縮んでしまった。もう喫茶店はない。土地建物は以前と同様他人から借りたままで、いまも従業員2人と娘と本人の4人で働いており、従業員をもっと増やそうというかつての夢は実現しないでいる。町の経済を支えてきた鉱工業が凋落した。学生数も減っている。店へは学生たちが来るが、外国の本は教科書も含めてきわめて高価だ。英語やドイツ語の教科書は1冊400コルナもする。それでも教科書なら学生は買わないわけにはいかない。コシッツェにバッテリー工場を進出させるという夫の計画は、政治的理由で実現しなかった。2人の息子はいま大学生で、1人はコシッツェでコンピュータを、もう1人はニトラで心理学を学んでいる。

バニャ（閉鎖になった鉱業企業）から出た労働者の多くは、①ドイツやイタリアへ不法就労の季節労働者として出て行った（誰かが最初にきっかけをつかみ、そのあと親戚、仲間、近隣の人々が出て行くというかたちで）、②町の中の建設業に吸収された、③失業手当と生活給付金で食いつなぎ、折をみて3ヶ月ほど西欧に出稼ぎに行き、帰ってきて3ヶ月ほど家でぶらぶらし、また出稼ぎに行くということを繰り返している。PLETA（衣料品製造企業）から出た女性労働者もほぼこれに似たコースをとり、外国に季節的に出稼ぎに行く者もいる。子供がいる場合には夫婦が交代で外国に出ている。

一般的には住民の生活水準は低下しているが、格差は拡大している。新富裕層は支配政党HZDSの有力メンバーで、体制移行期に富裕化するための金と条件を手に入れた。経営者層の地位を収入・威信・勢力から見て5点法で表すと、次のようになる。

	収 入	威 信	勢 力
大企業経営者	5	1－5（人による）	5
小企業経営者	2－3	4－5（人による）	政党関係による

威信は技能資格と職種による。威信がもっとも低いのは大工場で働く女性労働者である。店員やウエイトレスやウエイターは一定の技能資格を持っているので、彼女らよりは威信が高い。これらの階層構造の外側に失業者、ホームレス、ジプシーが位置する。

女性の社会的上下移動において結婚が重要な要因として働く。下位の男性と上位の女性が結婚すれば女性の地位は男性並に下がり、下位の女性が上位の男性と結婚すれば彼女の地位は男性並に上がる。男性の地位が決定因となる。住宅の登録はふつう男性名義でなされる（ただし家族内では女性の勢力が決定的である）。概して低学歴の女性は結婚したがり、高学歴の女性はあまり結婚したがらない。とくに若い女性においてそれが顕著で、彼女たちは独立したいと思っている。

結婚に次いで大きな移動要因は学歴である。これは男性の場合も同様である。しかし今の時期にもっと重要なのは政治的ネットワークに関わっているかどうかである。収入という要因はそのあとにくる。収入はそれ自体としては社会的上下移動の独立した決定因とはなりえない。起業は上昇ルートとしては小さな意味しか持たない。スロバキアではまだ富裕層は形成されて数年しか経っていないから、それ自身で社会的上流身分をなすにはいたっていない。

企業家クラブ（**KLUB PODNIKATEROV**）（会長、9月3日）

会長の ing.Majersky 氏は PRVA KOMNALNA BANAK（PKB）の創立者であり支配人である。

企業家クラブは2年前に Obcansky zakon に則って設立された。設立に当ったのは PKB、職業研修所長、自動車部品メーカー、小企業家、カニーク氏、ズヴォレンから来た人で、中心的役割を演じたのは PKB の支配人マイェルスキー氏である。クラブの資金を預かり管理しているのは PKB であり、クラブの事務局を担当しているのはマイェルスキー氏の秘書である。

クラブの目的は、政府・自治体と協力しながら町の再活性化と企業活動の支援に置かれている。活動内容は、①企業経営コンサルタントと法律相談、②他企業、他機関とのコンタクトを作り、③新卒雇用の斡旋など新卒と企業との結びつきを作り、④短期融資（ファンドが保証）、である。ジアル・ナド・フロノムやクレムニッツァなど他の地域のクラブとも連携がある。現在バンスカー・ビストリッツァ大学に環境学部を作ってそれを当町に持ってくる計画があり、また町には国家森林局や水道企業の本部もある。このような非営利団体もクラブのメンバーにしようと計画している。

クラブの会費は一律年額2,000コルナである。会員数は24人で、会員資格は、①企業家と

して登録されていること（個人でも法人でもよい），②会費を納入すること，である。このクラブ自身は企業活動も政治活動もしていない。会員は1人当り10,000コルナを出し，会のファンドを作っている。現在それは500万コルナにのぼっている。

マイエルスキー氏はこの町の出身で1968／69年にニトラの大学を卒業し，ザーホリエ（Zahorie）地方のセメント工場で働いていた。党員だったが「革命」のさい特に問題はなかった。党の要職に就いていなかったこと，従業員と良好な人間関係を築いていたことが幸いした。この工場には30年勤め，56歳のとき，両親が亡くなったのを契機に帰省し，町役場の助役（prednosta）の公募に応募して助役になった。助役になってみて，雇用過剰と勤務態度の弛緩など，役場の人材の量と質に問題があることに気付き，人員を半減すべきだと主張し，温情主義的対応を優先させようとする町長と対立して役場を去り，PKBを設立した。いまでは町長も氏にいい意味で一目置いている。

ザーホリエ地方とバンスカー・シチャヴニッツァとでは社会風土がだいぶ違う。ザーホリエではセメントをコメコン以外にギリシャやフランスにも輸出し，農業も発達しており，経済も生活も豊かで，技術水準も高く，人びとは勤勉でよく働く。

町の経済についていえば，旧大型国営企業は廃業ないし規模縮小したが，民営の建設業が発展している。町の外でも，バンスカー・ベラにあるDYNAS社が健闘している。ここには労働組合もある。他方，観光の発展性は小さい。もし観光を発展させようとすれば，コマーシャリズムによる観光開発ではなく，環境保全の中で発展の可能性を探ることになろう。

PLETA MODA 株式会社（9月3日）

旧国営企業PLETAはバンスカー・シチャヴニッツァのほかにニトラとシャヒとヴェリキー・クルチーチに工場を持っていた。1991年当時，4工場で2,900人の従業員がいた。その後バンスカー・シチャヴニッツァの工場は株式会社となり，他の工場は有限会社としてそれぞれが独立企業となった。

バンスカー・シチャヴニッツァの企業は現在プレタ・モーダ（PLETA MODA）という名称になった。この企業はバンスカー・シチャヴニッツァに主工場と副工場（dolny zavod）の2つの工場を持つ。衣服生産を行なっており，社会主義時代にオプラハの公社CENTROTEXを通してソ連などに大量に輸出していたが，現在は生産の95％がドイツ（2つの大手企業）やイタリア5社など外国企業の賃加工である。それは，これら外国企業から原料とデザインを受け取り，生産加工してそこに納入する，という形をとっている。1989／90年には600万ピースの売上があったが，現在は42万ピースに落ちている。

この間, 従業員も削減された。職員 (THP) は自発退職や年金生活に入るなどで自然の漸減にまかせた。かつては工場のほかに本社があり, かなりの数の THP が抱えられていたが, この自然減で大幅に減り, 小企業を開発したり郡 (県) 役場に再就職していった。労働者はかなり削減されたが, いま労働者の出入りが激しい。民営化で株式会社プレタ・モーダが生まれたさいにいくつかの小さな有限会社ができた。たとえば有限会社 SVETRO は従業員50人を擁して旧プレタ社の敷地建物内で従来の機械設備をそのまま使って生産活動を行なっている。有限会社 RANSAN は従業員が70－80人を数える。これらの従業員はもと旧プレタ社に属していた者で, こうして独立した新企業に名目的に籍を移して, 実際にはそれまで通りの仕事を続けている。

プレタ・モード社の従業員数は319人で, うち約85％は女性である。労働者の技能資格水準は以前の状態のままで, この間技術変化はなく, 義務教育修了後一定期間の訓練を受けただけの労働者が多数を占めている。平均賃金は税込み (ブルット) 6,700コルナである。女性従業員の配偶者の多くは鉱業企業の労働者だったが, その企業はなくなってしまった。寮も社宅の保養施設も売却され, 保育園の建物も個人に売却されたあと解体された。食堂はかつて PLETA のビルの一部にあったがいまはこのビルには郡 (県) 役場 (okresny urad) が入っており, 従業員は38コルナの食券 (うち20コルナを会社が負担) で隣接する私営の食堂を使っている。郡 (県) 役場が入っているビルにはかつて PLETA 従業員の社会文化活動のための空間があったが, これも消えた。1960年代には PLETA 所属の劇団があったが従業員の私生活主義化, テレビの普及などの影響を受けて80年代に姿を消した。現在この会社には従業員の文化サークルはない。

(こうして従業員本人の低賃金, 配偶者の職場の喪失, それにくわえて福利厚生の切り離しで, 従業員の生活は以前にくらべて困難になっているようだ。)

SVETLA 有限会社 (社長ブラシェク Blasek 氏, 97年9月)

もと国営 PLETA 社の第2工場の一部だったが, 私有化によりそれが閉鎖になったとき PLETA 社の従業員だった4人ともう1人とでそれを買い取って独立企業を打ち立て, 機械設備と土地建物を借り, 機械設備を買い上げて改善修理して使いながら事業をはじめた。そのさい利息15％で90万コルナを借り入れている。その後機械設備を購入し, 93年には130万コルナで土地建物を入手した。

国営 PLETA 社第2工場だったころは500人－600人の従業員がいた。この工場が分割私有化され, SVETLA 社が創立された92年当時, その従業員は25人だった。いまでは35人 (うち男性は4人) で, そのうちの7割は PLETA で働いていた人たちで, 残りはその後入社し

た若者である。平均賃金は，6,500コルナである。賃金以外の給付は食券と「13ヶ月目の給料」である。

市場の50％は国内，35％はチェコ，15％はオーストリアなどの外国である。トルナヴァとブルノに顧客（販売店）を持ち，そこに製品を卸している。原料はイタリア，ドイツ，チェコ，日本から仕入れている。事業が順調に行っているので，コンピュータ化で生産を伸ばしたい，従業員も増やしたい，と考えている。

事業の障害となっているのは資金不足と借入れ金利の高さである。利息は5－8％だと適正なのだが，スロヴァキアの銀行はどこでも13－18％である。

社長の見解では，バンスカー・シチャヴニッツァは仕事の機会はたくさんあるが，問題は人にやる気があるかどうかだ，という。しかし社長夫人にいわせると，問題は政治にあり，現状では仕事に就くより生活保護で月に3,000コルナをもらっていたほうがいいと考えるものが少なくなく，とりわけそれは女性に多い，という。

社長はバンスカー・ビストリッツァの生まれで10歳の時に家族とともにバンスカー・シチャヴニッツァに転居した。現在45歳。ニトラの教員養成校を中退，職業中等学校を卒業し，機械技手となってPLETAで働いてきた。かつて共産党員だったが，いまはどの政党とも無関係である。

いまの仕事に就いて身体は楽になったが気を使うことが多くなった。従業員を35人も使うと気も楽ではない。しかし生活は楽になり，社会的地位も上がった。持っている車は中級車（上級車だと盗難に遭う心配がある）だが，20キロ離れたところに別荘（ハルパ），畑や牛馬ももっていてそこで農業を営む。息子は29ヘクタールの土地で農業（畑作と畜産）を営んでいる（29ヘクタールのうち14ヘクタールは社長とその父の名義の所有になっている）。

SVETLAが製造を担当しているのに対して，販売を担当するコイン企業を社長夫婦で共同所有している。SVETLAと同一の場所に本店店舗を置き，ほかに町の中に2つの店舗を持ち，これらを合わせて6人の店員を雇っている。またバンスカー・ビストリッツァにも店を持って妹に経営させている。

木工企業（pan Luptak，9月3日）

この企業は，旧地方公営企業 Okresny priemyslovy podnik (OPP) が私有化にともなって解体されたとき，その一部だった家具製造の職場が有限会社として独立したもの。ルプターク氏はOPPの生産部長だったが，1992年の私有化のさい，その職場を知人（バンスカー・ビストリッツァの人）と共同購入して有限会社とした。

OPPのバンスカー・シチャヴニッツァ事業所は生産よりもサービスが主な業務だった。そのうち避雷針部品の職場は旧所有者に戻され，窓枠の製造と取付けやその他の職場は私有化された。こうして所有形態は変わったが事業内容は変わらず，サービス業務を行なっている。従業員はそのまま残って働いている場合もあれば，そうでない場合もある。91年当時，私有化されなかったものは町が引き受け，町がそのあとそれを売りに出した。しかしまだ町有の別件が一部残っている。木工企業のビルの一部もまだ町有である。

　OPPの職場を買って新企業にした人たちは，旧従業員で中堅幹部だった人たちや，町に住む外部の人たちであった。オークションで競に出された当時は安かった。従業員優待はなかったが，所有希望者は銀行から借金して購入した。当時，銀行金利は年率8－12％で，高くなかった。高くなったのは93－94年からで，いまは20－22％である。

　木工企業はOPPの一部だったころには家具を作っていたが，私有化されてから新しい生産計画に切り替え，いまでは家具を作ってはおらず，小規模のガーデンハウスを作り，4分の1は国内市場に向け，他はドイツ，オーストリア，イタリアなどに輸出している。すでに80年代に西ドイツの企業とコンタクトを持っていたから，西欧市場に乗り出す基礎を備えていた。1998年3月には経済省から1997年優良輸出企業者として表彰されている。93年あたりから業績は固まり，3,500万コルナから5,000万コルナの売上をしている。2.5平米から5平米のコテージを月に200戸から250戸作っている。デザインは顧客の注文による。

　1993年ごろまでは小規模私企業は開業後2年間町税を免除される制度があったが，これは失業対策のための制度であって，当社はそれに該当しなかった。

　その従業員数は1991年当時15人だったが，その後従業員はすっかり入れ替わり，いまは47人を数え，そのうちの6人はTHPである。かつては1交替制だったが，いまは2交替制である。91年当時いた従業員は職人技能を生かして独立開業したり，年金生活に入ったり，解雇されてどこかに流されたりした。

　最近3－4年に，熱源を石炭から電気に切り替えたり，木屑や木塵の集塵装置を取付けたりして，環境対策のために600万コルナを投資した。

観光データ

NOVY ZAMOK(新城)入場者数(窓口調べ)

1994年	16,906人
1995年	22,042人
1996年	21,319人
1997年	18,168人
1998年 (8月31日迄)	12,187人

1997年，新城，鉱物博物館，野外博物館，コラール美術館の4施設あわせた入場者数は87,946人，展示会の訪問者数は114,373人だった。

COUNTRY KAVIAREN （店主 Pan Ludvik Turtak, 9月3日）

カントリー風喫茶店ないしパブで，若者に人気がある。80席，休日なし。

T氏はチェコのテプリッツェ（ジプシーが多い町）で生まれた。祖父がそこのレストランで働いていた。11歳の時，祖父とイタリアに行き，そこで祖父から顧客に対する態度など，商売のノウハウを教わった。17歳の時にウィーンに行き，祖父の死により60ベットのあるホテルを祖父から引き継ぐ。そしてウイーンでバンスカー・シチャヴニッツァ出身のスロヴァキア人女性（建設技師）と出会って結婚し，1996年に当地に来て当店を開いた。妻はバンスカー・シチャヴニッツァにある生活環境郡（県）事務所（Okresny urad zivotneho prostriednia）で働いていた。開業にあたって借金はしなかったが，最初の1年目は苦労した。妻や友人の助けを借りながら店内のテーブルやインテリアを作った。いまも時々席やインテリアの模様替えをして，店内の気分を新鮮にするよう，心がけている。

この町には年に10ヶ月，2,500人の学生が滞在していることに注目し，安く食べられて，気楽に座って飲めて，という場を作ろうという考えを持った。学生向けに5コルナで飲食できるものを出せば，ガールフレンドを連れてくる，そうすればガールフレンドもなにか飲む，という計算である。実際，スープ5コルナ分で総コスト分をカバーすることによって，あとの分の売上はそのまま利益になっている。学生には量のあるものを出す。肉は高いので，その量を一定にしてフライドポテトなど添え物を倍にして出す，というようにしている。学生がいる10ヶ月間，店はいつも満員である。

いま例外的に1人ウエイトレスを雇っているが，原則としては料理も給仕も夫婦だけで働くことにしている。従業員を雇って店の金や物を盗まれると困るからである。セルフ・

サービス方式をとっている。

　店主夫婦は来客には必ずハローと声をかけることにしている。これは店の雰囲気をフレンドリーなものにするためばかりでなく，挨拶しあうというエチケットを学生に学んでもらいたいからだという。顧客とのコミュニケーションを大切にし，2度目に来る客には友人に対するような挨拶をしている。

　週末には2週おきにライブ・ミュージックを入れている。2週おきにしたのは，スロヴァキアでは月給が2回に分けて支給されているからである。

食品小売店（店主）

　前回報告書124－5ページに記載の店。

　鉱山労働者だった人（中等職業学校卒，現在60歳）が1991年に開業して，その後堅く経営を続けている。91年当時は本人，妻，息子，娘，手伝い1人の，合計5人で働いていたが，いまはこれに息子の嫁が加わり，手伝いは4人になった。この間銀行から220万コルナを借りて新しくベーカリー HONTEX を開き，息子がその店主になっている。

　いまも土地建物は町有のものを借りている。営業時間は当初7時半－23時だったが，いまは平日6時－18時，土曜6時－11時，日曜8時半－11時，にしている。売上は向上し，生活は安定した。しかし儲けの大半は事業資金に回すため，生活はそうよくなってはいない。所得は月8,000コルナにみたない。競走も激しい。多忙で文化社会活動に割く時間がない（釣りクラブのメンバーなのだが）。店舗が中心広場から商店街に差しかかるいい場所にあるので，観光シーズンの6月－8月には多少売上が増える。

　以前できた私企業連盟は消えたが，いま新しい企業家クラブができてカニーク氏が事務局長をしている。当店はこれに関係していない。これは地域にはなんらかの意義があろう。店主はもと共産党員だったが，いまはちがう。店主が社会と人生にとっていちばん重要だと考える価値は「誠実」(poctivost) だという。

町役場（97年9月）

　町の人口は約17,000人。年令別にみると，

15歳未満男性＋女性：	21%
15歳以上60歳未満男性：	31%
15歳以上55歳未満女性：	27%
60歳以上男性＋55歳以上女性：	20%

現存の主要企業の状況は,
(1) DYNAS BANSKA BELA：国営。従業員350人。建設用耐火煉瓦を生産し，西欧やロシアに輸出，有望な企業。隣接村に立地。
(2) STIAVNICKE STROJARNE：従業員120人。高速道路や橋梁のための鉄製機器を製造。
(3) PLETA MODA：株式会社。従業員300人。衣服製造。
(4) AKUSIT：従業員120人。自動車用バッテリーの製造。不況。
(5) BACIK STAV：4年前に零細企業から出発した建設社。従業員70人。好況。
(6) STAVASTA：建設業。従業員約100人。
(7) SYNKOR：建設業。従業員50人。
(8) EDUARD RADA：ビール製造。
(9) HELL：建設企業として設立されたが，いまはただ名目的存在。社長だった Rada 氏は HERS 社を作るがこれもいまは名目的存在で，当の Rada 氏は Vyhne 村のビール工場を買い取って EDUARD RADA を打ち立てた。他の HELL の主要メンバーが SYNKOR を打ち立てて建設業の経営に当っている。
(10) 木工企業：もと公営企業の一部だった職場が独立法人になった。従業員数は10人から15人。

リストラした旧企業は,
(1) DNE BANE：廃止になるのにともない1,000人いた従業員がゼロになり，小企業を中心にさまざまな分野に散った。
(2) PLETA：1,000人いた従業員が300人になり，辞めた者は主に商業サービス分野の小企業に流れた。
(3) TABAKO：2年前に廃止され，代わってその建物で新会社 BICH が靴や家具の製造を始めた。TABAKO 時代に400人いた従業員は，新会社では100人になった。

失業率はいま12％だが，冬になると13－15％に上がる。
観光客は年間100万人に満たず，あまり増えていない。

EDUARD RADA 有限会社（社長ラダ氏，97年9月）

　ラダ氏は鉱業を再興させる意図を持って1993年11月に建設会社 HELL を打ち立てたが，いまではこれは名目的にしか存在しておらず，機械設備も人もなく一切の活動をしていない。氏はその後鉱業の再興が不可能だと判断して（コストが上がり，国庫補助もなくなった），95年5月に町に隣接する村にあるビール工場（1473年創業）を買い取り，自分の名を

冠した EDUARD RADA 社を新たに設立してビール製造の事業を行なっている。会社はラダ氏の家族所有で，他人は所有に参加していない。この会社を設立するに当って社長は5億コルナを投資した。これはすべて銀行からの借入れによる。利子は銀行に交渉して15%に抑えた。これが当社の成功因の1つと目されている。ビールの年産量は20万ヘクトリットルで，その12%はイギリス，ロシア，ウクライナに輸出されている。来年（98年）までに工場を改築する計画で，人を増やさず設備を拡大していこうという方針である。ちなみに従業員は200人で，この間増えても減ってもいない。従業員の3分の1はバンスカー・シチャヴニッツァから送迎バスで通勤している。

ラダ氏は工場を買い取った後，労働組合をなくした。バチャにならって温情主義的管理を行ない，経営者が従業員の要求を吸い上げそれに応えていくという考えに基づく。

ラダ氏は44歳。ズヴォレンに生まれ，バンスカー・シチャヴニッツァの鉱山大学を卒業してエンジニアとして RUDNE BANE 社に就職し，それの閉鎖直前まで勤続していた。家族はチェコ人でブルジョアだった。ラダ氏自身は共産党に属さなかったが，とくに差別されたことはなかった。しかし父親は苦労した。町役場の幹部にはいまなお共産党員だった人たちが残っているので，自分との関係はよくないという。いま家族はみな政治とは無関係で，ラダ氏自身，企業活動に専念している。一生懸命働いているのは家族のためだといい，誇りと順法の精神をもって信条としているという。

STAVASYTA 社（97年9月）

1991年に設立された有限会社。建築業。職員と経営者が13人，労働者80人，ほかに臨時雇いは10-15人。労働組合はない。社長は大卒で鉱業企業の技師だった。党員ではなかった。年齢は30歳-44歳の間。仕事の7割はスロヴァキア国内各地にある。業績は向上しているが従業員は増やさない。町に対しては除雪機を貸したりサッカーチームのスポンサーをするなどして協力している。町の中での階層帰属意識は中の下。

AKUSIT 社（97年9月）

1992年に設立された株式会社。経営者6人，職員17人，従業員は全部で約120人。労働組合はあるが，経営者の組合に対する態度はネガティブである。バッテリー製造を行なっており，原料は外国から仕入れ，製品は国内および外国に出している。業績は落ちており，従業員数も漸減している。大卒のエンジニアで，鉱業企業で働いていた。もと党員。年齢は30歳-44歳の間。地域のスポーツチームを財政援助している。町の中での階層帰属は中。

協同組合農場（97年9月）

1971年に設立，1992年に再編。バンスカー・シチャヴニッツァに700人，隣接町村に2,100人の組合員がいる。雇用者は160人で，うち経営者9人，職員28人である。労働組合はない。市場はスロヴァキア全国に及び，子牛をイタリアに輸出している。業績はのびているが，雇用は漸減している。大卒で，年齢は45歳－59歳の間。もと党員。月収は2万コルナ程度で，階層帰属意識は中の上。協同組合には国家行政機関からなんの援助もない。

HUDEC KAMENAR（企業主，97年9月）

1990年に個人企業として出発。それ以前はOPPの石工部門で働いていた。中等職業学校未修了。自己資金のみで独立した。業績は伸びており，従業員も雇った。いま本人と3人の従業員で働いている。年齢は30歳－44歳の間。家族は母と2人だけ。収入は3,000－5,000コルナの間。党員ではなかった。独立して仕事をしていることに生きがいを感じている。党員の特権でいい暮らしをするといった不公平はなくなり，仕事本位で収入も暮らしも公平に決まるようになった。町の「中の下」や「下」の半分は飲んでいるだけの怠け者だという。モットーは独立自尊で，投機はよくないという。

（Ⅱ） 政治・行政

**1994年9月12日：バンスカー・シチャヴニッツァ郡，okresny urad（郡事務所）
地域開発およびその関連部局長，Ing.Stefan Dudak**

1996年10月1日からこの町のokresny urad（国の郡事務所）に勤めはじめる。それ以前は町の役場の公共的事務（道路の清掃やごみの収集など）を請け負うtechnical service 会社の所長。現在31歳。具体的な仕事は部局の仕事および職員の共同作業を管理すること。

地域発展プログラムのdocumentがあり，詳しくは当該文書（取得済み）参照のこと。

この地域の発展を討論する［地域議会］（ad hocな機関？）がある。この会議の目的は，町の人々と科学的研究機関とを結び付けることにある。議会は長を適宜選ぶが，選択は，各村や町だけでなくこの地域全体の活動，関心如何により，ときに村の助役であったり，町長であったり，実業家であったりする。

議会は16名のメンバーからなる。労働事務所長1名，学校関係2名，国の行政から4名，銀行から4名，事業主のassociation，事業主数名，町および村の代表1名からなる。

この地域の社会経済的状況がこの議会の第一の議題になる

　町がなんといってもこの地域の発展にとってドミナントな立場にいる。この地域のインフラ整備は遅れている。

　公共交通は，SAD（Slovenska Autobusova Doprava）が町と近郊の村およびZial nad Hhronomにおける中心交通機関。

　町の中の駐車場は，車のキャパシティにたいして3分の1くらいしかない。地域の経済発展の領域にとって，経営を教える学校がないのが課題。

　この地域は，観光資源は豊か。

　住宅問題：この地区の住宅計画は1978年の計画であり，きわめて旧い。

　観光客の増加にともなう，観光施設（ホテル，宿泊所，ペンション，レストラン）の充実。具体的に作られているもの；ホテル，Bristo, Salamander, Grand-Matej，およびPocuvadlo湖畔のHotel Topkyなど。観光事業には町役場の関心も高まっている。観光のための計画もその一つ。cerveny stdniやkrizna地区の，レストラン，宿泊施設，新設のスキー用のリフト，冬の観光シーズを長くするための人口雪などのプランがそれである。

　地域の宿泊施設を提供するしくみについての制度的過ち？

　Stiavnickych vrchoch（シュチャブニツアの頂上）での熱いお湯の供給（摂氏54度の熱いお湯）。

　banska stiavnicaに下水はある。ただしcistickaで，町全体で68％の普及率。

　ガスの普及はBanska StiavnicaとBanska Beleyの一部のみ。（低地部分のみ）。ガスの製造自体はskolske spravy（学校を管理するところ？）。1998年までには，町全体にガスは行き渡るだろう。

　新しいビルがエコロジー学部の前につくられる。これは高等教育機関の優先利用。調査研究機関のバックグラウンドがある。エコロジーに焦点をあてた中等教育のための特別教室も用意される。

　これからの課題としては，研究調査，エコロジーおよびアセスメント技術を優先すべき。また，人口の減少（emigrationと自然減）も問題。

1997年9月8日　バンスカー・シチャヴニッツァ町役場：

　（Pan Gajdośik, Pani Karabellyobaおよび住宅課のpani Jadudovaとpani Nigriniova）

町の住宅売却の政策について：

　国営企業と国有財産の民営化政策の一環として，住宅（主にフラット）が町に移管され，

町が住民に売却することになった。ただし，すべての建物が町に移管されたわけではなく，依然として国が保有するもの（国の事務所など），教会など宗教団体に帰属するもの，および個人の資産として返却されるもの（社会主義によって収用されたもの）に分かれる。また町は，移管されたすべての住宅を売却するのではなく，社会的利用のため（①低所得者用のsocial flat，②学校や病院など）に町が保有する住宅と売却用とに分かれる。また町保有のビルや土地も同様の原則によって売却の対象となる。住宅は4つのカテゴリーに分かれるが，もっぱら町が取り扱うのは第一のカテゴリーと第二のカテゴリーであり，その差は第二のカテゴリーがセントラルヒーティングがなかったり，電気がないなど，基本条件に欠ける住宅郡を差す（karvaria；キリスト受難の地）。

町が売却を予定している住宅は合計578戸である。昨年（1997年）7月から売り出しを始め，現在395戸が売却済みである。残り183戸も予約済みである。買い手は住人であることが条件である。価格は一番廉いものが7,800sk，一番高くて24,000skであった。国の用意した基準は，1平方m当たり500—600skであったが，それでは高すぎるので，町は国の政策に反して1平方m200skに下げた。

手続きは，まず①住人の申請と登録，②町（町長）との話し合い，③売却価格の提示，④町の住宅課に戻り議会に提案，⑤9人の議員による住宅戸コミッションでの議論，⑥議会のMestska rada（常任委員会）での議論，⑦議会総会での価格条件の決定となる。

住人は平均20年国に家賃を払ってきた。バンスカー・シチャヴニッツァでは，18,000sk以上，ブレズノでは，35,000sk以上と見積もられる。したがって廉く購入出来なければならない。（1998年のブレズノでの調査では市場価格の10分の1程度）。さらに国（2人で8,160skのクーポン支援）および町から2,000skの補助（現金支給ではない）が出る。大勢の住民が住む大規模フラットの場合は50％以上の住人の購入希望者が出てはじめて，町は売却準備に入る。問題は土地所有が民間人の場合である。住人は土地ごと購入を希望するが，高い価格が提示される。たとえば1平方mあたり500skとか2,000skとかになる。賃貸料も高くつく。ただし国が土地所有者の場合には上物も売れる。

購入後，購入者はここ10年間売却してはならないという条件であるが，往々に無視される。

1997年9月9日：バンスカー・シチャヴニッツァ郡，国の税事務所長

BSがokresとして独立する前は，国の税事務所はZiar nad hronomに3つあった。BSがOkresne mesto（郡都）として独立してから，いまの場所に独立の事務所がもうけられた。

1991年に新しく税制がしかれたときから，彼は okres の税務署長の地位にあった。なお，okres に税務署が作られるのは1989年からであるが，その時にはすでに ZIAL nad hronom にも事務所が置かれている。

現在 BS の okres は BS 町のほかに14の村を抱えているが，okres としてはもっとも小さいほうである。ここの事務所の仕事は国税だけの管理である。財務省の管轄下にあり，名称は Danovy urad（税事務所）である。なお，関税を管轄する事務所は clny urad と呼ばれ，内務省の管轄下にある。

現在の税制は1992年7月の新しい法がつくられ，1993年1月に導入された制度である。この時に消費税が初めて導入されたが，原則として物品23％，サービス6％の税率はこのときから現在までつづいている。しかし商品ごと（たとえば食料品や輸入品）に複雑な決まりがある。

複雑なのは自営業者の税金である。たとえば，10人の雇用者をかかえる業者のばあい次のような税金を払う。

①法人事業税
②消費税
③社会保険基金（Fond Socialny）32％（年金，社会保障）
④雇用基金　4％
⑤健康基金　15％
　　（以上で50％）
⑥？
⑦所得税：60,000sk までは15％それ以上は累進制

okres 全体が得る国税総額から地方自治体へ税金が還元されるが，今年1997年は24.7％である。各市町村への配分は，

①所得税の還付（市民の数による）15—20％
②工場から事業税（市民の数60％，工場の数40％の比率で）3.43％
③交通税は30％が自治体に戻る。

その外に環境保護と建設資金（grant）の還付がある。

また人口3,000人以下の町村の場合は法律により特別税の還付がある。たとえ国連指定都市になっても特別の税配分はなく，moral support のみである。環境と建物への配分は，法的例外措置はなく，Lobby 活動のみ有効。

1997年9月9日　Okresny urad prace（郡労働事務所）：ブルタコバ婦人

郡（okres）全体の失業率の推移：

1991年：	8.09%	
1992年8月	8.8 %	682名
1993年8月	9.77%	725名（ただし，6月690名，7月790名）
1994年8月	12.3 %	916名
1995年8月	13.03%	878名
1996年8月	14.4 %	989名
1997年8月	11.96%	969名

　一般的には，7-8月のサマーホリデーの時には失業者が増え，森林労働者が多いので10月を過ぎ冬にもまた増える。今年の8月には118名の新規失業登録者があったが，そのうちの80名（？）が新卒者。1996年から1997年にかけて経済活動人口が8,097人から6,868名に減っているが，その理由は不明。今年はまだ79の求人数しかない。法律家，語学教師，経済専門家など専門職が多いので，まだ2つの職しか申込がない。

失業者の傾向：
①新卒者（ギムナジウム17名，職業訓練中等学校8名）
②991名のうち女性は496名
③991名のうち237名は部分的に invalid になっている。
④131名がロマ（ジプシー）
⑤失業者の半分はBS市内の居住者（662名：97年6月）だが，失業率は小さな村の方が高い）

失業者の再教育：
　再教育者には，強制的再教育者と自発的再教育者がいる。今年半期の対象者総数は36名である。相対的に長期失業者が多く，何度も受ける人が結構いる。今年のコースは次のようになる。
①縫製機械，②会計，③コンピュータ，④自分の会社用，⑤関税専門官，⑥ガラス細工，⑦大工，⑧mental adviser，⑨民芸品製造

財政支援による雇用事業（今年半期）
　下記のいずれも雇用事務所との協定による事業である。
　①市の公共事業で238名の雇用，②私企業20名雇用，③自分の会社の雇用者（？）22名

今年の事務所の予算：積極政策：4百万 sk
消極政策：8百万 sk（1996年の2分の1　？）

1997年9月9日：町会議員 Josef Šteffek（slovensky skauting のメンバー）

議会の雰囲気：
　以前は議員のみんなが元気だったが，今はマンネリになっている。町は住宅を売却する一方，建設の仕事は多くなく，各企業活動も盛んではない。しかし町は財政的には余裕があるはず（？）。議会も町も一部の党員によって支配され，大勢の民が弱者になっている。重要な決定は市長よりも HZDS の影響力が強い。HZDS は国と通常の関係。自治権の危機にある。なお，HZDS の事務所は BS 市内にはない。

議会内の対立：
　議会のなかは，党派による対立よりも，個人的関心や利害に基づく対立だけが存在し，生産的な議論に欠ける。しかし，市長との関係が良いのは，HZDS（10名），SDL（5名），KS であり，DS（2名），DU, KDH（2名），TT（1名）はどちらかというと遠い関係。SNS はどちらにも，よくもあり，悪くもある。

市政の課題：
　①居住の問題（residence），②市有財産の売却，③アパート，④ロマ（ジプシー）。

閑話休題：
　もと卓球選手でギャンブルの名手は，いまもギャンブルで大金を稼ぎ，BS のサッカーチームを買収した。

1997年11月10日および11日：バンスカー・シチャヴニッツァ町長。Marian Lichnel

5年間の変化：
　①？，②？，③？，④ecology 学部の新設（第一段階），⑤Vysoka Skola としての Institute of Design の導入。失業率はバンスカー・シチャヴニッツァ町としては，1994年～1996年12月31日までに1.9%（147人）上昇し，15.35%になった。ブレズノ町では公共事業を独立させているが，BS 町ではそうしない。

5年間の変化と今の課題：
　郡（Okres）の地方事務所とは歴史的には連携を保っていたが，今は戦い，奪う関係，そして事務所の体質を変えなければならない。新しい仕事の機会をつくらねばならないが，1997年にはかえってその機会は減少。BS は今は，okresne mesto の自治体であるが，

それに相応しい事務所にしたい。国の okres 事務所と町役場とは対等で，生産的な共同作業をすすめる必要がある。郡内の村は，いずれも理解が足りない。

郡および議会について：

ここの郡は一つの町市と14の村からなる。

町長と議員の関係は良く，共同で仕事をしている。議案や proposal は積極的に評価されている。町長に同意しない議員は多くない。KDH の 3 名の議員がそうである。HZDS, SDL, DS, TTT, ZR の議員たちは合理的に考える人たちである。

町長の経歴：

1972年にここの Narodny vybor（人民委員会＝社会主義制度のもとでの地方機関）財政課に勤務，その後課長から，副議長になり，体制変換後の1990年から町長になる。25年間町の仕事にたずさわってきた。1978年から，BS 町の renewal が始まり，1990年まで続いた。革命と重なり，1992年に UNESCO の世界遺産にエントリーするように努力した。1997年 3 月 4 日に国の支援のもとに，認可された。その時に，町の重要な政策の展望と安定化政策および BS の抱える諸問題ついて説明した。国の助けなしには，町の再開発は不可能だろう。

重点施策：

下水はもっとも進んだ政策である。組合住宅にも飲料水が供給された。2002年までに，住宅をさらに充実したいと考えている。手始めに今年は35のアパート建設に着手：3 部屋で100平方メートル。町にある研究所を充実させ，エコロジー学部を作りたい。また環境整備のために hydroeconomics podnik を設立したい。ただし残念なことに町役場は企業人の活動を支援し発展させる部署を持たない。

次回の選挙の公約として，町の再開発（記念物の修復および町の住宅のリニューアル）が前面にでる。なお，BS にまで及ぶ国全体としての建設事業の完成，テクニカル・インフラストラクチュアの整備，生活の復旧を課題としたい。

1997年 9 月11日：Prenčov 村，村長，Ciglanová Alena

村の現状：

人口650名，1990年から約100名の減少。ブラティスラヴァやバンスカー・シチャヴニッツァに働きにでた。人口構成では，女性が多く，30歳以下の若年層が全体の60％を占める。18歳以下の子供たちは200名に及ぶ。経済活動人口は350名。男性で残っているひとの数が少なくなっている。年金生活者は，老齢者と invalid を合わせて190名。経済活動の中心は農業で，一つの協同組合に大勢の人が働いている。約70名が村で働き，残りは BS や他の村

で働く。村人はすべて自分の家に菜園を持つ。1990年から私有化が始まったが，村には私有化の対象物があまりなく，農協も共同組合のまま残った。村には郵便局と小さなミュージアムがある。

農業生産：

小麦，冬の小麦，トウモロコシ，家畜生産，牛肉 (cattle)，ポークなどが中心

学校：

3年間の保育園，1年—4年までの小学校がある。その後は Zakladona skolaSvaiteho Antona に通う。村の4ヘクタールの土地だけが，他人（個人？）によって私的に使われる。

民族構成：

100％スロヴァキア人

商業：

村には店が4軒と一軒の catering service の店がある。

インフラ：

water pipeline system が建設途中にあり，今は各家庭が自分で冷たい水を調達している。ガスは村にはない。1978年から電話が敷かれはじめたが，現在村の電話は50台。ごみの収集は各家庭の責任 (dust container がある)。毎週ごみ収集の委員会（村役場の委員会）。ごみの収集は，Hontiansky nemci（？）と合同の技術サービスになっている。村役場が所有する住宅はない。ただし，村には協同組合所有住宅 (druzstevne) はある。

宗教：

教会は evanjelcky と katolicky のふたつあり，前者が人口の3分の1，後者が3分の2の信者。

失業：

失業率は12％。失業者の内訳は，育児休暇後の母親，40歳以上の女性，アルコール依存症の人。失業者のために村役場は清掃などの失対事業を提供する。個人所有の商店が二軒。キャビネットやデスク (stolic) を製造する私企業者1名。

役場：

職員は村長のほか秘書謙会計係の女性が1名。文化センター一軒，17名からなる prencovanka という名のフォークロア・グループ。

議会：

12名の議員（立候補者は17名）。内訳は HZDS 7名，SDL 0名，KDH 1名，HP (Hnutie Pornoposhodarstou) 4名。彼らのあいだにコンフリクトはない。

村長：

村長選挙には HZDS, KDH, HPk らそれぞれ立候補（3名）。140票を得て現村長が当選。以前の村長は KDH の立候補者。（略歴）1963年生まれで現在34歳。23年間いろいろな文化活動（SŽM）に関係。1986年に村会議員に当選。

学歴は，中等学校卒業。その後13年間農協の職員として働く。結婚していて，9歳の娘が一人おり，夫は溶接工。むらには村長用の車はないので，自分の車を公用に使う。公用時のみガソリン代は公費でまかなう。

村の課題：

インフラストラクチュアの整備（ガス，下水）。お金を集めるのが難しい。他の村と共同してやらないと無理だろう。なお，料村役場を保育園に建て替えたい。

議会と役場：

村議会に Rada（常任委員会）はあるが，その session はなく，毎月全員集まる議会が開かれる。コミッションは社会福祉および村の発展と建設の二つがある。村の歴史については同封の小冊子に詳しい（ページ9）。

予算：

村の総予算は100万コルナ。そのうち10万コルナは役場の年間の電気および暖房に必要。100万のうち，140,000sk は使用目的無限定（neučelová dotácia）の国からの補助金であり，内200,000は村の税金（miestne dane）である。

BS との関係：

BS はすぐ近くなので，BS が okresne mesto になるのは都合がよい。ただし障害は，郡事務所が十分でないことである。村長としてしばしば郡事務所に出かけるが，施設の不備が目に付く。

1998年9月2日：BS 町役場

私的事業について：

ビギナーにとっては，商売を始めるための許可，すなわち国の事務所からライセンスを得る事が必要になるので大変。許可には，skill, educational background などの証明がいる。ただし農産物の販売については，自治体の許可をえて，町の決めた open の場所で売ればよいので，手続きは比較的簡単。レストランには国の許可が必要。町は開業時間をチェックするだけ。今年の7月1日までは，おもちゃや電気製品の販売には町の用意した市場で，町にお金を払えば出店できたが，7月以降は店舗をもたなければ，駄目になった。black market は存在するが，国と町が監督することになっており，罰則は厳しいが，事実上町は監督できない。manufacturer の数は国の管轄なので，町ではわからない。新聞は，

町が発行する Stiavnicke Noviny だけである。
住宅：
　町は町所有の住宅を売却しなければならないが，BS町では，すでにすべてが売却された。なお，町の中心にある建物は19件が整備されたが，それも売却予定で，購入に関心をもつひとは他の町の人びとをふくめて78名に上り，2週間後にオークションを行う予定。土地と建物の保有税は町に入るが，ごくわずかである。町の中心の建物の改修には国からお金がくるが，3,000万 sk 程度である。BS町は UNESCO 指定の史跡保存都市であるが，このことがとくに有利に作用するわけではなく，あくまでロビー活動が重要。

　町保有の住宅（フラット）は居住者に市場価格の10％で売却したが，購入費用はすべて町に入るが，たいしたものではない。この費用はすべて fund of building に委託され，新しい建物を立てる資金となる。とくに，高級学校の先生のフラットが必要になるがその資金のために，町はビルの売却が必要になる。

1998年9月14日（Stiavnicka Bane 村村長：Zdenka Dobisova）

村長の略歴：
　ここの村で生まれ，zvolen 市の中等経済学校を卒業後，10年間ブリックを作る会社で会計士の長として働く。会社は Bansaka Bela にあり，当時は従業員数500名だったが，今は250名になる。その後1989年3月にここに移り，Narodny Vybor で住民登録課（Matrika）で働く。仕事はこの村だけではなく，独立の narodny vybor だが office をもたない5つの村全部をカバーするものであった。半年後の9月に革命が起き，同時に村長は追放され，2ヶ月間は村長不在の時期があった。1989年11月に選挙ではなく，当人が村長にノミネートされた。選挙の洗礼は1990年，1994年の2回受け，1998年（今年も立候補の予定）。1990年には3人の候補者が村長に立候補した。

人口：
　約1,000名の人口規模だが，6-7月の夏季には4,000人がここにいる。なぜなら5つの湖のまわりに450の住宅，200の cottage，300のバンガローのような recreation 施設があり，避暑を兼ねて人々が集中するからである。

観光：
　観光は村の中心産業だが，インフラの未整備が最大の課題である。村には上水道と下水道がない。インフラへ投資したくても金がない。湖から water cleaning system をつくる事業が進行中だが，8年間で2,000万 sk かけても3分の1しか完成せず，のこりの3分の2のためにはさらに5,000万 sk 必要になる。財源としては，村からは年間200万 sk しか出せ

ない。他は，国からの補助金か銀行からの借金かの方法しかない。またガスもない。
財源：
　外来の人が住宅やフラットを借用すれば，50％まで税金を懸けることができ，住宅の所有者からは200sk 村にはいる。また，ペンションにはベッド一つにつき，泊まり客から2コルナ（ubitovaciu kapacitu）徴収できる。全体的には良い財源である。
議会：
　議員は合計12名で，政党別構成は，HZDS 7名（55％），KDH 3名，無所属3名からなる。なお今年11月の地方選挙からは1政党から3人選んで投票できる。
市長と議員のあいだにはコンフリクトはない。でも選挙前には対立がおこる。なお，議会にたいして議員からの提案はない。議会はいつも静かに始まり静かに終わる。議員の構成は，年齢では，25-60歳のあいだ，職業は，労働者，交通事務所，自動車工，cottage 所有者，年金生活者である。農業関係者はいない。以前は農協があったが，今はなく，鉱山のために地質が悪く，農業主はわずかに3名だけである。彼らは一生懸命働くが，村の政策には関心がない。議会は毎月1回第一月曜日に7時から午後3時までひらかれ，そこでその月の計画を討論する。出席者は8割である。
産業：
　村に産業はない。過去は鉱山で，水が流れ出たので，土も水も使い物にならず，工業も農業もほとんどない。多くの村人がBS市に働きにでる。革命前にはハンド・クラフトの職人がいたが，いまは税金が高いので，個人事業主になりたい者はおらず，いてもすぐ意欲をなくしてしまう。税金は10,000sk の所得のうち5,000sk という高さである。
役場：
　村長の下に12名の議員のなかから選ばれた副村長がいるが無給である。職員は行政（administration）担当と登録担当がそれぞれ1名ずつ，あとはフルタイムの現業職員が3名で，水の供給，ゴミの収集，電灯の補修，修理等を担当する。
BSとの関係：
　BS町とはBS町のホールを借りる程度の協力関係しかない。むしろ対立関係にある。理由は革命前すなわち1989年前までは，ゴミの収集は共同の技術サービスであったが，この村は金を払わなかった。それが遠因になっている。なお，ゴミの収集費はBSは年200sk，この村は1,000sk なので（？），この村では費用がかかり過ぎている。
村の政策：
　村長在任期間中，村の人口は若干増加した。ここに住宅のある家族員が戻ってきたのがその理由。ただし，村はレクリエーション・エリアなので，この村の家の値段は相対的に高い。村役場が所有している家は2軒だけで，新しい住宅を建てる資金はない。借金をす

ると利子が高い。
失業と雇用：
　村の失業率は約20％である。そして年金生活者は村の人口の50％を占める。失業者の多くはシーズン農業ワーカーとして，北イタリアに行き，りんごやいちごの収穫をする。今も5週間の予定で北イタリアに行っている。ひとり100,000skを得る。しかし失業登録者なので，彼らは失業手当てをもらう。社会保障は国の権限だが，村役場は別に，エクストラマネーを貧しい人に手当てする。もちろんパンを買うためである。問題はレクリエーション施設としてコテージを経営する人が，施設の修理代を村役場に要求することにある。
村民の生活と村長：
　村長の一番の仕事は，家族や隣人との個人的トラブルやコンフリクトを解決するための仲介者としての役割である。原因の多くが金のある人，たとえばビジネスマンへのねたみやうらやみである。村長が女性のこともあって，村人は頻繁に相談にくる。
社会病理：
　泥棒は外からの人びとによるケースが多い。アル中は年寄りのみ。
村の施設：
　小・中学校（他の村の生徒も通う）。体育館（公共の利用），保育園，図書館，映画館，2軒の文化センター，フットボールグラウンドとテニスコート。今後の課題としては，年金生活者用の会館と親のいない子供のための施設をつくりたい。新聞は毎月一度村役場が発行する。村はサッカーとテニスのトーナメントを組織し，消防訓練もおこなう。
村の税金：
　この村の所得税の21％が国から村に与えられる。79％は国にいく。
村の有力者：
　神父である。

執筆者・訳者紹介 （五十音順・アルファベット順）

石川　晃弘（いしかわ あきひろ）	中央大学名誉教授・中央大学社会科学研究所客員研究員，産業社会学・中欧社会研究専攻
川崎　嘉元（かわさき よしもと）	中央大学文学部教授・中央大学社会科学研究所研究員，政治社会学専攻
神原　ゆうこ（かんばら ゆうこ）	東京大学大学院総合文化研究科博士課程在籍・中央大学社会科学研究所準研究員，文化人類学・中欧社会研究専攻
Ľubomír Faľtan（リュボミール・ファルチャン）	スロヴァキア科学アカデミー副総裁（社会科学・人文科学・芸術部門），地域社会学・地域開発論専攻
Martin Šimčík（マルチン・シムチーク）	欧州委員会副会長室助手，文化経営論専攻
Zdenek Šťastný（ズデニェク・シチャストニー）	スロヴァキア科学アカデミー付属社会学研究所元主任研究員，経済社会学専攻

体制転換と地域社会の変容
――スロヴァキア地方小都市定点追跡調査――
中央大学社会科学研究所研究叢書 24

2010 年 11 月 25 日　発行

編著者　　石　川　晃　弘
　　　　　リュボミール・ファルチャン
　　　　　川　崎　嘉　元

発行者　　中央大学出版部
　　　　　代表者　玉　造　竹　彦

〒192-0393　東京都八王子市東中野 742-1
発行所　中央大学出版部
電話 042(674)2351　FAX 042(674)2354
http://www2.chuo-u.ac.jp/up/

© 2010　石川晃弘　　　　　　　　電算印刷㈱

ISBN 978-4-8057-1325-9

中央大学社会科学研究所研究叢書

1　中央大学社会科学研究所編
自主管理の構造分析
－ユーゴスラヴィアの事例研究－

Ａ５判328頁・定価2940円

80年代のユーゴの事例を通して，これまで解析のメスが入らなかった農業・大学・地域社会にも踏み込んだ最新の国際的な学際的事例研究である。

2　中央大学社会科学研究所編
現代国家の理論と現実

Ａ５判464頁・定価4515円

激動のさなかにある現代国家について，理論的・思想史的フレームワークを拡大して，既存の狭い領域を超える意欲的で大胆な問題提起を含む共同研究の集大成。

3　中央大学社会科学研究所編
地域社会の構造と変容
－多摩地域の総合研究－

Ａ５判462頁・定価5145円

経済・社会・政治・行財政・文化等の各分野の専門研究者が協力し合い，多摩地域の複合的な諸相を総合的に捉え，その特性に根差した学問を展開。

4　中央大学社会科学研究所編
革命思想の系譜学
－宗教・政治・モラリティ－

Ａ５判380頁・定価3990円

18世紀のルソーから現代のサルトルまで，西欧とロシアの革命思想を宗教・政治・モラリティに焦点をあてて雄弁に語る。

5　高柳先男編著
ヨーロッパ統合と日欧関係
－国際共同研究Ⅰ－

Ａ５判504頁・定価5250円

EU統合にともなう欧州諸国の政治・経済・社会面での構造変動が日欧関係へもたらす影響を，各国研究者の共同研究により学際的な視点から総合的に解明。

6　高柳先男編著
ヨーロッパ新秩序と民族問題
－国際共同研究Ⅱ－

Ａ５判496頁・定価5250円

冷戦の終了とEU統合にともなう欧州諸国の新秩序形成の動きを，民族問題に焦点をあて各国研究者の共同研究により学際的な視点から総合的に解明。

中央大学社会科学研究所研究叢書

坂本正弘・滝田賢治編著

7 現代アメリカ外交の研究

A 5 判264頁・定価3045円

冷戦終結後のアメリカ外交に焦点を当て，21世紀，アメリカはパクス・アメリカーナⅡを享受できるのか，それとも「黄金の帝国」になっていくのかを多面的に検討。

鶴田満彦・渡辺俊彦編著

8 グローバル化のなかの現代国家

A 5 判316頁・定価3675円

情報や金融におけるグローバル化が現代国家の社会システムに矛盾や軋轢を生じさせている。諸分野の専門家が変容を遂げようとする現代国家像の核心に迫る。

林　茂樹編著

9 日本の地方ＣＡＴＶ

A 5 判256頁・定価3045円
〈品切〉

自主製作番組を核として地域住民の連帯やコミュニティ意識の醸成さらには地域の活性化に結び付けている地域情報化の実態を地方のCATVシステムを通して実証的に解明。

池庄司敬信編

10 体制擁護と変革の思想

A 5 判520頁・定価6090円

A. スミス, E. バーク, J.S. ミル, J.J. ルソー, P.J. プルードン, Ф.N. チュッチェフ, 安藤昌益, 中江兆民, 梯明秀, P. ゴベッティなどの思想と体制との関わりを究明。

園田茂人編著

11 現代中国の階層変動

A 5 判216頁・定価2625円

改革・開放後の中国社会の変貌を，中間層，階層移動，階層意識などのキーワードから読み解く試み。大規模サンプル調査をもとにした，本格的な中国階層研究の誕生。

早川善治郎編著

12 現代社会理論とメディアの諸相

A 5 判448頁・定価5250円

21世紀の社会学の課題を明らかにし，文化とコミュニケーション関係を解明し，さらに日本の各種メディアの現状を分析する。

中央大学社会科学研究所研究叢書

石川晃弘編著

13 体制移行期チェコの雇用と労働

A5判162頁・定価1890円

体制転換後のチェコにおける雇用と労働生活の現実を実証的に解明した日本とチェコの社会学者の共同労作。日本チェコ比較も興味深い。

内田孟男・川原　彰編著

14 グローバル・ガバナンスの理論と政策

A5判300頁・定価3675円

グローバル・ガバナンスは世界的問題の解決を目指す国家，国際機構，市民社会の共同を可能にさせる。その理論と政策の考察。

園田茂人編著

15 東アジアの階層比較

A5判264頁・定価3150円

職業評価，社会移動，中産階級を切り口に，欧米発の階層研究を現地化しようとした労作。比較の視点から東アジアの階層実態に迫る。

矢島正見編著

16 戦後日本女装・同性愛研究

A5判628頁・定価7560円

新宿アマチュア女装世界を彩った女装者・女装者愛好男性のライフヒストリー研究と，戦後日本の女装・同性愛社会史研究の大著。

林　茂樹編著

17 地域メディアの新展開
　　－CATVを中心として－

A5判376頁・定価4515円

『日本の地方CATV』（叢書9号）に続くCATV研究の第2弾。地域情報，地域メディアの状況と実態をCATVを通して実証的に展開する。

川崎嘉元編著

18 エスニック・アイデンティティの研究
　　－流転するスロヴァキアの民－

A5判320頁・定価3675円

多民族が共生する本国および離散・移民・殖民・難民として他国に住むスロヴァキア人のエスニック・アイデンティティの実証研究。

■ 中央大学社会科学研究所研究叢書 ■

菅原彬州編
19 連続と非連続の日本政治
Ａ５判328頁・定価3885円

近現代の日本政治の展開を「連続」と「非連続」という分析視角を導入し，日本の政治的転換の歴史的意味を捉え直す問題提起の書。

斉藤　孝編著
20 社会科学情報のオントロジ
－社会科学の知識構造を探る－
Ａ５判416頁・定価4935円

オントロジは，知識の知識を研究するものであることから「メタ知識論」といえる。本書は，そのオントロジを社会科学の情報化に活用した。

一井　昭・渡辺俊彦編著
21 現代資本主義と国民国家の変容
Ａ５判320頁・定価3885円

共同研究チーム「グローバル化と国家」の研究成果の第3弾。世界経済危機のさなか，現代資本主義の構造を解明し，併せて日本・中国・ハンガリーの現状に経済学と政治学の領域から接近する。

宮野　勝編著
22 選挙の基礎的研究
Ａ５判150頁・定価1785円

外国人参政権への態度・自民党の候補者公認基準・選挙運動・住民投票・投票率など，選挙の基礎的な問題に関する主として実証的な論集。

礒崎初仁編著
23 変革の中の地方政府
－自治・分権の制度設計－
Ａ５判292頁・定価3570円

分権改革とＮＰＭ改革の中で，日本の自治体が自立した「地方政府」になるために何をしなければならないか，実務と理論の両面から解明。

定価は消費税5％を含みます。